法学新思维文丛

Faxue Xinsiwei Wencong

■□—谢小剑 著

边缘化刑事程序研究
——被理论忽视的司法实践

faxue
Xinsiwei

AW.
法学新思维

中国检察出版社

图书在版编目（CIP）数据

边缘化刑事程序研究：被理论忽视的司法实践/谢小剑著.
—北京：中国检察出版社，2010.1
ISBN 978 - 7 - 5102 - 0179 - 0

Ⅰ.①边…　Ⅱ.①谢…　Ⅲ.①刑事诉讼 - 诉讼程序 - 研究
Ⅳ.①D915.318.04

中国版本图书馆 CIP 数据核字（2009）第 190130 号

边缘化刑事程序研究
——被理论忽视的司法实践
谢小剑　著

出 版 人：袁其国
出版发行：中国检察出版社
社　　址：北京市石景山区鲁谷西路 5 号 （100040）
网　　址：中国检察出版社（www.zgjccbs.com）
电子邮箱：zgjccbs@ vip. sina. com
电　　话：(010)68639243(编辑)　68650015(发行)　68636518(门市)
经　　销：新华书店
印　　刷：保定市中画美凯印刷有限公司
开　　本：A5
印　　张：10.5 印张　　插页 4
字　　数：306 千字
版　　次：2010 年 1 月第一版　　2010 年 1 月第一次印刷
书　　号：ISBN 978 - 7 - 5102 - 0179 - 0
定　　价：30.00 元

自　序

中国刑事诉讼法学的学术研究中，存在追热点的现象，一个学术热点出现后，学者、学术期刊都一拥而上，一个主题可能有数百篇文章，相对而言，一些程序、制度却被边缘化，不被学术界关注，但是其并非不具有重要的研究价值；另一方面，学术研究对实践关注不足，研究意识也并非来源于实践，实践中真正需要解决的问题，往往成为理论研究中的边缘问题，同时也是被忽视的重要理论问题，出现了理论与实践"两张皮"的现象。本书的研究正是着力于发现和解决这样的问题，并以边缘化的刑事程序作为贯穿的主线。

本书的完成和本人的经历有着密切的关系。我曾经在司法部门工作，带着实践中的困惑进入象牙塔，完成了硕士、博士学位的学习。理论上的提升进一步开阔了我的视野，使我对实践问题有了更深入的思考。于是，日积月累下形成了这本书，这也算是我十年来学习和思考的一个小结。

本书第一章"刑事审判中边缘化的程序权利"，探讨了被告人获得法定法官审判的权利及我国管辖制度的改革；审判中被告人针对法官讯问是否有权说谎；被告人在开庭阶段陈述权的功能和价值；如何通过强化被告人参与指定辩护律师程序，提高指定辩护的功能。第二章"刑事公诉制度改革的新维度"，重点研究了刑事公诉中的公诉权滥用问题。刑事歧视起诉、报复起诉公民已经成为我国司法实践中较为严重的问题，为此需要强调公诉制度中的平等价值和程序正义价值，关注起诉权的制约。第三章"刑事侦查的程序规制"，主要研究了刑事侦查中的程序异化现象，比如分析了实践中以行政程序等取代刑事诉讼程序的问题以及刑事拘留的常态化现象。第四章"刑事程序简化的多元视角"，突破现有刑事简易程序改革的框架，从多元的视角关注我国诉讼经济的追求，特别关注了审查起诉阶段的程序简化、现行犯速决程序以及缺席审判程序等。第五章"证据制度的实践省思"，探究了我国相互印证的刑事证明模式的弊端及其消解，针对实践中如何对被告人供述补强的难题提出了解决之道。

本书的特色在于各个章节的内容理论关注不多，具有较大的创新性。特别是关于法定法官制度、犯罪嫌疑人身份确立程序、歧视性起诉、报复性起诉、被告人的说谎权、审查起诉的简化、现行犯速决程序、双重审查起诉、相互印证的证明模式等，均是当下为数不多的专门研究，有些甚至是填补国内空白的首次论述。此外，本书关注了较多的实践问题，这些问题都是真正的中国问题。为了更好地研究实践问题，本书部分章节还采取了实证研究的方法，比如对刑事拘留和双重审查起诉的研究。

正因为此，本书无论是对于拓宽理论研究视野，还是对于有针对性地完善刑事诉讼制度、解决实践问题，都具有重要价值。相信关注致力于沟通理论与实践的理论研究者和实务工作者阅读本书后，必定有所收获！当然，本书尚有不足之处，还有待诸位同仁批评指正。

作　者

目　录

第一章
刑事审判中边缘化的程序权利

第一节　被告人获得法定法官审判的权利

我国的管辖制度存在较大缺陷，很大程度上成为地方保护主义或者当事人谋求不当利益的工具。因此，最高人民法院在"二五改革纲要"、第七次全国民事审判工作会议中，都将管辖制度的改革作为当前亟须研究和解决的问题。事实上，我国管辖制度中出现的管辖权下移问题、案件随意分配问题、级别管辖标准的模糊问题都与我国法定法官原则的缺失有关。但是，西方许多国家用于规范管辖制度的法定法官原则，对我国学术界来说还相对陌生，至今尚无系统的研究。笔者试图从法定法官原则的角度，重构我国管辖制度改革①的内在逻辑。

一、法定法官原则的内涵及其功能

大陆法系普遍实行"法定法官"原则，要求在某一法律纠纷

---

① 此处的管辖制度，从广义上理解，包括所有关于确定案件一审审理法院和法官的制度。

诉诸法院后，法院按照法律预先设定的标准确定案件的管辖法院和审判法官，而根据标准确定的法院和法官应当是明确、具体的。例如，法定法官原则（Gesetzlicher Richter）是德国诉讼法的基本原则之一，该原则要求，"必须依据法律规定，普遍地和事前地确定拥有管辖权的法院，有目的地任命法官去审决特定案件，是不允许的。"①

但是，各国并未直接将法定法官原则规定在诉讼法中，而是体现在宪法文本中。法定法官第一次出现在法国 1791 年宪法中，自此之后被很多国家的宪法所接受。在德意志联邦共和国、奥地利、意大利、荷兰、比利时、希腊、西班牙、土耳其、日本以及前社会主义国家德意志民主共和国、保加利亚、波兰、罗马尼亚、南斯拉夫的宪法上均存在明确规定。② 尽管其均未在诉讼法律条文中直接规定，但涉及管辖制度的许多法律都体现了法定法官原则。

法定法官原则的基本内涵表现在四个方面：首先，裁判者的产生规则应当"先"于纠纷的发生，而不能在纠纷发生后。其次，法院应当依"法"设立，个案的裁判者应当由法律确定的规则产生。再次，确定案件裁判者的规则不应过于模糊，而使权力部门拥有过多的自由裁量权。最后，法定法官原则不仅包括"审判法院"的确定，而且包括"审判法官"的确定。"保障法定法官意味着，必须在法定的事实构成要件成就之前——即预先并且为大量的案件——通过法律一般性地确定法官且法官的任期较长。在德意志联邦共和国，人们从广义上来理解法定法官的基本原则。根据联邦宪法法院的裁判，不仅要尽可能详细地预先通过规范确定这样的法院，而且也要确定各个裁判组织和各个法官……如果司法机构或者

---

① ［德］约阿希姆·赫尔曼：《德国刑事诉讼法典》中译本，李昌珂译，中国政法大学出版社 1998 年版，第 12 页（引言）。

② ［德］卡尔·海因兹·施瓦布等："宪法与民事诉讼"，载［德］米夏埃尔·施蒂尔纳编：《德国民事诉讼法学文萃》，赵秀举译，中国政法大学出版社 2005 年版，第 143 页。

行政机构依自由裁量确定了管辖的法官或者裁判的法官，那么，这是不合法的。在奥地利、意大利、土耳其和日本，人们也是在这种意义上来理解法定法官的要求的。"① 法定法官原则的功能在于：

（一）体现法治理念，实现立法对司法的制约

在德国，法定法官被公认为是法治国家理念的重要内容，德国宪法第 101 条、法院组织法第 16 条均明文规定，唯有法定法官方得审判案件。② 法治的重要精神在于对国家权力的制约，这不仅包括对国家行政权力的制约，也包括对司法行为的制约，制约方式是"权在法下"，通过由人民选举出的议会制定法律规范，以法律规范约束执法、司法行为。法定法官原则要求裁判者的选择由法律明确规定，是裁判权受法约束的直接体现，也是法治理念的重要体现。

（二）保障当事人的基本权利

这是该制度的基本功能之一。裁判者的确定对当事人权利的保障至关重要，尽管理论上裁判的作出基于案件的事实和法律，但是孟德斯鸠笔下"自动售货机式"的审判原型在司法实践中并不存在。现实主义法学派认为尽管事实和法律相同，但不同的法官在审判中完全可能作出不一样的裁判。通过在纠纷发生前确定纠纷的解决者，避免在纠纷发生后临时、随意选择裁判者，保障了当事人获得法律平等保护的权利，有利于实现形式正义。这也是程序正义的要求，尊重了当事人的程序平等参与权，增加了裁判的可接受性。

在和平时期，裁判权是强制剥夺他人财产、自由的唯一合法、有效手段，裁判者的选择事关当事人的实体权利。而且，如果不是

① ［德］卡尔·海因兹·施瓦布等："宪法与民事诉讼"，载［德］米夏埃尔·施蒂尔纳编：《德国民事诉讼法学文萃》，赵秀举译，中国政法大学出版社 2005 年版，第 144 页。
② ［德］克劳思·罗科信：《刑事诉讼法》，吴丽琪译，法律出版社 2003 年版，第 102 页。

预先设置法定法官，而由上级随意确定案件的审判者，可能会实质上剥夺当事人的上诉权。因此，许多国家将当事人获得法定法官审判作为当事人的宪法性权利来对待，甚至规定为当事人的基本宪法权利。例如德国宪法规定："任何人不得被剥夺接受法定法官审判的权利。"日本和韩国也将其作为当事人的基本宪法权利。而且，获得法定法官审判的权利已经成为《欧洲人权公约》中公平审判权的重要内容。① 当然，获得法定法官审判应当理解为"双方"当事人的权利。

（三）防止司法行政干预司法，保障独立审判

独立审判是审判公正的灵魂，如果审判活动受外部干预，程序的独立空间必将被打破，为实现程序正义、发现事实真相、防止司法擅断而建立的种种程序设置都将付之东流。如果能挑选案件的审判者，则外部干预者就可以选择听话的乖法官或者对自己有利的偏见者审判案件，从而达到操纵审判结果的目的，独立审判的一切事后保障措施，只不过是为其违法审判、偏见审判保驾护航罢了。所以，在现代法治社会，为避免司法行政"以操纵由何人审判的方式来操纵审判结果"，具体案件的裁判者应当预先由法律加以明确，即实行法定法官原则。原则上，管辖权的分配应当由法律预先分配而不宜"临时而设"。换句话说，管辖权的分配应以法定管辖为主，只是为了调和法定管辖的僵硬，才可以辅以必要的裁定管辖。②这样，才可以增加外部干预司法的难度。

干预独立审判并不限于法院的外部机关，比如党政机关对审判的不当干预，也包括法院内部的行政化管理导致的对独立审判的不当干预。正如我国台湾地区学者林钰雄所指出的："何等案件由何位法官承办之问题，必须事先以抽象的、一般的法律明定，不能等

---

① 周宝峰："宪政视野中的刑事被告人公开审判权研究"，载陈兴良主编：《刑事法评论》，北京大学出版社 2007 年版，第 191 页。

② 陈光中：《刑事诉讼法学》，中国人民公安大学出版社、人民法院出版社 2004 年版，第 142 页。

待具体的个案发生后才委诸个别处理，否则，司法行政只要控制少数法官，再令其承办重要敏感案件，则法官独立性原则成为空谈。"① 无论是上级法院，还是上级法官，只要其能在受案之后自由决定案件的审判，则法官为了获得"好案件"的承办权，不得不媚上。长久以后，法院内部的行政化色彩也必将彰显，司法正义将无法实现。

二、我国管辖制度中法定法官原则的缺失

（一）专门法院与特别法庭

我国有许多专门法院，包括军事法院、海事法院、铁路运输法院、森林法院、农垦法院、石油法院等。根据法律规定，专门法院应由全国人大及其常委会制定的法律确定。但是，除军事法院、海事法院以外，我国许多专门法院都非依法律设立。比如，铁路运输法院成立的依据是 1982 年最高人民法院、最高人民检察院、司法部、铁道部联合发布的通知。吉林省设立森林法院，是依据吉林省人大常委会 1982 年制定的《关于在重点林区建立森林人民法院的决定》。而且，设置专门法院的初衷有些并不是基于待审案件的特定要求，而主要是基于法律之外的其他政治、社会因素的考虑。

由于缺乏法律的具体规范，专门法院在内部体制上具有较大的随意性和非理性。正因为此，法院"部门化"，许多专门法院演变成"部门法院"。比如，"铁路运输法院工作人员使用的不是政法编制，其编制基本上是企业自行解决的企业编制，部分法官的身份是企业、事业单位的聘用（合同）干部。至于经费，也来自于企业，由企业根据其效益情况向该法院拨付经费。"② 这样的法院管

---

① 林钰雄：《刑事诉讼法》，（台湾）2000 年版，第 97 页。转引自陈光中：《刑事诉讼法学》，中国人民公安大学出版社、人民法院出版社 2004 年版，第 142 页。

② 秋风："法院体制的泥沼：不独立司法公正就无从谈起"，载《南方周末》2005 年 3 月 24 日。

理体制完全违反了国家的法律，丧失了中立性和独立性。那些"部门法院"不可避免地带有部门保护主义的色彩，与现代司法理念背道而驰。以至于有学者认为，铁路运输司法机构的人、财、物都不独立，且都隶属于铁路运输企业，也就可称这种司法的性质为"企业司法"，导致了非常大的危害，应当予以废除。①

此外，新中国成立后，我国还出现了临时成立的特别法庭打击特定"犯罪"的现象。比如，新中国成立初期设立的土改与镇反人民法庭，"三反"、"五反"人民法庭，十年浩劫期间以"群众专政指挥部"行使审判权。这些特别法庭并行于普通法院，基于特定政治需要而临时产生，内部组织和法官任命并不遵循通常的司法标准。比如，"五反"人民法庭的副审判长和审判员可从有关机关和人民团体负责人及"五反"运动的积极分子中任命，② 不遵守严格的法定程序，给公民、国家都带来了不可估量的灾难。

不管这些专门法院、特别法庭是否有设立的必要性，问题在于许多法院的设立缺乏基本的法律依据，这恰恰违反了法定法官原则的核心精神。如果可以不依法临时设立"法院"从事审判工作，就不可能有司法公正。

(二) 管辖权移送的随意化

我国《民事诉讼法》第 39 条规定了"管辖权上移"制度，"上级人民法院有权审理下级人民法院管辖的第一审民事案件"；《刑事诉讼法》第 23 条也规定，"上级人民法院在必要的时候，可以审判下级人民法院管辖的第一审刑事案件"。可见，无论刑、民案件，无须严格的程序限制，上级法院都可以通过管辖权上移获得管辖范围内所有案件的一审权，这是建立在对下级法院完全不信任、对上级完全信任的假设基础上的。但这显然不符合法定法官的

---

① 彭世忠："铁路运输司法机构存废论"，载《现代法学》2007 年第 3 期。

② 张晋藩：《中国司法制度史》，人民法院出版社 2004 年版，第 615 页。

精神，法定法官要防止任何一级法院——而非仅仅是低级别法院滥权。下级法院的审判权免受上级法院干预也是审判独立的重要内容。当上级法院企图滥用审判权时，管辖权上移无疑是雪上加霜。因为，如果试图控制审判结果，那么控制一审程序显然比控制上诉审更为重要，没有"明显充足"的证据证明是"畸轻"、"畸重"就无法改变一审判决。

我国《民事诉讼法》第 39 条还规定了"管辖权下移"制度，上级人民法院"可以把本院管辖的第一审民事案件交下级人民法院审理"。事实上，管辖权下移完全违背了法定法官原则。实践中，为了增加诉讼费收入或其他利益，下级法院期望能将案件揽到本院审理，而主动申请上级法院管辖权下移；① 也存在上级法院基于某种目的欲将终审权留于己手，从而下移给"听话"的下级法院审理。法定法官本欲排除司法行政力量对案件审理者的选择，但是管辖权下移导致上级法院可以在多个下级法院之中任意选择管辖法院。如果上级法院丧失中立立场，对当事人来说，无疑毫无胜诉的可能。因为在上级法院交办案件时往往已经"定调"，而且终审权又在上级法院之手，在二审终审制下当事人只能任人宰割。其背后，往往都有权钱交易、司法腐败或地方保护主义因素。② 刑事诉讼中也存在同样的问题，管辖权在上下级法院之间的转移导致司法权行使的行政化，损害了当事人权利和司法公正。③ 所以，我国在1996 年修改刑事诉讼法之后，禁止上级法院将本院管辖的案件移交下级法院。

---

① 尽管有的省份要求管辖权下移需要省级法院批准，但是从笔者办理案件的实践来看，仍然难保司法公正。

② 另见蒋轶："论民事诉讼级别管辖"，载中国优秀硕士学位论文全文数据库。文中列举了四个案例，四个典型案例都利用了管辖权"下放性"转移的规定，而其处理结果充分表明，该种转移已对当事人的合法权益和司法公正造成严重损害。

③ 刘方权、曹文安："再论刑事诉讼中的级别管辖"，载《重庆工商大学学报（社会科学版）》2006 年第 3 期，第 63 页。

(三) 利用级别管辖的模糊标准任意选择法院

我国省高级法院和最高法院都有案件的一审权，必然导致级别管辖多种选择的可能性。同时，我国现行民事诉讼法将案件的性质、简繁程度、影响范围三者结合起来作为划分级别管辖的标准。① 而且，级别管辖标准具有较大的模糊性。比如，我国民事诉讼法规定中级以上人民法院只要 "认为" 某个案件在本辖区 "有重大影响"，就可行使一审管辖权。我国刑事诉讼法也有类似规定，比如最高法院管辖所有 "全国性的重大" 刑事案件。此类标准过于模糊、伸缩性大，使法院在具体案件管辖权的确定上具有很大的自由裁量权。据此，最高法院获得了全国范围所有一审案件、上级法院获得了管辖范围内所有一审案件的审判权，只要其愿意，可以任意介入案件。

由于级别管辖标准的模糊性，导致案件级别管辖法院的确定具有较大的可选择性，上级部门和当事人可能通过不恰当的方式变更管辖法院，造成了审判实务中管辖的不安定和法院违反级别管辖揽诉②的现象，从而有悖于法定法官原则。在德国刑事诉讼中也产生了同样的质疑。由于管辖标准的模糊性，德国检察机关对特定案件可以选择向某级法院起诉，产生了 "移动性的管辖权" 问题。"之所以要设置一个繁简适中，而且详尽的法定的管辖权规定，是为了要使得每一犯罪行为有一特定的法定的裁判机关，而不致有恣意滥

---

① 《民事诉讼法（试行）》及现行民事诉讼法主要是以案件的性质和影响大小来确定级别管辖，并没有把诉讼金额大小作为确定级别管辖的标准，但最高人民法院已通过司法解释将诉讼标的额作为确定经济纠纷案件级别管辖的标准。

② 我国级别管辖中标准的模糊性，导致高级人民法院为了诉讼费利益揽了不少案件的一审，以至于最高人民法院 2002 年不得不发文批评，指出少数高级人民法院 "所受理的案件争议标的数额大大低于规定标准，以致上诉至我院的案件数量有所上升，影响了办案效率及对下级法院审判工作的监督指导"，再次重申各高级人民法院应严格执行《关于各高级人民法院受理第一审民事、经济纠纷案件问题的通知》。

选为该案裁判法官之可能性。因此，该移动性的管辖权与'法定法官'的基本原则是否能配合，实足怀疑。"① 尽管德国联邦宪法法院肯定移动性管辖权的合宪性，但也认为必须细化规则，以确保法定法官原则得以遵循。

（四）指定管辖的随意化

我国的指定管辖也具有随意性的特点，我国《刑事诉讼法》第26条规定，上级人民法院"可以指定下级人民法院将案件移送其他人民法院审判"；《民事诉讼法》第37条规定，"有管辖权的人民法院由于特殊原因，不能行使管辖权的，由上级人民法院指定管辖"，而什么是特殊原因，可以任意解释。可见，我国上级法院可以不依据当事人的申请，直接以指定管辖的方式更换原来有审判权的法院。这可能会导致上级为影响特定案件的审理结果，任意指定管辖法院。

（五）审判法官的任意选择

由于我国采取各级法院整体独立的司法体制，对案件审判法官的选择具有较大的随意性。我国早期直接由业务庭的庭长分配案件的承办法官，并无明确的规则。根据笔者对法院的调查，我国诉讼法法律规范中仍未规定案件分配制度，各法院往往自行规定管理办法，各地的做法大致有以下三种：

其一，大立案制度改革后，由立案庭负责案件的分配，② 有的地方如深圳实行电脑排案，由电脑按照已经确定好的顺序分配案件的承办法官，案件统一由立案庭在审判人员中进行循环平均分配。其二，仍沿袭老的管理办法，由业务庭庭长分配案件。业务庭庭长

---

① ［德］克劳思·罗科信：《刑事诉讼法》，吴丽琪译，法律出版社2003年版，第40页。

② 但是，规范案件分配制度并非1997年《最高人民法院关于人民法院立案工作的暂行规定》的立法目的，笔者查找了有关立案制度改革的论文，令人遗憾的是，此类论文也不讨论此问题。

分配案件并无具体的顺序，而是根据法官的办案能力和特长分配案件，常见的分类有案件性质、难易程度、法官已办理案件的多少等。其三，由业务庭庭长分配案件，但是业务庭内部形成具体的分配顺序，比如给法官排列编号，然后按照编号分配案件。

但是，无论上述何种方式，案件的分配都属于法院内部管理，分配规则并不公开，当事人没有提出异议的权利；而且，分配规则不具有强制效力，完全可以不按照预定规则分配案件，案件分配后仍可以调整承办法官。案件分配制度并非依法律确定，换一个领导后，就可以改变案件的分配规则，甚至同一法院的不同法庭采用不同的分配规则。

近年来，为了缓解案件压力，提高诉讼效率，各地法院改变原来案件分配模式的现象常常可见。笔者在对江西律师的调查中了解到，有的律师会让熟悉的法官到立案庭或者庭长那里要求承办某一具体案件。特别是部分地方法院的经费保障不足，一部分经费要依赖上交财政的返还，需要通过争取案源来增加法院的诉讼费收入。为了鼓励法官揽案，有些法院常常会将法官争取过来的案源分配给其办理。

当案件采取合议庭审判时，问题变得更加突出，因为我国现有的案件分配制度都是仅对承办法官的选择而言，对于合议庭的陪审法官或者人民陪审员的选择，① 并无明确的程序规范或者制度限

---

① 2004年全国人大常委会《关于完善人民陪审员制度的决定》第14条规定，人民法院审判案件依法应当由人民陪审员参加合议庭审判的，应当在人民陪审员名单中随机抽取确定。但是，实践中并未得到很好的贯彻。比如，调查表明，广州市陪审员的陪审次数非常不均匀，显然是因为非随机选择造成的。调查问卷设问了3年的陪审次数，其中3年都填写为零或空白的51名，低于50次的81名，高于500次的22名，高于1000次的13名，高于2000次的4名。广州市中级人民法院教育培训处："广州市人民陪审员情况调查"，载广州市法学会编：《法治论坛》（第9辑），中国法制出版社2008年版，第253页。

制，选择合议庭的其他成员是非常随意的。① 往往临时搭配，甚至是由书记员临时打电话确定是否有时间参与审判，然后任意选择。

当案件的承办法官和合议庭成员都可以随意选择的时候，就为行政干预审判提供了捷径，因为可以通过选择法官而影响案件的审理结果。"纵使完全依照规定确定具体个案的管辖法院，如果该管辖法院的事务分配任由司法行政指定，则操纵特定案件予特定法官的情形仍难免除。因此，偏颇的事务分配比违法的管辖更具破坏法定法官原则的威力。"② 遗憾的是，我国相关部门似乎还没有意识到任意选择法官的危害性，没有出台相应的规范措施。

三、我国管辖制度改革中法定法官原则的引入

我国规范管辖制度的传统原则是，便于当事人进行诉讼，便于案件的审理和执行，便于审判工作的均衡负担。于是，改革的传统逻辑也往往是从保障审判权的有效行使、维护社会秩序出发，仅仅关注实体正义，而未从防止权力滥用的角度出发，未从程序正义、法治等理念出发，更未从保障当事人在管辖中的程序利益出发，未认识到审判法院、法官的选择实质上是一个宪政能否实现的重大理论问题。这已经导致我国严重的地方保护主义和司法不公。进一步的改革，应当将法定法官原则作为改革的理论基础，这将有利于防止地方保护主义，保障法官独立审判。

（一）专门法院的合法化与禁止特别法庭

在国外，法定法官原则禁止非常法院，其非常法院的概念相当于我国实践中存在过的特别法庭。在德国，《基本法》第 101 条第 1 款禁止非常法院，即不是根据一般性的规定对具有相同诉讼标的

---

① 也有的法院专门成立了合议庭小组，由相对固定的搭档审理案件，但其合议庭成员仍可以随意更换。

② 林钰雄：《刑事诉讼法》，（台湾）2000 年版，第 97 页。转引自陈光中：《刑事诉讼法学》，中国人民公安大学出版社、人民法院出版社 2004 年版，第 142 页。

的所有案件而设立的法院，而是根据个别的规定对具体的争议或特定类型的争议，或者对已经系属或将来才会出现的程序而投入使用的法院。在大多数国家，此意义上的非常法院都被认为是不合法的，《欧洲人权法院》也禁止这样的非常法院。①我国曾经实行过的各种特别法庭，比如"三反"、"五反"人民法庭就属于其意义上的非常法院，应当通过立法明确禁止在纠纷发生之后成立专门的、特别的审判组织，或者为了推行某一政策而成立独立于普通法院系统的法院。

成立负责特殊事务领域的专门法院和专业法庭是符合法定法官原则的。"德意志联邦共和国《基本法》第 101 条第 2 款允许负责特殊事务领域的法院，条件是它要建立在合法的基础上……在西班牙，在普通法院的管辖范围内就特殊的事务领域而对法院进行专业化分工是合法的。"② 但在我国，必须改变专门法院不依法律设立的现状，所有的专门法院都必须依全国人大及其常委会制定的法律成立；同时，改变部门管理的现象，使其符合现代法院的管理体制，保障独立审判。最高人民法院发布的《人民法院第二个五年改革纲要（2004—2008）》中已经明确提出要逐步改变铁路、农垦、林业、油田、港口等法院由行政主管部门或者企业领导、管理的现状，进一步的改革应当迅速展开。

（二）级别管辖标准的具体化

正如有学者指出，"实现管辖法院的法定化有利于限制法官自由裁量，保障诉讼公正。现行管辖制度中各类管辖标准模糊，当事人和法院对管辖标准的任意解释，致使产生大量管辖权争议和争夺管辖权现象，因而遵循管辖法定的要求，在法律上明确列举各类案件的管辖法院和确定标准，实现管辖法院的法定化，是管辖制度改

---

① ［德］卡尔·海因兹·施瓦布等："宪法与民事诉讼"，载［德］米夏埃尔·施蒂尔纳编：《德国民事诉讼法学文萃》，赵秀举译，中国政法大学出版社 2005 年版，第 145 页。

② 同上。

革的一个至关重要的步骤。"① 笔者认为，我国应当限制级别管辖的裁量度，废除高级法院和最高法院刑事、民事案件的一审权；同时，改革我国现有级别管辖的确定标准，废除上级法院对本辖区"有重大影响案件"的绝对管辖权；民事诉讼中应当以非常明确具体的标准，比如诉讼标的金额，作为确定管辖的标准。

（三）限制管辖权上移和废除管辖权下移

目前，各界对民事诉讼中下放性管辖权转移的废除已达成基本共识，笔者也赞同，这对于保障法定法官原则的贯彻至关重要。然而，管辖权上移的情况相对复杂。"为了保证案件的公正处理，防止下级法院在审理中受地方保护主义的制约，或者为了确保一些有重大影响案件的公正审理，将下级法院的管辖权转移给上级法院是合理的和必要的。"② 但是，我国管辖权上移规定得太过绝对，上级法院完全可以违背下级法院和当事人的意愿，单方排除下级法院对案件的审理权。这与法院之间的内部监督关系的定位相冲突，排除了当事人在下级法院获得法定法官审判的权利，与法定法官原则的精神相冲突。因此，民事诉讼法应当完善"上级人民法院有权审理下级人民法院管辖的第一审民事案件"的简单规定，将其建立在当事人提出申请的基础上，由上级法院听证后作出公开并说理的裁定。同时，现行《刑事诉讼法》第 23 条关于"上级人民法院在必要的时候，可以审判下级人民法院管辖的第一审刑事案件"之"必要的时候"由于缺乏明确的操作标准，也应通过立法加以明确。③

---

① 姜启波："民事诉讼管辖制度改革论略"，载《法律适用》2004 年第 6 期，第 3 页。

② 孟祥："我国民事诉讼级别管辖制度的改革与完善"，载《法律适用》2006 年第 7 期，第 68 页。

③ 参见樊崇义等：《刑事诉讼法修改专题研究报告》，中国人民公安大学出版社 2004 年版，第 180 页。

（四）规范指定管辖

德国民事诉讼法第 36 条、日本新民事诉讼法第 10 条和我国台湾地区民事诉讼法第 23 条规定的指定管辖制度都有共同点，只有在"法律上或事实上的障碍"或者"因行政区域不明，而无法确定管辖法院"，受诉法院无法行使审判职权时，才依据当事人申请或者受诉法院申请，由上级法院指定管辖。我国也应当加以借鉴，才能保障当事人获得法定法官审判的权利。

（五）规范案件分配程序

我国缺乏明确的案件分配制度，导致可以通过选择法官而影响审判结果，有悖于法定法官原则的精神。"在制度上，法定法官原则要求：第一，审判权在法院内部的具体分配应当以法律的形式为之；第二，在各法院内部，向各法官分配案件亦应当由事先确立的一般规则进行，而不能依凭个别人临时指定。在现代社会，由于对前者已无异议，因此案件分配规则的确立对于维护法定法官原则就显得尤其重要。"[①] 事实上，在德国，"法院的院长或其他任何人都不得按照对案件的审查而决定由某一法官主审，即使他认为（可能是正确的），该法官比其他法官更适合审理这一案件。"[②] 我国台湾地区的民事诉讼以往（2004 年前）也一直贯彻法定法官原则，原则上，所有的民事案件都按照法院预先确定的规则，通过电脑抽签分案的方式将案件分配给具体的法官受理。[③]

笔者认为，我国应将电脑排审理法官制度法律化。应当规定具体、明确的法官"办理案件顺序"，并事先公开，由立案庭按既定

① 陈光中：《刑事诉讼法学》，中国人民公安大学出版社、人民法院出版社 2004 年版，第 142 页。
② 傅德："德国的司法职业与司法独立"，载宋冰编：《程序、正义与现代化》，中国政法大学出版社 1998 年版，第 28 页。
③ 刘敏："从法定法官到选择法官——台湾地区民事诉讼合意选定法官制度论析与启示"，载《学海》2005 年第 1 期，第 132 页。

顺序确定案件审理法官，一旦选定，除非有法定事由，不得更改。案件分配程序不仅要规定审理法官的选择规则，而且要明确陪审员和人民陪审员的选择程序。最高人民法院新闻发言人倪寿明说，采取随机抽取的方式，可以切断人民陪审员与社会和法官之间的固定联系，保证案件审判的公正性，防止出现人情案、关系案。① 总之，要达到此效果，必须在纠纷进入诉讼之时，通过在法院内部设置的案件分配程序确定案件的审理法官，而不能根据个案临时选择。当然，法院内部成立特别的办案小组，专门负责特定类型的案件也是允许的，但是必须事先公布，并不得有溯及力。

四、法定法官原则的配套制度

（一）明确获得法定法官审判是当事人的基本诉讼权利，完善相应的管辖异议权制度

目前，我国并未将获得法定法官审判视为当事人的基本权利，变更审判者并不需要当事人的申请，也不需要当事人的同意，也未赋予当事人完善的管辖权异议之权利。

管辖的改变直接关系到当事人的诉讼利益，它不仅关系到起诉、应诉是否便利以及诉讼成本的支出，在一些法院仍存在着地方保护主义的情况下，还关系到案件能否得到公正处理。② 这在相当程度上影响了当事人实体权利的实现程度。从保障公正审判的角度，将获得法定法官审判规定为当事人的基本权利是十分必要的，这有利于通过当事人来制约司法权滥用。为了实现此权利，弥补我国管辖权异议制度的漏洞成为必要。

为此，针对我国刑事诉讼中管辖权异议制度的缺失，建立相应的异议制度是当务之急。尽管我国现行《民事诉讼法》第 38 条规

---

① 田雨："最高法拟明确参加审判案件人民陪审员应随机抽取"，载 http://finance.sina.com.cn/g/20070904/08001644388.shtml。

② 孟祥："我国民事诉讼级别管辖制度的改革与完善"，载《法律适用》2006 年第 7 期。

定了管辖权异议制度，但是，在我国司法实践中，通常片面认为级别管辖法院的确定与当事人没有什么关系，可以由法院单方面决定。以级别管辖异议为例，根据最高人民法院《关于当事人就级别管辖提出异议应如何处理问题的函》的规定，我国没有从根本上赋予当事人对级别管辖提出管辖权异议的权利，法院对级别管辖的管辖权异议并不作出程序裁定。因此，在民事诉讼中应当赋予当事人对前述一系列管辖制度的异议权，立法可借鉴地域管辖权异议的程序。

（二）以协议管辖及协议法官制度作为补充

法定法官原则面临过于僵化的难题，确实可能出现一些特殊原因，致使案件在法定法院、法定法官之外选择审判者，更加方便当事人诉讼和法院审判。同时，在法院内部分配案件时，可能出现某个特定的法官才有能力办理某个特殊疑难案件的情况。在此种情形下，应当通过协议管辖及协议法官制度平衡法定法官原则的刚性，但变更管辖法院或法官的前提是获得双方当事人的同意。"我国台湾地区在案件分配上实行'法定法官'原则，当事人向法院提起诉讼，是不能选择法官的。2004 年 6 月 9 日，我国台湾地区公布了《修正民事诉讼合意选定法官审判暂行条例》，改变了其向来的分配案件的做法，赋予了当事人双方合意选择法官的权利，当事人可以选择自己信赖的法官审理其涉讼的案件。这一立法例不仅是中国民事诉讼立法史上的第一例，也是全球民事诉讼立法史上的第一例。我国台湾地区的这一立法以及这一立法的立法理念，值得我国大陆民事诉讼理论界和实务界充分关注。"①

笔者认为，我国应当适当扩大协议管辖的范围；同时，明确协议法官制度，当事人可以通过协议选择特定的法官审理案件，这对于保障当事人的诉讼参与权是十分必要的。具体做法可参照我国台

---

① 刘敏："从法定法官到选择法官——台湾地区民事诉讼合意选定法官制度论析与启示"，载《学海》2005 年第 1 期，第 132 页。

湾地区的立法，对于独任审判的案件，当事人双方可以在起诉时或第一次言词辩论期日前合意选定一名独任审判法官审理案件；对于合议审判的案件，当事人双方可以合意选定 3 名法官组成合议庭审判，当事人不能合意选定 3 名法官时，可以由当事人各选一名法官，再由被选定的法官共同推选其他的一名法官。

可喜的是，我国法院系统已经试图引入当事人的同意，来平衡审判的特殊需求与随机选择人民陪审员之间的矛盾。《最高人民法院关于确定人民陪审员参加审判案件的规定（讨论稿）》重申应当随机挑选人民陪审员，"人民法院不得将人民陪审员固定或相对固定于某一审判庭、合议庭。因案件类型特殊，有必要在具备专业知识的人民陪审员中抽取的，应征得当事人同意。"山东省在总结经验的基础上提出，原则上，使用人民陪审员应由案件承办人或相关当事人提出申请，由人民陪审员办公室采取随机抽取的方式确定，但也应当考虑陪审员的专业特长和案件性质。特别是对于专业性较强、涉及妇女儿童权益及特殊情况的案件，可根据人民陪审员的不同分类，从相关大类中随机抽取。如对于医疗纠纷案件，可从懂医的人民陪审员中抽取；婚姻家庭、妇女维权案件，则可从女性人民陪审员中抽取，但同样应当征得当事人的同意。① 此类方法也可用以平衡对法官选择的特殊需要。

（三）管辖/审判法官恒定制度

我国民事诉讼中有管辖恒定制度，以起诉时为标准确定管辖后，即使诉讼中管辖根据发生变化，也不影响已经确定的管辖。笔者认为，无论是管辖法院还是审判法官，一旦依法确定，应当受管辖恒定制度的约束，这有助于防止随意变动案件的管辖法院，更换法官，影响法定法官原则的贯彻。

---

① 山东省高级人民法院民一庭："关于全省法院落实和完善人民陪审员制度的调研报告"，载《山东审判》2005 年第 3 期，第 49 页。

第二节 被告人的说谎权

刑事诉讼中，被告人在法官主持的讯问中针对讯问可能作出三种行为选择：沉默不语、真实供述①和说谎。对于这三种选择，法律都必须给予恰当的评价，否则便无法实现法律的规范、引导、教育、评价功能。目前，我国被告人具有如实供述的义务，如果认为我国如实供述义务中包含了两个层面——不能沉默必须供述而且必须说实话，那么，应当说如实供述义务与沉默权、说谎权都是水火不相容的。近年来，很多学者开始对如实供述义务进行了激烈的批判，沉默权呼之欲出。关于沉默权在我国适合与否，这里暂且不论。建立沉默权制度也只能解决被告人是有义务供述还是有权不供述的问题。那么，在被告人选择供述之后应当施之以真实供述的义务，还是赋予其说谎权，这仍然是一个非常重要的亟待解决的问题。各国对此进行了不同的立法及司法实践，通过比较分析其原因，我们能够得出一些有价值的思考，从而为我国的立法提供借鉴。

一、规范被告人说谎行为的立法价值

被告人说谎权问题，是指在合法取证的情况下，被告人在法官主持的讯问中是否有虚构事实，主动、积极提供虚假口供的权利。这意味着本部分的研究对象——被告人的说谎行为具有一定的限制。首先，被告人说谎是在法官主持的讯问中作出的。因为大多数国家，被告人只有在法官主持的讯问中面对法官才存在是否有真实

---

① 笔者使用"真实供述"的义务与"如实供述义务"相区别。因为在"如实供述义务"是否意味着被告人无权保持沉默的问题上，学界存在争议。而文中"真实供述"的义务是指被告人在选择供述之后必须说真话的义务，以回避学界对后者内涵上的争论。

供述义务的问题，对于侦查机关的讯问并没有真实供述的义务。①其次，被告人的说谎是一种积极说谎，是指被告人虚构事实来否认自己从事了犯罪行为。例如编造没有作案时间的谎言，诬陷其他人实施了指控的犯罪行为。如果被告人只是对指控的简单否定，相当于对认罪与不认罪的一种选择，是沉默权的内容。最后，如果是由于司法部门骗供、诱供甚至刑讯逼供而导致被告人说谎的，实际上并不是一个权利的问题，因而不是本部分探讨的内容。任何权利、义务都必须体现一定的正当性基础，否则这种权利难以得到社会文化的认同，难以与其他制度共存。

（一）被告人说谎权的功能及其价值取向

1. 赋予被告人说谎权是对被告人人格尊严的尊重，体现了程序正义的原则。刑事诉讼程序是否正当的一项重要的判断标准，就是看被告人的人格尊严是否受到了尊重，两者是一种正比关系。一方面，趋利避害是人的本性。在刑事诉讼中，被告人面临"残酷的选择"，它是指美国联邦最高法院在判例中所提到的三种选择：一是经过宣誓后作伪证，从而受伪证罪处罚；二是宣誓后保持沉默，从而受藐视法庭罪的处罚；三是如实供述罪行，从而受到指控犯罪的处罚。② 英美国家通过赋予被告人沉默权避免了这种残酷的选择。而大陆法系国家，在赋予沉默权的同时通过赋予其有限的说谎权，彻底避免了残酷的选择对被告人人性的压抑。而且被告人面对刑事指控，为了免受牢狱之灾，沉默、说谎都是人之常情、人的本性，赋予被告人说谎权即是对这种人性的尊重。另一方面，个人尊严包括个人意志自治。个人有权独立自主地决定自己的行为，选择说实话还是说谎都是个人意思自治的范畴，尊重个人选择即是尊重个人尊严。

2. 赋予被告人说谎权，放弃了对口供的依赖，体现了无罪推

---

① 孙长永：《沉默权制度研究》，法律出版社 2001 年版，第 77 页。
② 同上，第 194 页。

定原则，保障了被告人的权利。无罪推定要求刑事被追诉者在未经司法程序判决有罪以前，在法律上应当被视为无罪的人。这就要求控方承担举证责任，被告人并没有协助控方证明自己有罪的义务。现代立法应当放弃依赖被告人的口供证明被告人有罪的做法。既然这样，被告人说与不说，说真话还是假话，与控方完全的举证责任都是相互独立的，都是被告人的权利，不应受到否定的评价。而且，被告人极有可能发生因为害怕谎言的处罚而不敢行使辩护权。赋予被告人说谎权就解除了此后顾之忧，被告人得以充分行使其辩护权，保障了被告人的权利。

（二）真实供述义务的功能及其价值取向

不赋予被告人说谎权，要求被告人在选择供述后，具有真实供述义务，同样具有价值上的追求。

1. 被告人具有真实供述义务，有助于查明事实真相，实现实体正义，从而有利于打击犯罪，维护社会秩序。我国台湾地区学者陈朴生认为："诉讼上的权利，本负有诚实行使之义务，亦不得滥用。被告关于犯罪事实固有无积极的为真实供述的义务，但亦不认其有积极的为虚假事实之主张与立证，使诉讼陷于不正当之混见，致不能发见真实事实之权利。"① 诉讼正义的实现必须有赖于事实真相的查明。而被告人如果能够真实地供述，无疑有助于事实真相的查明，实现实体正义。

同时，由于刑事诉讼的举证责任由控方承担，被告人说谎又无须证明，有时会极大地削弱控方证据的证明力，使审判人员受到蒙蔽，从而被告人逃避刑事处罚。② 另外，被告人说谎将罪责推向他人，可能导致无辜的人被追诉。这都不利于打击犯罪。而规定被告

---

① 陈朴生：《刑事证据法》，（台湾）三民书局 1979 年版，第 372—373 页。

② 可详见龙宗智："赃款的去向与诉讼证明——巨额财产来源不明罪的证明方法"，载陈兴良主编：《刑事法判解》（第 1 卷），法律出版社 1997 年版。

人具有如实供述的义务，如果其不真实供述将受到法律的惩罚，无疑对被告人在选择是否真实供述时会产生较好的规范作用，想说谎的被告人也可能会基于害怕受到不利处罚而不敢说谎。可见，要求被告人真实供述还有利于惩罚犯罪，从而维护社会秩序。

2. 有助于提高诉讼效率。被告人说谎会极大地破坏诉讼效率。被告人的谎言，作为一种辩解存在，必然要求侦控机关去核实、审判机关去查明。查证被告人虚构的事实是否存在需要花费大量的人力、物力和财力，必然拖延诉讼时间，造成了司法资源的浪费。而且当前各国基于案件不断增加的压力，纷纷进行程序繁简分流，规定一系列以被告人认罪为前提的简易程序包括辩诉交易等，如果被告人可以说谎而不受处罚，会极大地诱发被告人不认罪，而导致程序的对抗化、复杂化，提高诉讼成本。而立法限制被告人说谎，无疑有助于尽快审结案件，提高诉讼效率。

3. 真实义务是对人类传统道德的尊重。传统道德认为诚实是人的美德之一，人不应当说谎。一个人的行为侵犯了别人的利益，损害了社会的公共利益，触犯了刑律，如果他是一个有良知的、讲道德的人，就会产生畏惧心理，就会感到良心上的不安宁。赋予被告人说谎权，无疑是对这种社会基本道德观念的破坏与冲击。

可见，两者的优缺点相互对立，说谎权的优点恰恰是真实供述义务的弱项，反之亦然。在如何规制被告人说谎行为上，存在着个人权利与国家权力、个人自由与社会秩序、保障人权与打击犯罪、程序正义与实体正义、正义与效率之间的价值冲突。

二、德国和英国规制被告人说谎行为的背离

(一) 英国被告人的真实义务

在英美当事人主义刑事诉讼中，被告人不能直接以被告人的身份向法庭陈述案情，只要被告人放弃沉默，就只能以辩方证人的身份站在证人席上向法庭陈述。既然是证人，就必须当庭宣誓或者具结保证如实供述。其除了受一般的证人特权保护外，没有拒绝回答

提问或撒谎的自由，必须如实回答辩护律师的主询问和起诉律师的反询问。英国《1898 年刑事证据法》第 1 条第 5 款明确规定："对于依据本法受到指控并且成为证人的人，可以在反询问时提出任何问题，即使这种问题会证明他犯有被指控的罪行"。即普通证人可以援引"不被强迫自证其罪的特权"拒绝回答提问，而被告人一旦宣誓作证，就不再受该特权保护。在 1976 年的 DPP v. Humphrys 一案中，英国上议院终审判决指出，经依法审理被宣告无罪的被告人，如果事后查明被告人在庭审中为自己作证时提供了虚假的证词，可以就其伪证行为追究其刑事责任。[①] 可见，在英美国家的当事人主义诉讼中，被告人一旦放弃沉默权，就具有真实陈述义务，没有说谎的权利。

（二）德国被告人有限的说谎权

在大陆法系的职权主义诉讼中，被告人在决定进行陈述的情况下，陈述前并不需要像证人一样要宣誓或具结保证讲真话，如果陈述不实或者有意作虚假陈述，也不受伪证罪的处罚；但是如果这种未经宣誓或具结的陈述经过法庭审查为真实，可以作为定案的证据使用。所以德国施密特教授认为，在德国刑事诉讼中，"被告人不仅可以保持沉默，而且可以说谎或通过否认、歪曲事实真相以试图避免自证其罪或逃避受到定罪的后果，并且这样做时，被告人不会被指控有伪证罪而受到处罚"[②]。但这种说法并不全面，学者 Fezer 即以极具参考价值的理由为以下之主张，被告仅具一有限的"说谎的权利"。由于刑事诉讼法放弃用借助于被告之方式以发现事实之真相，因此只要被告之所有不合致刑法之构成要件（例如刑法

---

① 孙长永：《沉默权制度研究》，法律出版社 2001 年版，第 77—79 页。
② ［德］施密特：《德国刑事诉讼法概论》，转引自陈瑞华：《刑事审判原理论》，北京大学出版社 1997 年版，第 276 页。

第 145d 条，第 164 条，第 187 条）①，则其得说谎。由此项见解亦有其后果，即该项谎言不得作为证明正犯及罪责的情况证据，并且也不得间接地（以"不明确"之方式等）作为加重其刑的理由。而德国罗科信教授指出，在文献中，大多数的主张均反对被告具有此真实之义务。对被告之说谎，在程序法上并无处罚之规定，也因为如此，故在量刑时，亦无由将此说谎视为对其不利之佐证。在判例上，如被告顽固说谎以致足以使法官认定其不知悔改，并有碍真相之调查时，会加重其刑罚。② 可见，德国刑事诉讼中被告人有一有限的说谎权。这种说谎权受到一定的限制，如不能"顽固说谎"，不得符合其他犯罪"刑法之构成要件"。

三、两种模式差异的成因——对立法的背景分析

从以上立法的实证考查来看，以保障人权为理念的英美法系要求被告人在放弃沉默权后有真实供述的义务，而以查明事实真相为目标，强调控制犯罪，维护社会秩序的大陆法系反而赋予被告人有限的说谎权。上述两国诉讼制度的总的价值取向，似乎与规制被告人说谎行为的立法的价值取向存在悖论。但是耶林曾指出，不能把法律秩序当做无数法律规范的堆积，而应将其作为一个有机体。这必然归结为，进行比较的法律规范和法律制度的功能必须重新放回法律秩序的整体的结构关联中加以确认。③ 通过考察、比较分析，笔者发现两国正是结合本国的社会文化理念、经济条件、诉讼制度，利用制度的不同价值取向，扬长避短，以求在维护个人自由与

---

① 德国刑法第 145d 条规定的是虚伪犯罪，第 164 条规定的是诬告罪，第 187 条规定的是诽谤罪。详见《德国刑法典》，徐久生、庄敬华译，中国法制出版社 2000 年版，第 132、138、153 页。

② 以上参见［德］克劳思·罗科信：《刑事诉讼法》，吴丽琪译，法律出版社 2003 年版，第 229—230 页。但罗科信教授基于该理由同时认为这种争论其实不必要。

③ ［日］大木雅夫：《比较法》，范愉译，法律出版社 1999 年版，第 96 页。

社会秩序、保障人权与打击犯罪、正义与效率之间实现平衡。

（一）社会历史、文化因素对立法的影响不同

1. 历史传统的不同影响。德国属于大陆法系，大陆法系经历了中世纪的法定证据制度，这种制度下诉讼强烈依赖被告人的口供，被告人的口供成为"证据之王"，被告人不仅具有供述义务而且必须讲真话，由此甚至导致刑讯逼供的合法化。由于贝卡利亚和18世纪其他人的努力，刑事诉讼程序改革成为欧洲革命的主要目标之一，这些革命主张的主要内容之一就是，废除对被告人的誓证要求。① 法国大革命后，各国建立了自由心证制度，出于对传统上对口供过分依赖的反思，赋予被告人口供不同于普通证人证言的价值，进而限制对口供的依赖，赋予被告人说谎权，全面限制了国家权力对被告人意志的压制。而在普通法历史上，被告人不具有作证的适格性，主要是担心被告人会因为自己与诉讼的结果有直接利害关系而作伪证。这种做法在实践中遭到了很多人的批评，包括著名功利主义法学家边沁的强烈批判。直到1898年，英国刑事证据法才规定被告人可以成为辩护方的适格证人，但不得说谎。② 可见，在德国被告人说谎权是对中世纪的法定证据制度的反思，同时传统上被告人供述是一种独立的证据，从而为赋予其有限的说谎权提供了条件。而在英国，被告人经历了从不适格证人到适格证人的发展。被告人一旦放弃沉默权，选择作证，就成为证人。与德国不同，被告人供述不能成为与证人证言不同的证据种类。而证人无疑具有真实陈述的义务，证人可以说谎显然是诉讼理念上无法接受的。

2. 对被告人人格尊重的不同理解。价值是一个相对的东西，是一种"地方性知识"，在不同的国家会有不同的认识。在英国，对被告人的人格尊重可以通过多种方式表现出来，如赋予被告人沉

---

① 参见［美］梅利曼：《大陆法系》，顾培东等译，法律出版社2004年版，第129页。

② 王进喜：《刑事证人证言论》，中国人民公安大学出版社2002年版，第42—43页。

默权，保障其获得律师帮助权，严格的非法证据排除规则，在侦查阶段构建全方位的权利保障，庭审对抗的诉讼制度等，应该说，在整体上英国被告人在诉讼中所受到的人格尊重要高于德国。因此，在被告人人格受到充分尊重的情形下，该国不认为还要赋予被告人说谎权，才能体现对被告人人格的尊重。而大陆法系的德国经过了法定证据制度的洗礼，更强调对被告人供述自主性的保障，认为这样才能体现对被告人人格的尊重。

3. 不同庭审模式的影响。英美法系强调控辩平衡，控辩双方通过平等对抗，推进诉讼的进行，发现事实真相。"被告人不能一方面为自己作证，接受自己律师的询问，但轮到控方律师反询问时却声称回答提问可能导致自证其罪。"[1] 而且控方不允许说谎，被告人却可以，控辩平衡就会打破。被告人具有说谎权有违控辩平等、公平对抗的原则，破坏诉讼结构。而大陆法系的德国采取职权主义庭审模式，诉讼并不是建立在控辩双方平等对抗的基础上，对事实的查明是法官的职责，对被告人供述的真实性进行判断是法官的义务，被告人说谎并不会破坏诉讼结构。

4. 对效率偏好程度不同的影响。在英美法系国家，刑事诉讼中贯穿保障人权、程序正义的理念，导致效率不高，效率是稀缺的。大多数案件只有通过以被告人认罪为前提的有罪答辩程序或辩诉交易程序的适用来提高整个诉讼的效率。在英国，有 85% 的被告人在作有罪答辩后直接进入了量刑程序。[2] 美国最高法院前首席大法官沃伦指出："即使将适用辩诉交易的案件比例从目前的 90% 下降到 80%，用于正式审判所需要的人力、物力等司法资源的投入也要增加一倍。"[3] 如果被告人有说谎权，其说谎不受处罚，会

---

① 孙长永：《沉默权制度研究》，法律出版社 2001 年版，第 78 页。

② 杨正万：《辩诉交易问题研究》，贵州人民出版社 2002 年版，第 33 页。

③ 陈瑞华：《刑事审判原理论》，北京大学出版社 1997 年版，第 381 页。

导致大量的被告人想通过谎言来逃避法律制裁，而选择不认罪。这样将有大量的案件进入审判程序，这对其诉讼制度来说是无法承载的。所以，必须要求被告人在放弃沉默权之后真实供述。而大陆法系国家强调打击犯罪，维护社会秩序，整个诉讼表现为高效而对被告人权利保障不足。因此，对赋予被告人说谎权带来的非效率具有很好的平衡能力。

（二）对谎言的揭示能力不同

一般说来，无论什么诉讼制度，对案件事实真相的查明仍然是刑事诉讼的重要目的之一。诉讼制度中，对谎言揭示能力的强弱直接影响了是否赋予被告人真实供述义务。笔者认为，正是因为大陆法系国家的诉讼制度有利于事实真相的查明，对被告人的谎言有着非常好的揭示能力，所以前者敢于赋予被告人有限的说谎权。

1. 作为谎言查证主体的法官素质不同。如果证据的查证主体对谎言具有较好的辨别能力，则赋予被告人说谎权的弊端大大降低。否则，则相反。英美法系国家多采取陪审团审理，而大陆法系国家实行参审制。刑事诉讼中，英国采取陪审团审理制度，陪审团决定事实问题，法官决定法律问题，法官对陪审团的决定产生影响较小。而且对陪审员的选择奉行"同阶陪审团"的原理，作为陪审员的往往是一些普通的社会公众，法律的"门外汉"，因而感性认识强而理性不足。而德国实行参审制，虽然也有陪审员，但由法官和陪审员共同决定事实问题和法律问题，法官与陪审员共同合议案情，法官能够有力地影响陪审员。一般说来，长期从事审判工作的法官，由于具有丰富的经验及阅历，不容易被被告人的谎言所蒙蔽；而陪审员不同，极易为被告人的谎言所欺骗。因此，在英国必须极力确保进入诉讼中的证据的真实性，所以被告人一旦选择放弃沉默权，出庭作证，就不得说谎，否则就要受到法律的制裁。

2. 法官在证据调查中的作用不同。在英美法系的英国，被告人选择作证后成为证人，接受交叉询问。对证人证言的质证模式由控辩双方主导询问，法官的作用相对消极。罪状认否程序中，被告人一旦认罪则直接进入量刑程序，如果被告人说谎不受惩罚，有可能诱发被告人虚假供述，替人顶罪行为的发生。而且由于在审判中，"公诉方和辩护律师不受法官的限制，他们经常将程序转变为一种争斗。他们为了使陪审团对于查明事实真相的注意力发生转移，而毫不犹豫地求诸于过度的带有侵犯性的辩护。"① 而大陆法系被告人虽然不宣誓作证，但仍然要接受询问，而且由专业法官主导询问，法官负有积极查明事实真相的义务。因此，英美法系证人证言质证模式较大陆法系证人证言质证模式而言，"有两个重要的问题：一是诉讼效率低，二是对查明事实真相具有消极影响"，②更不利于对谎言的揭示。

3. 揭示谎言的证据不同。对谎言的查明有赖于能够进入到诉讼中的其他证据的多少。进入到诉讼中的其他证据越多，被告人的谎言越容易被拆穿。英国较德国而言，有较多的规则限制证据进入诉讼中，导致因对谎言的揭示能力差而必须要求被告人具有真实陈述的义务。一方面，由于英美法系国家陪审团认定事实容易受到非法证据的不当影响，因此建立了严格、系统的非法证据排除规则，而且出于程序正义的追求，导致在构建非法证据排除规则时以程序正义而不是发现事实真相为理念。在美国，甚至连"毒树之果"也予以排除。这必然导致一些虽然程序上存在瑕疵，但有助于拆穿被告人谎言的证据难以进入诉讼领域。而德国仍以查明事实作为构建非法证据排除规则的基础，因此德国法院在适用非法证据排除规则时规定了一系列附加的条件。其中就有，证据的排除不能与根据"事实"处理案件这一最高利益相冲突。③

---

① ［德］赫尔曼："中国刑事审判方式的改革"，载陈光中主编：《诉讼法学新探》，中国法制出版社 2000 年版，第 846 页。

② 王进喜：《刑事证人证言论》，中国人民公安大学出版社 2002 年版，第 250 页。

③ ［德］托马斯·魏根特：《德国刑事诉讼程序》，岳礼玲等译，中国政法大学出版社 2004 年版，第 195 页。

　　另一方面，英美法系国家施行陪审团审理，由于陪审团难以召集，审判必须采用集中型程序模式。而大陆法系没有陪审团审理，采用松散的分段型程序模式。前者较后者而言，因为裁判者在一个简短的时间内所能接受的证据是有限的，所以证据总量必须被削减到可接受的程度。于是，一些有证据能力但证明力不大的证据被排除。同时，为了避免寻找原始证据带来诉讼迟延，严格限制传闻证据的使用，对"新"证据进行排斥，并且可能由于延迟出示证据而导致证据被排除等。① 这些都不利于查明事实真相而揭穿谎言。而且，为了保障诉讼的集中进行，必须采取有力的措施防止提供虚假证据的行为，以避免对虚假证据查明导致休庭，带来诉讼的拖延。

　　4. 被告人庭前证据的可接受性及其作用不同。用被告人以前自相矛盾的供述攻击被告人的谎言是最为有力的查明谎言的手段。大陆法系的德国在被告当庭陈述与过去的自白发生矛盾时，为了查证其自白，可以宣读法官笔录中记载的被告人陈述。根据李昌珂先生的注解，被告人过去的陈述可以作为具有实质证明力的独立证据。② 在英国，证人先前不一致的陈述只能作为弹劾证据，而不能作为实质证据。被告人先前不一致陈述的作用有限。而且由于传闻证据规则的影响，法官总是更倾向于相信庭上的证据。而且达马斯卡认为，当代英国主要属于协作型司法程序，当代德国主要属于科层式司法程序。出于对口头交流和当庭证供的信赖，协作型司法程序必须发展出"有力的机制"来质询在法官面前作证的证人。协作型官僚系统还必须比科层型权力组织更多地利用伪证指控之威胁

---

　　① 参见［美］达马斯卡：《漂移的证据法》，李学军等译，中国政法大学出版社 2003 年版，第 80—102 页。
　　② 《德国刑事诉讼法典》，李昌珂译，中国政法大学出版社 1995 年版，第 104 页。

或相似的威慑手段来对治错误证供。① 这就导致了英国对被告人作证赋予真实义务，而德国则相反。

（三）对被告人说谎进行处罚的态度不同

权利的取得并不意味着权利的行使。在大陆法系的德国，承担主要讯问任务的初审法官同时也是量刑法官，被告人害怕因未能妥当回答其问题而激怒他，于是构成了一种很强的促使被告说话的激励，更不用说初审法官还可能同时负责定罪和量刑，因此，在讯问阶段保持沉默的被告可能失去此后请求从轻发落的机会。而且实践中，顽固地拒绝供认很容易被作为量刑时的从重情节。于是我们很容易看到欧陆被告很少选择行使沉默权的原因。② 上述分析同样可以说明，德国对被告人说谎的态度实质上导致被告人在行使说谎权时不得不三思而行。说谎权在大陆法系的德国受到程序制衡以及诸多限制，以至于著名学者达马斯卡认为："所谓的说谎权也别有意味：从他们的表述中发现的前后矛盾之处将削弱甚至破坏他们的总体信用。"③

在英美法院中，对当事人的虚假陈述表现出较大的宽容。每天都有主张并试图证明自己无罪的刑事被告被定罪，但他们当中几乎没有人受到伪证罪检控。虽然有人指出对伪证的"惩罚"被策略性地整合到了（加重的）刑罚中，但确定刑罚的法官很少明确表示出这种意图。进而，即使被判无罪的刑事被告后来被发现提供了虚假证词，他们也几乎不可能受到伪证罪的检控。④ 这种法律适用中的"宽容"，是司法的一种策略，也是司法的一种"潜规则"，它从司法实践层面削弱了立法上伪证罪对被告人产生的压制的"刚性"。

---

① ［美］达马斯卡：《司法和国家权力下的多种面孔》，郑戈译，中国政法大学出版社 2004 年版，第 92—93 页。

② 同上，第 249 页。

③ 同上，第 248—249 页。

④ 同上，第 131 页。

四、中国语境下对被告人说谎行为立法规制的思考

如何处理被告人的说谎行为是任何司法制度都无法回避的问题，立法必须对此作出规范，我国也不例外。目前，我国被告人具有如实供述义务，被告人的说谎行为被作为一个从重的情节。在被告人选择陈述之后，是确立其有说谎权还是有真实供述的义务，基于法律文化理论的观点，无疑仍应建立在我国本土资源的基础上。上述的比较分析为我们提供了立法时所要关注的问题。

（一）我们必须考虑传统观念中大众文化和精英文化对被告人说谎行为的可接受性

说谎权即意味着尊重被告人人格的观点，在我国难以获得社会认同。中国几千年的传统道德价值观就是要求人们说老实话，做老实人，做一个道德高尚的人。而且我国民众长期以来对社会秩序具有强烈的心理需求，所谓"天下兴亡，匹夫有责"，每个人都身兼维护社会秩序的义务，个人自由不应与社会秩序相对抗。这样，在我国的传统意识里并不认为赋予被告人说谎权就能体现对人性的尊重，真实供述义务就是对人性的蔑视。

（二）司法政策对诉讼主体行为的影响已经形成一种难以改变的司法常习

正如意大利学者马可·法里布在考察意大利刑事司法制度改革后所言：规则不足以改变习惯、行为和结果。[1] 我国在立法时对司法常习必须要予以充分的关注。在我国长期的司法实践中，普遍认为对于认罪的、沉默的、说谎的被告人应采取区别对待的刑事政策。而且由于如实供述义务的长期影响，法官普遍认为被告人的说谎行为表示其对犯罪行为没有悔意，改造的难度加大，因此在量刑

---

[1] ［意］马可·法里布："意大利刑事司法制度改革：理论与实践的悖反"，龙宗智译，载陈光中、江伟主编：《诉讼法论丛》（第 2 卷），法律出版社 1998 年版，第 287 页。

上会比沉默不语的更重一些。这也是"抗拒从严"的逻辑基础。上述观念已经内化于诉讼主体的整个诉讼行为中，成为一种司法常习，影响着诉讼主体对诉讼的预期。实践中法官的这种心理无疑会以某种方式在诉讼中传承下去，即使赋予了被告人说谎权，在没有严格的量刑尺度，法官对量刑具有较大的裁量权，对判决书又无须充分说理的条件下，很难说法官不会对说谎的被告人从重判刑。而且，西方社会通过从下至上的革命废除纠问主义，民众、司法参与者实现了观念上的转变；而我国的改革是从上至下的移植制度，必须考虑"本土资源"，否则即使赋予被告人说谎权，被告人说谎不会影响量刑、受到处罚的主观愿望可能也只是空中楼阁。

（三）我国诉讼效率现状对立法的制约

从司法实践来看，随着刑事诉讼案件数量的增多，司法机关特别是基层人民法院和人民检察院的工作压力越来越大。刑事案件数量的持续攀升与人民法院审判资源的捉襟见肘形成极大的反差。以法院积案为例，2000 年最高人民法院常务副院长祝铭山指出：全国法院清理超审限案件的工作虽取得进展，但是仍面临严峻形势，目前全国法院未结案数量依旧高居不下。2000 年 1—7 月全国法院结案率达 69.43%，比上年同期增加了 3.15 个百分点。但是，到该年 7 月底前，全国法院未结案仍有 185 万多件，其中有不少是超审限案件。[1] 这说明我国目前还要不断地提高我国的诉讼效率，正因此，提高诉讼效率成为我国司法改革的重要目标。目前我国被告人有如实供述义务，这客观上提高了诉讼的效率。但说谎权不同，它不是以诉讼效率为价值取向，客观上由于会激励被告人不认罪而有碍诉讼效率的提高，甚至极大地降低诉讼效率。我国赋予被告人说谎权就必须面对由此带来的负面效果，这可能并不是我国诉讼制度所能承担的，而与司法改革的目标背道而驰。

---

① 何兵：《现代社会的纠纷解决》，法律出版社 2003 年版，第 44 页。

（四）我国证据生成机制差，侦查能力有限，对谎言的揭示能力差

应当说目前我国的刑事诉讼制度还是建立在发现客观真实的证明标准的基础上。从上述对两大法系对比中提到的因素来看，似乎我国更加接近大陆法系而有较好的谎言揭示能力。但就我国与两大法系比较而言，我国司法制度有一个致命的弱点。某种意义上说，上述国家已经进入了西方法治国家的行列，而我国仍是一个传统型国家。规范化的日常监控不足，客观化的证据生成机制很不健全，远远落后于西方上述各国，形成对被告人口供的依赖。① 而且，目前我国各地区侦查机关司法经费紧张，办案人员素质不高，侦查技术含量低，装备普遍落后，犯罪率不断上升。我国的证据生成机制差、侦查能力低的司法现状，导致我国更难获得有助于揭示被告人谎言的证据。

当然，我国也有一些有利于查明被告人谎言的制度。如以查明事实真相为诉讼理念构建的整个诉讼制度，包括专业法官审理案件及其强职权化的色彩；对证据规则的限制，如非法证据排除规则；被告人庭前供述直接进入审判；非集中化的审理等。但其中有一些正是司法改革指向的目标。总的来说，依经验判断，笔者倾向于认为，我国目前不具备赋予被告人说谎权的理念和制度背景。

总之，法学和民族志，一如航行术、园艺、政治和诗歌，都是具有地方性意义的技艺，因为它们的运作凭靠的乃是地方性知识。② 由于各个国家，甚至每个个人对权利与权力、自由与秩序、保障人权与打击犯罪、正义与效率这些抽象的概念有着不同的理解，因此如何在这之间寻求平衡无疑是一个见仁见智的难题。各个国家

---

① 详见左卫民："口供制度与社会治理"，载左卫民：《在权利话语与权力技术之间——中国司法的新思考》，法律出版社 2002 年版，第 278 页。

② ［美］吉尔兹："地方性知识：事实与法律的比较透视"，邓正来译，载梁治平主编：《法律的文化解释》（增订本），生活·读书·新知三联书店 1998 年版，第 73 页。

对价值取向的偏好，各国的其他司法制度是否已经充分地实现了这种价值偏好以及说谎权是否能与其他司法制度相互契合以实现这种价值取向，都是各国在立法时选择是否赋予说谎权的因素之一。

第三节　被告人的开庭陈述权

我国《刑事诉讼法》第155条第1款规定："公诉人在法庭上宣读起诉书后，被告人、被害人可以就起诉书指控的犯罪进行陈述，公诉人可以讯问被告人。"这就确立了在宣读起诉书后先由被告人进行陈述，再对被告人讯问的程序设置，笔者称前者为被告人的开庭陈述权。但是，实践中由于对开庭陈述权的性质、功能及其内容认识不清，导致该程序设置在实践中被忽略或者异化，有必要加以重新审视。

一、被告人开庭陈述权的制度背景

被告人的开庭陈述权，是指被告人在公诉人宣读起诉书后，对起诉书指控的犯罪表达意见的一种辩护权。开庭陈述权的理论基础在于：

其一，在现代刑事诉讼理念中，被告人取得诉讼中的主体地位，作为诉讼中的主体，当然地具有对案件的事实和证据发表意见、陈述主张的权利。其二，由于在刑事诉讼中国家追诉犯罪能力与被告人防御能力之间天然的不平等，当事人主义的诉讼理念从公诉方、被告方控辩平等对抗的角度上，要求赋予与公诉方相对应的被告人开庭陈述权。而且，由于诉讼是由控辩双方推进的，就必须由控辩双方在证据调查前，陈述其主张，这才有双方攻防的对象。其三，宣读起诉书是控方对其主张的事实的陈述，如果被告方没有立即进行陈述的权利，而在控方举证之后再进行陈述，其作用有限，因为法官已经形成预断。

在采取职权主义庭审模式的大陆法系国家，强调法官积极的职权调查，被告人以诉讼主体的身份作出陈述，但由于诉讼不由控辩双方推进，其陈述成为发现事实真相的一种重要的证据，被告人很难获得开庭陈述权。如法国的重罪程序中，在庭长提纲挈领说明提交本法庭受理案件的文书之后，庭长就本案的实体问题讯问受到追诉的人。① 而英美法系国家采取对抗式庭审模式。对抗制审判程序的重要特点之一，是以控辩对抗的方式由每一方当事人向法庭描述自己的"案件"，然后举证证明或者论证这一案件，最后由陪审团居中裁决。② 但在庭审中，被告人一般行使沉默权，一旦要陈述事实也只能以辩方证人的身份，而不是以被告人的身份出庭作证，而且是在公诉方举证完毕之后作证，所以其无法享有开庭陈述权，但其辩护律师有开庭陈述权。

可见，被告人开庭陈述权具有两个制度性的条件：一方面，庭审模式采取当事人主义对抗式，被告人取得诉讼主体地位，诉讼由双方当事人推进，法官处于消极地位；另一方面，被告人能够以诉讼主体的身份作出陈述，而不是必须以证人身份出庭作证。前者是当事人主义国家的特点，后者是职权主义的特点。所以，被告人开庭陈述权的典型立法出现在当事人主义与职权主义融合的国家，比如日本刑事诉讼法第291条规定的开头程序中，在检察官朗读起诉书后，应当向"被告人及辩护人提供对被告案件进行陈述的机会"。③

同理，我国1979年刑事诉讼法并没有规定被告人开庭陈述，第114条规定：公诉人在审判庭上宣读起诉书后，审判人员开始审问被告人。公诉人经审判长许可，可以讯问被告人。但1996年修订刑事诉讼法时，为了淡化庭审中的职权主义色彩，引入当事人主

① ［法］卡斯东·斯特法尼等：《法国刑事诉讼法精义》，罗结珍译，中国政法大学出版社1998年版，第747页。

② 孙长永："当事人主义刑事诉讼中的法庭调查程序评析"，载《政治与法律》2003年第3期，第87—88页。

③ ［日］田口守一：《刑事诉讼法》，刘迪等译，法律出版社2000年版，第208页。

义对抗式庭审模式，才规定了被告人开庭陈述权。

二、被告人开庭陈述的功能

在我国，被告人开庭陈述与讯问中被告人供述不同，具有以下特点，这也决定了两者之间不可相互替代。首先，权利性。被告人开庭陈述是建立在被告人自主决定的基础上，是被告人的一种权利；而被告人的供述是对公诉讯问所承担的一种义务。其次，完整性、连续性。在被告人开庭陈述中，不是采用一问一答的讯问方式进行，被告人能够将事实完整、连续地向法庭陈述；而被告人在接受讯问时往往只是针对提问进行回答，很难做到完整性、连贯性。最后，非证据性。被告人开庭陈述只是对其主张的一种描述，与公诉机关的起诉书一样，都是证据要证明的事实或主张，不是证据。

诉讼制度的设计离不开一定诉讼价值取向和功能实现。除了保障被告人辩护权，体现其主体地位，防止法官预断以外，在我国，被告人开庭陈述还具有以下特殊的功能：（1）被告人是案件的第一知情人，最清楚自己是否或者如何从事犯罪行为，被告人开庭陈述权充分保障了被告人对事实的完整陈述，有助于实现实体正义。（2）根据被告人开庭陈述中对指控的基本犯罪事实是否选择认罪，确定是否适用其他简化的审理程序，如"认罪程序"，从而实现案件繁简分流。（3）被告人开庭陈述有助于法官了解控辩双方对案件的争议焦点，更好地控制庭审。（4）对于辩护人来说，被告人开庭陈述能够将被告人庭审时的主张及时传递给辩护人，从而调整辩护方案，更好地为被告人辩护。（5）对公诉人来说，也能了解被告人在庭审中对指控犯罪事实的态度，在讯问时可以有针对地进行讯问、举证。

三、实践中存在的问题及其改进

实践中，被告人的开庭陈述权一般通过由法官询问被告人对起诉书有什么意见来实现。笔者通过长期的司法实践，发现其存在以下问题：

首先，法官在观念上还存在过重的职权主义心理，不把被告人开庭陈述的程序设置作为被告人的一种权利，而将其理解为一种国家权力，"可以"被理解成法官可以让其陈述也可以不让其陈述。而且认为反正还要讯问被告人，被告人陈述可有可无。因此，被告人陈述的程序设置经常被省略，代之以讯问被告人是否认罪。

其次，实践中，被告人的开庭陈述经常被打断。一方面，被告人往往不具有较好的事实归纳能力、判断分析能力和语言表达能力，如果由其连续进行陈述可能会没有逻辑性，甚至有时候对一些与定罪、量刑无关的细节过多地展开。另一方面，有时也因为法官为了追求诉讼效率，或者对被告人陈述的歧视而打断开庭陈述。由于法官负责定罪、量刑，法官打断被告人陈述会给被告人带来很大的心理压力，导致被告人不敢陈述、辩护。

最后，内容上不确定。实践中，被告人的陈述应当包含哪些内容，立法并不明确。一些法官认为被告人只需要就起诉书指控的犯罪事实提出自己的观点，如起诉书指控的犯罪事实是否属实，如不属实指出哪几处不属实。于是，被告人陈述等同于对起诉书指控事实的几点归纳性的意见，被告人开庭陈述的完整性丧失。

针对以上问题，结合实践，笔者认为我国的被告人陈述的程序设置可从以下几个方面加以改进：

1. 转变观念，设置权利告知程序。必须明确被告人开庭陈述权系被告人的一项基本诉讼权利，其权利实现必须得到法庭的保障。应规定在宣读起诉书后审判长有义务告知被告人有开庭陈述的权利，并告知陈述的范围、内容以及对陈述的限制。法庭不能随意剥夺被告人开庭陈述权，也不能将其等同于是否认罪和对指控犯罪事实的意见，更不能以讯问被告人代替被告人的开庭陈述。

2. 明确陈述的内容。在日本，宣读起诉书后，被告人陈述的内容包括：（1）关于被告案件的实体的陈述，包括承认或否认起诉的事实、正当防卫、心神丧失等违法阻却事由、责任阻却事由或减免刑罚事由。（2）关于被告案件程序的陈述，包括无权管辖、驳回公诉、移送等各种申请程序。① 笔者认为，我国不应当以对起诉书简单发表意见的方式实现被告人的开庭陈述权。我国被告人开庭陈述也应当包括上述实体和程序两个方面的内容，而且实体事实在上述基础上还包括其主张的具体事实。但是，在被告人开庭陈述中只能陈述主张而不得出示证据，也不能根据没有经过调查的资料说明可能对法官审判案件产生偏见或预先判断的事项。

3. 加强律师帮助。由于案件集中审理，需要对被告人陈述进行时间上的限制，被告人的陈述必须是简洁的、清晰的、完整的。为了提高被告人对事实的归纳和表达能力，有必要赋予律师庭前帮助其组织陈述的权利。律师要告知被告人与本案有关的法律知识，帮助被告人掌握指控的罪名对犯罪构成的要求，帮助被告人厘清争议的焦点，分析、总结、梳理被告人的主张及其与定罪、量刑的关系。但是，否认罪必须要由被告人亲自作出。

4. 公诉人应慎重对待被告人开庭陈述。公诉人应当认真听取被告人的开庭陈述，掌握被告人对指控犯罪事实的辩护要点，然后有针对性地调整庭审的讯问提纲、举证提纲。在讯问、举证时，遇到被告人有争议的问题，一定要将其作为重点阐述的问题。如果在讯问时遇到被告人的强烈抵制，则可适当地回避该问题，在举证时着重用证据去证明被告人开庭陈述的虚假。当然，如果发现被告人的供述虽然与指控有差异，但是确实是事实的，应当向法庭指出。因为公诉机关出庭公诉承担的是客观公正义务，而不是一味地追究犯罪。当依法应当打断被告人陈述时，应要求法官打断被告人的开庭陈述，而不是直接打断被告人陈述。公诉人在庭审中承担审判监督的职责，发现侵犯被告人开庭陈述权的现象时，应提出监督意见。

5. 法官不得随意打断、终止陈述。被告人开庭陈述的完整性、连续性，对于全面阐述被告人的辩护观点及与控方进行实质的抗辩

---

① ［日］田口守一：《刑事诉讼法》，刘迪等译，法律出版社 2000 年版，第 208 页。

都具有积极的意义。尽管被告人有时表达不清，但这只是被告人不能很好地实现其权利的表现，而不能因此剥夺其陈述的权利。必须明确其他诉讼参与人包括公诉人、被害人等绝对不能打断被告人陈述，法官也不得随意打断被告人的陈述。但如果被告人多次重复自己的意见，审判长可以制止；如果陈述内容蔑视法庭、公诉人，损害他人及社会公共利益，则应当制止。如果在陈述过程中被告人偏离了指控的对象，审判长应对他发出警告；如果被告人继续偏离，审判长则应制止其陈述。

第四节　指定辩护中被告人的程序参与权

刑事诉讼中，面对国家控诉机关的追诉，被告人处于弱势地位，在强大的国家权力面前，其权利存在被侵害的极大风险。而辩护律师犹如被告人的眼睛和嘴巴，对于实现控辩平衡，保障被告人的权利起着至关重要的作用。特别是当出现被告人是盲、聋、哑或者未成年人，或者被告人可能被判处死刑而没有委托辩护人等需要指定辩护的情形时，被告人迫切需要有能力、敢仗义执言的律师为其辩护。而作为产生辩护律师的指定辩护程序此时显得尤为重要。然而不幸的是，我国的指定辩护程序存在非常严重的问题，导致指定辩护的功能受损，获得指定辩护的权利甚至成为被告人一项虚置的权利。所以，我国的指定辩护程序迫切需要反思与重构。

一、我国指定辩护程序的现状

我国的指定辩护分为强制指定辩护和任意指定辩护。根据我国《刑事诉讼法》第 34 条，强制指定辩护有两种情形：一是被告人是盲、聋、哑或者未成年人而没有委托辩护人；二是被告人可能被判处死刑而没有委托辩护人。这时，人民法院应当指定承担法律援助义务的律师为其提供辩护。而任意指定辩护，是指公诉人出庭公诉的案件，被告人因经济困难或者其他原因没有委托辩护人的，人民法院可以指定承担法律援助义务的律师为其提供辩护。可见，我国指定辩护主要存在于审判阶段，并且其作为一项法律援助措施，主要由承担法律援助义务的律师完成。因此，指定辩护的律师对于实现指定辩护制度的功能具有至关重要的作用。

为了了解实际情况，笔者调查了一些刑事辩护律师和司法部门的工作人员。根据笔者调查，在实践中，当法院依法为被告人指定辩护律师时，会向司法行政机关开出指定辩护人通知书，要求在收到通知书3日内，指派承担法律援助义务的律师提供辩护。而当地的司法行政部门都设有专门的法律援助机构，法律援助机构本身具有专门的工作人员，从事法律援助工作。这些工作人员中不少都具有律师执业资格，但也有一些不具有律师执行资格。实践中，半数以上的案件都由其办理，一些不具有律师执业资格的中心工作人员也在承办指定辩护案件。目前，笔者所调查当地要求每一个律师每年有义务接受两件法律援助的案件。当法律援助机构不自行接案时，便将案件移交律师事务所，然后由律师事务所指派具有律师执业资格的律师承办案件。但是，实践中由于刑事法律援助的案件收费非常低，执业律师都不愿意接指定辩护的案件，于是就将案件交与律师事务所的实习律师办理。这些律师多是刚刚取得律师资格，但又不具有从业经验而处于实习阶段的律师；或者是已经在律师事务所工作，正在积极准备司法考试的律师。案件常以执业律师的名义接而实际上由实习律师办理。案件办理过程中，实习律师通常不会调查取证，只是会见被告人和阅卷。一般情况下，由于缺乏保障机制、激励机制和动力机制，其工作缺乏足够的责任心。

还有一种途径，是律师与法官联系，要求法官将指定辩护的案件交由其承办，这时虽然也要通过当地的法律援助机构，但只是走个形式。法官在要求法律援助机构指定辩护律师时，会要求法律援助机构指定某某律师承办，法律援助机构一般都会依此指定。这时法院考虑的因素往往是与律师之间的关系，而不是业务能力。而要求法院将指定辩护的案件交由自己办理的律师多半案源较少，其工作的宗旨演变成尽量配合法院的工作，以争取更多的案源，而不是为被告人的利益辩护。

二、现行指定辩护程序功能之不足

目前，指定辩护制度在保障被告人权利上发挥了一定的作用，其制度本身是值得肯定的。但从上述实证调查来看，我国的指定辩护程序还存在不足之处，其中一个至关重要的问题是被告人缺乏参与指定辩护律师的权利，这又客观造成了以下不良后果。

（一）被告人程序参与不足

程序具有赋予实体以正当性的效果。所以，正义不但要实现而且必须以看得见的方式实现。在我国的指定辩护程序中，完全没有被告人的参与，指定辩护律师时，既不需要事先征求被告人的意见，也无须事后由被告人同意。这全面地破坏了被告人对程序公正的感受，被告人对辩护的功能产生怀疑。被告人总怀疑辩护律师是否会保护其利益，律师会不会泄露其说的信息。程序的不公正导致了被告人对实体公正的怀疑。而且由于被告人对辩护律师的不信任、不配合，严重地影响了指定辩护的辩护效果。

（二）指定程序随意性大，程序理性不足

从调查来看，出现了指定权法定主体与实际指定权行使主体的错位，本来应当由中立的法律援助机构指定的，实践中异化为最终由律师事务所来行使，或者由中立的法官指定。由于并没有一套规范的程序来确定指定辩护律师的人选，由一个以赢利为目的的律师事务所来指定，其效果可想而知。于是，选择辩护律师的标准不是依据被告人对辩护律师的信任，不是依据辩护律师的业务能力、负责的态度，而是如何实现自身利益的最大化或者是辩护律师与有关部门的关系。所以恰恰是业务能力不突出的律师，甚至没有律师执业资格的工作人员和实习律师在承担指定辩护工作。但为什么他们又愿意承接指定辩护的案件呢？其主要原因在于其自身案源不足，而且其并不打算在辩护上付出多少成本，包括为辩护而付出的时间、精力甚至业务知识。

（三）辩护律师"无心"辩护

由于指定辩护的收入远远低于当事人委托的收费标准，而且指定辩护的机关在指定辩护后对辩护的效果不作任何监督，指定辩护的收费来自援助机关，从而缺乏当事人的制约，缺乏为被告人尽力辩护的压力和动力。更为重要的是，我国法院仍然承担打击犯罪、维护社会稳定的政治任务，并不希望辩护人提出什么有力的辩护意见，而律师也不愿意给法院留下不好的印象。所以指定辩护中，辩护律师往往没有仔细阅卷，准备辩护。笔者在调查中发现，很多指定辩护律师往往在开庭前一两天匆匆翻阅案件。指定辩护成为大家心知肚明的"走过场"。

（四）辩护律师"无力"辩护

这体现在三个方面：首先，目前我国法律援助经费保障存在严重不足。国家拨付的法律援助经费，2003 年平均每人仅 6 分钱，2004 年有了大幅度的提高，但平均每人也仅 1 毛钱，远远低于发展中国家的平均水平。[①] 由于缺乏经费，辩护律师无法作充分的调查取证。其次，上述调查表明，由于指定辩护案件赢利少，有竞争力的律师多半不愿意承接此类案件。当然，也不否认有一些能力强而又不计较收入的律师在承办此类案件，但这种情况必定少见。实践中，承办案件的指定辩护律师往往是实习律师或者业务能力有限的律师，由于经验和业务能力的相对欠缺，导致其辩护往往是心有余而"力"不足，法律援助的服务水平和办案质量也有待进一步提高。[②] 最后，由于指定辩护律师在被告人看来是由法院指定的，被告人不相信辩护律师，从而不配合辩护工作，被告人与辩护律师之间缺乏有效的沟通，被告人所掌握的一些辩护信息，不能顺畅地

---

① 王琼、邵云伟等："法律援助的政策规范与运作制度研究"，载《中国司法》2005 年第 1 期，第 83 页。

② 司法部法律援助中心："关于全国法律援助工作的调查与研究"，载《中国司法》2005 年第 2 期，第 70 页。

到达辩护律师，从而使辩护律师无法有效地辩护。

三、被告人对指定辩护律师的选择权

联合国《关于律师作用的基本原则》第 6 条特别强调："任何没有律师的人在司法需要的情况下均有权获得按犯罪性质指派给他的一名有经验和能力的律师以便得到有效的法律帮助，如果他无足够力量为此种服务支付费用，可不交费。"改革我国指定辩护程序的关键在于让被告人对指定辩护律师产生信任，切断指定辩护律师与指定机关的利益联系，让具有丰富经验和较强业务能力的律师承担起法律援助的义务。因此，必须全面重构我国的指定辩护程序。

（一）赋予被告人选择权

如果指定主体与被指定律师存在一定的利益关系，必定影响指定程序的公正性。目前，我国最终由律师事务所来确定指定辩护律师的做法是不可取的。而律师通过法官接案的做法显然也不公正。事实上，由法律援助机构最终确定指定辩护律师的做法是合适的。但作为直接受益主体的被告人在该程序应当起多大的作用是值得深思的。传统的指定程序完全将被告人排除在外，对指定辩护的效果产生了许多的负面影响。所以，有必要让被告人参与选择指定辩护律师。

在德国，被告人选择他所信任的律师作为其指定辩护人是他（她）的权利。"如果法院漠视被告有权利请求被指定委派到一个受被告信赖的辩护人时，则此有可能成立偏颇之虞。"被告人可据此理由提起上诉，要求撤销原判。因为在德国，辩护人被看做是国家实行无罪推定原则而提供给被告人的保证人。被告人所享有的选择他所信任的律师作为其指定辩护人的权利，被认为是获得平等审判的宪法权利的一部分。① 所以，在德国，对应当指定的辩护人，

---

① ［德］托马斯·魏根特：《德国刑事诉讼程序》，岳礼玲等译，中国政法大学出版社 2004 年版，第 58 页以下。

由法院院长尽可能地在准许法院属区内的法院从业的律师中选择。对被告人要给予机会，在规定的期限内提出律师姓名。如果无重要原因与此相抵触的，法院院长指定由被告人提名的辩护人。① 赋予被告人选择权具有重要意义。

其一，赋予被告人参与选择辩护律师的权利，有利于保障被告人的程序权利，实现程序正义。程序本位主义认为程序具有独立的价值，其不以实体正义是否实现为其评价标准。而受到程序影响的当事人充分、有效地参与刑事程序是程序正义的核心内容之一。"在指定辩护制度中，被告人通过选择他所信任的律师作为其指定辩护人这种方式参与诉讼，既是对国家专门机关及公职人员'指定辩护权'的密切配合，又是对国家权力行使的有效制约，让被告人得到作为一个程序主体和道德主体所应得到的尊重。在这种通过维护法律程序内在道德性而进行的程序中，即使所指定的辩护律师没有很好地履行辩护职责，最终导致被告人败诉，也有利于维护程序本身的正当性，促进被告人和社会公众对于裁判结果的认同，增强刑事司法的公信力。"②

其二，赋予被告人参与选择辩护律师的权利，有助于查明事实真相，实现实体正义。一方面，由于辩护律师是由被告人指定的，从心理上说，必然强化其对被告人的责任感，从而更加尽力为被告人辩护，成为被告人的代言人，对检控方、法院认定事实形成有力制约。另一方面，被告人也会积极、主动地配合辩护律师开展辩护工作，提供辩护线索和相关证据，这对于发现事实真相具有重要意义。案件事实真相的发现对于保障被告人的权利是非常重要的。

(二)　确定供选择的辩护律师名单

如果完全由被告人选择指定辩护律师，被告人必定都会选择少

---

① 《德国刑事诉讼法典》，李昌珂译，中国政法大学出版社 1995 年版，第 68 页。

② 孙孝福、兰耀军："德国的选择辩护人制度及其借鉴"，载《法学评论》2004 年第 6 期，第 124 页。

数几个口碑特别突出的律师。由于我国指定辩护的收入过低，要这些律师完全承担起法律援助的义务，显然有违公平。因此，必须限制被告人的选择范围。根据一定的标准确定辩护律师名单是必要的。在美国，被指定的律师是从一组可以聘请到的私人律师的名单中，或者基于特别基础（由法官个人依其意愿选择）或者通过协调选择系统选择（依照已规定的准则要求由一单独的管理人员选出）。① 在意大利，为了保障辩护的效果，律师行业委员会事先准备好辩护人名单，并在与法院院长协商一致后确定根据轮流原则指派辩护人的标准。② 但这种轮流指定的做法笔者认为不可取，因为其同样排斥了被告人的参与。笔者认为可采取以下几种方法：首先，必须明确列入供选择的辩护律师名单者必须是法律援助机关所管辖区域内在律师事务所的执业律师，不能是没有律师执业资格的法律援助机构的工作人员或实习律师。阅卷、会见被告人、出庭必须由执业律师亲自代理，不能委托实习律师代理，但实习律师可以从事一些辅助性的工作。其次，可规定当地每一位辩护律师承担一定数量的法律援助义务，每年接一定数量的刑事案件后可不再列入供选择的辩护律师名单。最后，如果律师自愿承接更多的指定辩护职责，可继续列入供选择的辩护律师名单。

（三）由被告人对指定辩护律师的辩护工作进行评价

在选择确定指定辩护律师以后，辩护律师自然应当履行辩护职责。但是目前，如果其不认真、负责地履行辩护职责并没有什么不良后果。因此，还应当确立一定的评价、监督措施。这可以通过多种手段来实现，但至关重要的一点是必须让被告人来评价辩护律

---

① ［美］伟恩·R. 拉费弗等：《刑事诉讼法》（上册），卞建林、沙丽金等译，中国政法大学出版社 2005 年版，第 19 页。

② 《意大利刑事诉讼法典》，黄风译，中国政法大学出版社 1994 年版，第 37 页。

师，也就是让受援人来监督法律援助的工作人员。① 因为辩护律师是为被告人的利益而辩护的，被告人的满意与否是其辩护工作成功与否的重要指标。尽管辩护律师是独立发表辩护意见的，但辩护律师的辩护意见都应当以被告人利益为目标，所以应取得被告人的同意或者理解。笔者认为，在提高指定辩护报酬的基础上，可将指定辩护的报酬确定不同的等级，根据被告人的满意程度而支付相应的指定辩护的报酬。其实质不在于报酬的多寡，而在于等级带来的象征意义。

目前，我国指定辩护制度还存在重大的问题，指定辩护效果不理想，指定辩护程序是其中关键的一环，但又不是唯一的一环。一方面，需要改革我国指定辩护程序中的不足之处，让被告人参与选择辩护律师，使认真负责的、有能力的辩护律师成为被告人的辩护人。另一方面，还需要完善其他相应制度来提高辩护的效果。比如提高指定辩护的报酬，或者设立专门的指定辩护的工作人员，对违反辩护职责的指定律师进行处罚等。只有这样，才能为被告人构筑一次公平、公正的刑事审判。

第五节　辩诉交易中被害人的程序参与权

辩诉交易制度肇端于美国，因为其迅速处理案件而成为极具特色的司法实践，到 20 世纪 90 年代，美国司法实践中有 90% 以上的案件是通过辩诉交易结案的。当前，许多国家都试图通过辩诉交易制度，提高诉讼效率。德国、英国都在刑事诉讼中引入了该制度。意大利在 1988 年修订刑事诉讼法时，在法典中明确规定了该制度。号称中国辩诉交易第一案的"孟广虎案"，引发了我国是否应当引入辩诉交易的广泛讨论。

在赞同引入辩诉交易的学者中形成了三种相反的观点：或主张

---

① 蒋建峰："法律援助办案质量控制思考"，载《中国司法》2005 年第 7 期，第 87 页。

被害人有权参与辩诉交易程序，甚至主张赋予刑事被害人对辩诉交易的否决权；① 或主张辩诉交易与被害人无关或关系不大，并以美国被害人未参与辩诉交易制度作为其论证基础。这种观点导致在修改刑事诉讼法建立辩诉交易程序时不赋予被害人任何权利；② 或主张辩诉交易应当听取被害人意见。我国徐静村教授在刑事诉讼法再修改专家建议稿中提出，要建立辩诉协商制度，在辩诉交易中要听取被害人的意见。但其也认为，国外被害人是辩诉交易中被"遗忘"的当事人。③ 那么，被害人在辩诉交易中究竟应当扮演一个怎样的角色？事实上，被害人权利保障不足，恰恰成为辩诉交易备受攻击的原因之一，美国为解决此问题已经作出了一些成功的改革。因此，深入探究美国在辩诉交易中保护被害人权利方面的成功经验，对于全面理解和合理借鉴该制度具有重要的理论价值和现实意义。

一、美国辩诉交易中的被害人参与

辩诉交易（Plea Bargaining），是指在刑事案件中，控辩双方在法庭许可下达成交易，通过对被告人作出宽大处理，被告人作有罪答辩，法官据此定罪量刑，从而避免审判的制度。辩诉交易包括量刑交易、罪名交易和罪数交易。

在美国传统司法中，被害人没有一席之地。辩诉交易主要由检察官与被告人方面进行，法官决定是否接受被告人的有罪答辩时，也只考虑被告人的利益。④ 自从 20 世纪 70 年代起，美国已经越来

---

① 宋英辉、李哲："辩诉交易制度之评价与思考"，载陈光中主编：《辩诉交易在中国》，中国检察出版社 2003 年版，第 120 页。

② 陈卫东主编：《模范刑事诉讼法典》，中国人民大学出版社 2005 年版，第 420 页。

③ 徐静村：《中国刑事诉讼法（第二修正案）学者拟制稿及立法理由》，法律出版社 2005 年版，第 202 页。

④ David A. Stardweather：The Retributive Theory of "Just Deserts" and Victim Participation in Plea Bargaining, Indiana Law Journal , Summer, 1992.

越注意犯罪被害人的权利保障。目前，超过 30 个州已经确立了犯罪被害人的宪法性权利，联邦也通过了《被害人与证人保护法》（1982）；《犯罪被害人法》（1984）；《被害人权利与复原法》（1990）；《被害人权利法案》（1994）。从 2000 年到 2004 年，对被害人权利的保护仍然是美国刑事司法的重要主题。2003 年，25 位参议员一起开始推动国会通过保护被害人权利的宪法修正案。其中第 2 条要求："暴力犯罪的被害人有权不能被排除出这样的公开程序以及适当地被告知公开的释放、答辩、判决、缓刑和免责程序。"① 如果正式通过，这将为被害人参与辩诉交易提供宪法保障。

目前，美国被害人参与辩诉交易并非其宪法性权利。美国《联邦刑事诉讼规则》中也没有关于被害人参与辩诉交易的规定。虽然被害人并不是辩诉交易的法定主体，但是由于立法并未禁止被害人参与辩诉交易，再加上美国的法制并不统一，一些州立法赋予了被害人不同程度的辩诉交易参与权，司法实践中被害人已经参与了辩诉交易。被害人参与辩诉交易主要体现在以下几个方面。

被害人可能对辩诉交易的启动产生影响。被害人对刑事案件的陈述对于定罪起到至关重要的作用，如果被害人不愿意参与庭审，则检察官往往更愿意通过辩诉交易解决案件。被害人也可以通过选择如何陈述，影响检察官考虑是否启动辩诉交易。而且，被害人利益成为一些检察官公诉政策的重要内容。一些司法区通过辩诉交易来避免被害人受庭审交叉询问的折磨。1975 年，阿拉斯加州总检察长在全州禁止进行辩诉交易。但 1980 年，新总检察长放松了检察官的起诉政策。辩诉交易以一些所谓禁止的例外而重新出现，其

---

① ［美］弗洛伊德·菲尼："美国刑事诉讼的新发展"，胡铭译，载陈光中主编：《21 世纪域外刑事诉讼立法最新发展》，中国政法大学出版社 2004 年版，第 207 页。

中之一就是"被害人的利益要求避免庭审"。① 在人民诉亨利案
(People v. Henry) 中，被害人建议检察官进行辩诉交易并得到了
检察官的采纳，甚至在检察官给辩护人提出要约时，检察官也征得
了被害人的同意。②

有些州还赋予了被害人参与辩诉交易的协商程序以及发表意见
的权利。1982 年联邦《被害人与证人保护法》规定，被害人有对
辩诉交易发表意见的权利。③ 为了使被害人获得与被告人同等的待
遇，1996 年南卡罗来纳州批准将被害人权利列入州宪法。该法明
确规定，保证被害人有权被告知，出席被告人有权出席的任何有关
处理指控的刑事程序。④ 而辩诉交易，无疑是涉及指控处置的程
序，因此被害人有权出席辩诉交易程序。在佛罗里达州，立法赋予
被害人参与辩诉交易和量刑程序，对辩诉交易发表意见的权利。几
个司法区通过举行由被害人、被告人、法官、检控方参与的庭前会
议，听取被害人对辩诉交易的意见。⑤

纽约州的执行法第 642 条规定的"犯罪被害人的平等待遇标
准"要求，暴力重罪、涉及身体伤害的重罪、涉及财产损失超过
250 美元等一定犯罪案件，"检察官应当和被害人协商以便获得被
害人关于案件作出撤案、有罪答辩、提交审判的处理意见。"但由

---

① ［美］道格拉斯·D. 盖德拉兹："我们一定要'封杀'辩诉交易
吗？——批评辩诉交易的核心问题"，方金刚、许身健译，载《湖南师范大学
社会科学学报》2004 年第 3 期，第 55 页。

② ［美］爱伦·豪切斯泰勒·斯黛丽、南希·弗兰克：《美国刑事法院
诉讼程序》，陈卫东、徐美君译，中国人民大学出版社 2002 年版，第 417—
419 页。

③ William G. Doerner, Steven P. Lab：Victimology, Anderson Publishing
Co. 1998, 264.

④ Thad H. Westbrook：At Least Treat Us Like Criminals！：South Carolina
Responds to Victims' Pleas for Equal Rights, South Carolina Law Review, Spring,
1998.

⑤ Heinz & Kerstetter：Pre－Trial Settlement Conference：Evaluation of a Re-
form in Plea Bargaining, 13 LAW & SOC'Y REV. 349, (1979).

于被害人及其代表越来越有能力通过在司法程序之外批评法庭审理结果而获得公众的关注，纽约州一些地方检察官为了自身的利益，不仅愿意给予被害人法律已经赋予的协商权，甚至"赋予"被害人对辩诉交易的否决权。因为他们害怕如果没有被害人的同意，他们会被公开地指责对被告人"太软"。在 1989 年本森赫斯·凯斯特案（Bensonhurst Case）中，检察官就因为被害人的反对而没有进行辩诉交易。在钱伯斯案（Chambers Case）中，检察官指出，没有被害人同意，辩诉交易不会被他的检察办公室接受。[1]

　　被害人有权被告知辩诉交易的结果。被害人对辩诉交易享有知情权。1995 年加利福尼亚州通过法案，法律要求当辩诉交易提供给被告人时，地方检察官应迅速通知暴力犯罪的被害人。[2] 威斯康星州也规定被害人有权被告知答辩情况。[3]

　　在法官审查阶段，被害人也可以对法官拒绝辩诉交易发挥影响作用。"有时被害人家属的反对意见也可能使法官拒绝被告人的有罪答辩。例如，1988 年联邦第九巡回上诉法院在审查麦肯兹诉瑞斯利案（Mckenzie v. Riseley）时，由于被告人所犯绑架及谋杀罪的被害人家属反对被告人与检察官进行辩诉交易，法院拒绝接受被告人的有罪答辩。"[4] 在人民诉乔治·霍夫曼案（People v. Jose Hoffman）中，上诉法院承认被害人对提出的辩护交易内容不满意，可

---

　　① 　Joel Cohen：Should Prosecutors Obey the Wishes Of Crime Victims in Negotiating Pleas，New York Law Journal，April 30，1991.

　　② 　Staff Writer：Wilson Signs Bill Requiring DA's To Notify Victims Of Plea Bargains，Metropolitan News Company Metropolitan News Enterprise（Los Angeles，California），August 15，1995.

　　③ 　William G. Doerner，Steven P. Lab：Victimology，Anderson Publishing Co. 1998，267.

　　④ 　Mckenzie v. Risley，842F. 2d 1525，1536 – 1537&n. 25（9th Cir. 1988），cerl. Denied，488U. S. 901，（1988）.

能会成为法官拒绝辩诉协议的一个充分的理由。①

二、被害人参与辩诉交易之理论论证

在辩诉交易初创时，美国社会对这一新制度的正当性颇为怀疑，认为它是"对美国司法和被害人利益的一揽子拍卖"，民众也普遍怀有这样的疑问："这样的讨价还价是否是对法律的不严肃，对受害人以至整个社会的不公平呢？"② 因此，美国正在逐步加强被害人参与辩诉交易程序的权利，这对于保障辩诉交易的正当性具有重要意义。所以被害人参与辩诉交易的必要性论证显得尤其重要。

（一）被害人参与辩诉交易有利于其获得充分的民事赔偿

被害人有权从刑事被告人那里获得经济赔偿。美国辩诉交易的达成，虽然以被告人对检察官指控的罪行作有罪答辩为主要条件，但检察官还会提出一些额外的条件，这些额外的条件包括：提供被害人赔偿、提供其他共犯之资料及罪证，或中止往后之违法行为等。③ 在人民诉乔治·霍夫曼案（People v. Jose Hoffman）中，答辩交易的内容就包括 2500 美元作为被害人伤害的赔偿。对被害人的赔偿可能包含在辩诉协议内，这就需要被害人参与协商。

被害人有权利参与辩诉交易的主张由于两个事实的出现而显得更有必要。④ 一是联邦量刑指南的出现。联邦量刑指南限制了法官对量刑的裁量权。量刑交易对被告人缺乏吸引力，于是为了获得足够低的量刑，只有选择要么降低指控的严重性，要么减少指控，而两者都严重地影响了被害人可能获得的赔偿数额。因此，被害人有

---

① Cerisse Anderson: Victim's Assent Ruled Key in Plea Bargain, New York Law Journal, July 18, 1991.

② 李义冠:《美国刑事审判制度》，法律出版社 1999 年版，第 66 页。

③ Alshuler: Plea Bargaining and Its History, law & society, Vol. 13, No. 2, 213, (1979).

④ David A. Stardweather: The Retributive Theory of "Just Deserts" and Victim Participation in Plea Bargaining, Indiana Law Journal, Summer, 1992.

强烈的利益以确保被告人对足够数量的指控或者对足够严重的指控答辩有罪，从而获得足够的经济赔偿。二是休伊诉美国案（Hughey v. United Stated），该案加强了被害人参与辩诉交易的必要性。因为该案中最高法院认为，《被害人和证人保护法》保障的赔偿数额仅仅限于构成被告人有罪的行为所造成的损失。案中，休伊因涉嫌三次偷盗和三次违法使用信用证而被捕。通过辩诉交易，休伊只承认了其中一项罪名，并只对该项罪中的损失进行了赔偿，从而被告人没有答辩有罪的行为难以获得赔偿。可见，被害人参与辩诉交易对于获得其损害赔偿具有重要意义。

（二）被害人参与辩诉交易有助于查明辩诉交易的事实性基础，保障辩诉交易的正当性

辩诉交易的批评者认为，国家拥有的辩诉交易权相当强大，这会迫使无辜的被告作有罪答辩。辩诉交易中所蕴涵的动力使得无辜被告人越来越容易受到惩罚的危险。因为，"由国家单独来决定制裁不同违法犯罪行为的强大权力为检察官提供了广泛的选择，他可以从提高指控罪名或者威胁说一旦案件开庭审理就要作出最严厉的处罚中作出选择。庭审后有罪判决所可能处于严厉判决使检察官轻而易举地说服被告人作有罪答辩。在某些案件中，这会造成无辜被告人在有罪答辩要好过出庭受审时作出选择。惧怕风险的被告人，接受国家的辩诉交易要约，作出有罪答辩。"① 因此，近年来，美国许多司法区域进一步规定了法官接受有罪答辩时的义务，要求法官对这种答辩的准确性作出判断。例如，在联邦司法程序中，法官如果没有进行调查，确认存在有罪答辩的事实性基础，就不能对该答辩作出决定。②

---

① ［美］道格拉斯·D. 盖德拉兹："我们一定要'封杀'辩诉交易吗？——批评辩诉交易的核心问题"，方金刚、许身健译，载《湖南师范大学社会科学学报》2004 年第 3 期，第 54 页。

② ［美］伟恩·R. 拉费弗等：《刑事诉讼法》（下册），卞建林、沙丽金等译，中国政法大学出版社 2005 年版，第 1089 页。

但是,辩诉交易不重视查明事实真相。"呈现在法庭面前的不是事实的陈述,而是一种与被告人所作答辩一致的已被过滤的'事实'的描述。"也就是说,"检察官的公开陈述等于控辩双方同意的事实。"通过交易,"被害人书面证据中的许多重要因素被否决"。① 法官无法全面了解案情,无法判断交易的事实性基础的真实性。

要解决此问题,就必须让被害人参与辩诉交易程序。因为被害人作为犯罪行为的亲历者、利害关系人,可能掌握影响事实认定的重要信息,其参加辩诉交易程序,显然有助于法官对辩诉交易的事实性基础作出正确的认定,决定是否接受有罪答辩。

而且,如果辩诉交易有被害人参与,也有助于监督公诉机关滥用职权。因为辩诉交易是控辩双方利益的妥协与互换,而利益的存在又极易导致权力的寻租现象。检察官可能为了个人利益而放弃职责,以损害被害人利益、社会利益为代价违法进行辩诉交易。被害人参与辩诉交易,无疑能促使检察官以负责任的方式行使其职权。②

在某些案件中,被害人参与辩诉交易可能帮助而不是损害被告人利益。"被害人可能帮助法官获得所有足够的信息查明被告人的犯罪行为。这将使法官能够决定可以对被告人提出什么样的指控,被告人的真实行为和可能的指控有助于法官决定辩诉交易的自愿性。假如一个有罪答辩与被告人犯罪行为相比显得不合理的轻,法官可能有足够的理由相信有罪答辩是不自愿的,因此可能进一步查明交易的真实情况。这可能在被告人作有罪答辩而同时又主张无辜

---

① [美]麦克威尔:"并非为了输出:辩诉交易与对抗制审判",载陈光中主编:《诉讼法学新探》,中国法制出版社 2000 年版,第 910—912 页。

② Donald G. Gifford: Meaningful Reform of Plea Bargaining: The Control of Prosecutorial Discretion, 1983 U. Ill. L. Rev. 37, 1983.

的案件中显得尤其必要。"①

（三）被害人参与辩诉交易有助于满足被害人程序参与的心理需要，防止被害人受到二次伤害，实现程序正义

从被害人心理的角度来看，受到犯罪侵害后，被害人常常有着报复犯罪人的心理。在案件中，被害人除了具有经济利益以外，还有报应心理需要得到满足的利益。而且，被害人有向社会公开"诉苦"的愿望。而被害人参与辩诉交易无疑为其提供了满足上述心理的机会。"只有在法庭听取了被害人的意见，这种心理才能得到缓解。否则，从被害人心理的角度来看，由于被害人的精神、经济、舆论以及人身的伤害均无法在刑事诉讼程序中得到治疗与缓解，被害人极易演变为习惯性的被害者、精神疾病患者或者养成社会异常性格。"②

如果辩诉交易完全排斥被害人参与，则其将受到二次伤害，甚至因此走向绝路。例如克雷格·格登（Craig Garton）案中，由于被害人未能参与辩诉交易，且交易后被告人受刑过轻，导致被害人自杀。Craig Garton 因为对前女友 Rush 的暴行，被指控犯有三种罪行：故意引起严重的身体伤害、非法监禁和威吓杀死 Rush。但在辩诉交易中，被告人与检察官达成协议，只对第一项指控作有罪答辩，后两项指控被取消。最终被告人只被判处 5 年监禁，根据假释规则，Garton 在一年之内可能被释放。接到通知后，"Rush 服用了超量镇静剂，心脏病发和器官遭受了无可挽回的损害，在关上了维持其生命的医疗器械后死于医院。"③

而且，程序正义的核心理念之一在于，凡是受到程序影响者都

---

① David A. Stardweather: The Retributive Theory of "Just Deserts" and Victim Participation in Plea Bargaining, Indiana Law Journal, Summer, 1992.

② ［德］汉斯·约阿希姆·施奈德：《国际范围内的被害人》，许章润等译，中国人民公安大学出版社 1992 年版，第 4 页。

③ ［美］麦克威尔："并非为了输出：辩诉交易与对抗制审判"，载陈光中主编：《诉讼法学新探》，中国法制出版社 2000 年版，第 907—910 页。

有权参与到程序中来，并对程序产生影响。由于检察官在辩诉交易中，拥有几乎不受限制的自由裁量权，检察官对被告人显示怜悯的裁量权较少受到限制。如果不让被害人参与辩诉交易，这将可能会加剧民众尤其是被害人对司法机关的严重不信任，被害人对交易结果更难接受。赋予被害人参与辩诉交易有助于实现被害人对辩诉交易的认可，这是通过程序正义而促进的对实体正义的认同。

（四）被害人参与辩诉交易有助于达成被害人与加害者的和解，实现恢复性司法

被害人参与辩诉交易的理论基础之一是恢复性司法的理念。刑事司法古老的范式是报应性司法，在这一背景下，国家是主要的被害者，注意的焦点在破坏了国家利益的加害者，被害者个人被置于被动地位。被害者即使参与了司法过程，那也是程度些微的。① 正是基于传统的司法理念导致忽视被害人在辩诉交易中的应有功能，产生被害人与辩诉交易无关的偏颇认识。

而恢复性司法的基本理念在于：犯罪不应当被认为是对公共规则的违反或者对抽象的法道德秩序的侵犯，而应当被认为是对被害人的损害、对社区和平与安全的威胁及对社会公共秩序的挑战。对犯罪的反应应当致力于减轻这种损害、威胁和挑战。恢复性司法是一种关注被害人遭受的损失的恢复程序、强调犯罪人对其造成的损害承担责任、重建社区和平的犯罪反应方式。构成恢复性司法基础的基本原则是正义要求恢复被损害者的权利。直接卷入犯罪和被犯罪影响的人如果愿意，应当有机会全面参与对犯罪的反应。② 据此，被害人应当有充分的理由参与辩诉交易。

学者大卫·A. 斯达德伟兹尔（David A. Stardweather）指出："宽恕而不是报复才能使被害人获得感情上的恢复。由于被害人不

---

① ［美］博西格诺：《法律之门》，邓子滨译，华夏出版社 2002 年版，第 661 页。

② 宋英辉、许身健："恢复性司法程序之思考"，载《现代法学》2004 年第 3 期，第 33 页。

能参与辩诉交易，就没有沟通的渠道来使被告人向被害人求得宽恕，从而获得被害人的宽恕。目前的答辩交易程序没有保护被害人通过宽恕被告人而获得心理恢复的利益。相反，通过鼓励认罪而不考虑被害人的心理伤害，程序进一步扩大了由于犯罪造成的被害人心理上的无助感和失控感。"[1] 而协商解决能为被害人提供一个与加害者面对面的机会。这种当面协商能够使被害人发泄愤怒，寻求理解等，而这些是许多被害人深深需要的。[2] 被告人通过被害人的宽恕获得了更多自我改造的心理根基；被害人也通过对被告人的宽恕而获得"感情上的恢复"。被害人参与辩诉交易，无疑有助于实现被告人与被害人之间的和解。在美国，为响应恢复性司法而实行的刑事被害人和加害者调解计划能说明这个问题。根据调查，被害与加害调解让双方都有很高的满意程度，有90%的调解产生了赔偿被害人计划，有80%的犯罪人履行了他们的赔偿义务。被害与加害调解帮助减轻了刑事被害人的恐惧和焦虑。参与调解的被害人更容易接受合意形成的赔偿，而相似的被害人不那么乐于接受仅作为法庭命令结果指定的赔偿。[3]

但是，对被害人参与辩诉交易还有一些不同意见。有人担心，被害人参与辩诉交易将会破坏、放慢答辩程序，提高被告人刑期，导致很少有辩诉交易达成，造成案件积压。但有学者指出："这些主张不足为虑。美国实证研究表明，当被害人主张监禁刑时，是因为被害人不知道替代性刑罚措施，比如赔偿、公共服务或其他。被害人参与辩诉交易并不会提高量刑的严重化、拖延化、高成本化。事实上，参与可能在某种程度上促使案子能够更迅速得到处理，或

---

① David A. Stardweather: The Retributive Theory of "Just Deserts" and Victim Participation in Plea Bargaining, Indiana Law Journal, Summer, 1992.

② William G. Doerner, Steven P. Lab: Victimology, Anderson Publishing Co. 1998, 276.

③ [美] 博西格诺:《法律之门》，邓子滨译，华夏出版社 2002 年版，第 665 页。

者较低量刑和较少监禁刑的使用。"① 还有人担心，被害人参与辩诉交易提高了被告人有罪答辩被法庭拒绝的可能性，从而损害被告人的利益。但是，被告人没有权利使法庭评估是否接受辩诉交易建立在排除可以获得的有用信息的基础上。被害人参与辩诉交易只是为法官正确评估交易的可接受性提供了更多的信息。被告人只能从刑事诉讼中获得其应得的利益，而不是通过隐瞒事实而获得更多的利益。

三、我国引入辩诉交易时被害人之地位

当前，我国并没有辩诉交易的立法和广泛的司法实践。但是，对于引进辩诉交易的争论已经成为学术界的热点，有的地方也出现了辩诉交易的案例。那么，如果我国确立辩诉交易制度，被害人在辩诉交易中的地位应当如何设置？是否应当赋予被害人程序参与权？

应当说，对抗性诉讼理念往往将被害人排除在刑事诉讼程序之外。但我国刑事诉讼并没有采取对抗主义，国家与被告人之间对抗的理念并未充分体现，被告人权利保障并未成为一个"中心"的价值取向。我国传统上十分注意在刑事诉讼中平衡被告人和被害人的利益。在我国这样一个较为传统的，讲究秩序、和谐和中庸的国家，被害人作为秩序失序的受影响者，必将受到充分的关注。1996年修订刑事诉讼法时，甚至将被害人作为刑事诉讼中的当事人之一。在当前各国纷纷加强刑事诉讼中被害人权利保护的语境下，这成为我国刑事诉讼应当传承的优点。既然被害人是刑事诉讼的当事人，则被害人参与辩诉交易也是理所当然的。因此，我国辩诉交易第一案"孟广虎案"将被害人作为协议的一方当事人，并将被害人满意作为论证其改革必要性、成功性的重要逻辑基点。

特别是，我国如果在刑事诉讼中不能成功地将被告人的某项行

---

① A. Heinz & W. Kerstetter: Victim Participation in Plea Bargaining: A Field Study, in Plea Bargaining, 167, 1980.

为入罪，则刑事被害人在民事诉讼中将无法获得赔偿。被害人参与辩诉交易对于实现获得赔偿权利具有重要意义。同时，被害人参与程序有助于客观事实的发现，所以我国发现客观事实真相的诉讼目的观也强烈要求被害人参与程序。而且我国司法系统的公正性威信并不高，被害人经常越过司法程序上访正是其体现。没有合理的司法权威支撑，辩诉交易的正当性更值得怀疑。而让被害人参与辩诉交易，无疑有助于通过程序公正加强被害人、社会公众对交易结果的认可。最后，通过被害人参与辩诉交易，实现被害人与被告人的和解，更是实现恢复性司法、构建和谐社会的重要体现。所以，如果我国引进辩诉交易制度，应当赋予被害人对辩诉交易的参与权。

　　既然被害人应当有辩诉交易的参与权，那么，被害人是否具有辩诉交易的否决权？正如学者杰夫·布朗所指出的："这样做的危险在于被害人将越来越被视为原告。公诉发生在国家和被告人之间，这是对抗制的本质。被害人是一个有利害关系的观众，法庭应当尊重被害人，其能够而且应该能够参与公开的审判，但是将被害人置于辩诉协商的中间，危害了检察官控制提起公诉的职能。因为这样会对控辩双方造成压力，以适应被害人关注的问题，而不是检察官所相信的公正结果。"① 总的来说，被害人关于案件处理的意见是检察官决定是否进行辩诉交易的一个重要的考虑方面。然而，最终决定是否辩诉交易应当由检察官充分利用其专业的判断能力作出，因为检察官代表高于被害人利益的大众利益。② 如果要求被害人对辩诉交易认可，实质上是将案件的公正性建立在被害人意愿的基础上，这损害了国家刑罚权的实现，会对控辩双方产生不正当的影响，反而妨碍了司法公正的实现。所以，被害人可以参与并影响

---

　　① 　Jeff Brown：Book Review：Politics and Plea Bargaining：Victims' Rights in California，1994 University of California，Hastings College of Law Hastings Law Journal，March，1994.

　　② 　Joel Cohen：Should Prosecutors Obey the Wishes Of Crime Victims in Negotiating Pleas，New York Law Journal，April 30，1991.

辩诉交易，但不应赋予被害人对辩诉交易的否决权。

由于辩诉交易中，被害人不能享有否决权，就必须通过一定的制度来防止、弥补被害人的利益损害。在美国，这些制度主要包括：其一，刑事被害人国家补偿制度。所谓刑事被害人国家补偿制度，是指刑事被害人或其家属，对因遭受犯罪侵害而造成的损失，如果不能从犯罪侵害人处或其他途径得到赔偿或补偿时，有权请求国家予以补偿。美国联邦政府和半数以上的州均设立了刑事被害人国家补偿制度。获得国家补偿能够在一定程度上弥补被害人在犯罪中受到的损失。其二，民事诉讼与刑事诉讼相互独立的制度。在美国即使被告人被判无罪，被害人仍然有可能通过独立的民事诉讼来获得赔偿，比如辛普森案件，尽管成本及难度有所增加。其三，检察官选举制度。在美国，各州的检察长和其他检察官一般都由本州公民直接选举产生。在 46 个选举检察官的州里，不满意的公众有权在下一届普选中选举另外的人。① 这种选举方式，有利于当地居民对检察工作进行监督，有利于加强检察官对公众的责任感。这是对检察官自由裁量权的限制，有助于保障被害人权利。因为在一定程度上，公众的利益和被害人的利益具有一致性，尤其是在对犯罪人的刑罚要求上。在探讨被害人参与辩诉交易问题时，这些制度值得进一步考察和研究。

仅仅当被害人取得和加害者最低限度的平等权时，我们才能谈论一个真正的司法公正，而不是仅仅对犯罪嫌疑人的司法公正。被害人具有参与辩诉交易程序的必要性。如果我国确立辩诉交易制度，应赋予被害人参与辩诉交易的权利，主要包括建议检察官启动辩诉交易程序、及时地被告知答辩程序、在答辩中协商和法官审查时发表意见的权利。

---

① ［美］爱伦·豪切斯泰勒·斯黛丽、南希·弗兰克：《美国刑事法院诉讼程序》，陈卫东、徐美君译，中国人民大学出版社 2002 年版，第 231 页。

第二章
刑事公诉制度改革的新维度

第一节　平等理念下的公诉制度

一、司法平等在公诉制度中的价值

我国《宪法》第 33 条规定了平等保护条款："中华人民共和国公民在法律面前一律平等。"宪法具有"高级法背景"，一方面，在法律规范上宪法具有最高效力，任何其他法都不得违反宪法；另一方面，在司法、执法活动中，任何违反宪法的具体行为都不能取得法律效力，必须加以纠正。所以，我国《宪法》第 5 条规定："任何组织或者个人都不得有超越宪法和法律的特权"，"一切违反宪法和法律的行为，必须予以追究"。要使宪法在国家和社会的各个方面发挥作用，实现宪政，就必须使宪法在司法过程中被适用，否则宪法就会成为"死法"。因此，宪法的平等保护在公诉活动中就形成了司法平等理念，在公诉制度中贯彻司法平等具有重要的价值。

法治的重要内容就是法律的平等适用，法律面前人人平等。在一个宪法框架内，各地的被告人应当受到同样的对待，否则对一部分被告人来说就是不公平的，也就破坏了法治的根基。而且，对相同情形下的被告人适用不同的起诉程序构成对司法公正理念的违反，构成公诉权滥用。"法治思想的核心是这样一种信念，即法律提供保护每个公民免受他人——包括最有权势的人——专断意志侵犯的方式。通过以一般法律的方式进行强制管理，社会的政治统治者不能挑选出特定人群进行特别对待。法律是用来在统治者和被统治者之间构成一道壁垒，以保护个体免受拥有政治权力一方的敌对性歧视。"① 所以，司法平等是对抗专断意志、实现法治的重要手段。我国已经提出建设法治国家的目标，在公诉制度中贯彻司法平等，对我国正在推进的法治建设具有非常重要的促进作用。

一方面，促进作用体现在对国家权力的限制上，这是法治的基本目标。司法平等能够对检察机关的公诉权进行有效的监督与制约。平等保护是检察机关的基本活动原则。联合国《关于检察官作用的准则》第 13 条规定，检察官应不偏不倚地履行其职能，并避免任何政治、社会、文化、性别或任何其他形式的歧视。英国的《皇家检察官守则》在导言中写道："公平和有效地控诉对于维护法律和秩序是必不可少的。"② 我国《人民检察院组织法》第 8 条也规定："各级人民检察院行使检察权，对于任何公民，在适用法律上一律平等，不允许有任何特权。"实践中，如果检察机关权力过于强大，被追诉人缺乏有效的制约手段和能力，控辩的严重不平衡就会导致滥用公诉裁量权、歧视选择起诉的现象。这在我国表现得特别突出。所以，在具体公诉制度中，必须贯彻平等保护原则，实现司法平等。

另一方面，法律面前人人平等，公民具有获得平等法律保护的权利被认为是法治的重要原则之一。"法律面前人人平等"是资产阶级在反对封建阶级特权的斗争中提出的口号，被写入法国 1789

---

① ［英］T. R. S. 艾伦：《法律、自由与正义——英国宪法的法律基础》，成协中、江菁译，法律出版社 2006 年版，第 30 页。

② ［英］约翰·斯普莱克、岳礼玲选编：《英国刑事诉讼法（选编）》，中国政法大学刑事法律研究中心组织编译，中国政法大学出版社 2001 年版，第 542 页。

年的《人权宣言》。由于获得法律的平等保护是个人发展、社会进步的基本要求，平等权已经被世界上大多数国家的宪法规定为公民的基本权利。该原则甚至已经成为国际文件中的基本原则，《世界人权宣言》第 2 条规定："人人有资格享受本宣言所载的一切权利和自由，不分种族、肤色、性别、语言、宗教、政治或其他见解、国籍或社会出身、财产或其他身份等任何区别。"第 7 条规定："法律之前人人平等，都有权享受法律的平等保护，不受任何歧视。"上述内容还体现在《公民权利和政治权利国际公约》第 26 条中。① 我国宪法也规定了被告人获得法律平等保护的权利，并在《刑事诉讼法》第 6 条明确规定："对于一切公民，在适用法律上一律平等，在法律面前，不允许有任何特权。"现代刑事诉讼更是以人权保障作为其核心理念。如果不在公诉制度中贯彻司法平等，就无法消除部分人的法外特权，就无法对歧视起诉部分公民、侵犯公民法律平等保护权的行为进行有效防治。

司法平等有助于缓解社会群体冲突，是实现社会和谐的重要方面。社会的发展自然形成了不同的利益主体、道德偏好，政府应当为多元主体提供一个平等对话的平台，通过沟通理性来求同存异，实现社会和谐。但是，司法不平等能够强化而不是弱化社会的分歧，造成社会多元主体的裂痕不断扩大，国家治理的正当性资源也会逐步流失，造成社会的不稳定，这与当前和谐社会的理念背道而驰。对少数群体以剥夺自由为目标的刑事歧视性执法，长久以后必然带来群体性的暴力冲突。一个不久前的教训就是，1949 年新中国成立以后的一系列政治运动中，特别是文化大革命中，针对特定群体的不平等追诉——当然不仅限于此，给国家、社会和人民带来多么沉痛的灾难！

---

① 参见朱应平：《论平等权的宪法保护》，北京大学出版社 2004 年版，第 51—105 页。

勒鲁指出："平等是社会的基础。"① 司法不平等之所以需要加以规制，在于平等是高于宪法的人类理念上的追求，自由的人只服从平等的法律。"人人生而平等"的口号，鼓励了多少人为之抛头颅、洒热血！在我国文化中，"不患贫、患不均"的思想根深蒂固，平等成为普通民众心中判断法律是否正义的重要尺度。这源于人类的基本心理需要，如果无法满足人的此种基本需要，必然带来社会的动荡不安。所以，必须强化公诉制度中的司法平等，这在我国社会分层严重、群体冲突加剧的现状下显得尤其迫切。

公正和效率是所有刑事司法都追求的价值，但是平等却是在资本主义革命后提出的价值，可以说平等是现代社会的核心价值。但是，综观我国刑事诉讼的学术研究与司法实践，对司法平等的关注都较少，普遍将司法公正、秩序和效率作为刑事诉讼的基本价值。即使是诉讼法学最权威的通用教材，都没有将平等作为刑事诉讼的价值。② 所以，在司法实践中，各地检察机关行使公诉权自行其是，各地差异较大。与此相对应的是，同样的情形各地出现了完全不同的处理，同时也出现了许多违反平等保护的现象。因此，迫切需要改革我国的公诉制度，以回应司法平等的需要。

二、公诉制度中司法平等的实现

由于公诉权的行使对被追诉人权利、社会秩序的影响非常大，对于防止公诉裁量权滥用具有重要意义，因此，研究如何在公诉制度中贯彻司法平等原则具有重要意义。从各国来看，保障司法平等在公诉活动中实现的手段主要有以下几种：

（一）共同的检察官文化

"徒法不足以自行"，司法活动的合理运行有赖于司法官的素

---

① ［法］皮埃尔·勒鲁：《论平等》，王允道译，商务印书馆 1988 年版，第 2 页。

② 陈光中、徐静村主编：《刑事诉讼法》，中国政法大学出版社 2007 年修订二版，第 41 页。

质。对公诉权而言，检察官如何行使权力，全国各地的检察官行使公诉权是否统一，有一个关键的因素就是统一的检察官文化。这种统一的检察官文化，首先是由各地检察官相同的专业知识保障的。这意味着检察官应当接受相同或者相类似的法学教育。当然，这并不否认在法律教学中应当尊重学生的个性，但是其专业基础知识应当是相同的，必须具有基本的共同价值追求。比如检察官应当认同以实现司法公正为目标，而不应助长不当的政治利益。其次，成为检察官都必须符合统一的任职条件，都要通过相同的资格考试。在成为检察官后，还要定期接受相同的培训。最后，可以通过人员的流动来形成共同的检察官文化，比如上级检察官从下级优秀的检察官中选拔，并且检察官可在不同的司法区域内轮换。在日本，检察官一般都以几年一度的频率更换勤务所在地。这种调动的结果就是全国范围内检察官的案件处理获得了大致的均质性。① 检察官具有相似的知识背景，基本相同的判断标准，接受相类似的价值观念，差异不大的司法官行为模式，为司法平等在公诉制度中的实现提供了前提条件。

（二）检察一体化

检察一体化产生于大陆法系。与我国将公诉权赋予检察机关而不是单个的检察官不同，英、法、德、美、日等各国普遍将公诉权赋予检察官个人而不是作为整体的检察机关，所以当检察官行使公诉权时，可能出现较大差异，更需要以检察一体化来加以平衡。目前，检察一体化原则是除美国以外，英、法、德、日等国检察制度都普遍遵循的一项规则，其已经成为世界大多数国家调整检察机关内部关系的基本制度。检察一体化是指在一个宪法框架内检察权的行使必须保持整体统一，上下级检察机关依层级行政机构原理构

---

① ［日］松尾浩也："关于裁量起诉主义"，载［日］西原春夫主编：《日本刑事法的形成与特色》，李海东等译，法律出版社、（日本）成文堂1997年联合出版，第157页。

造，上下级检察官之间成为一种相对的"上命下从"的领导与被领导关系。但是，这种上命下从并非绝对，下级检察官仍然具有相对的独立性。

在检察一体化理念下，上级检察官对下级所属检察官具有指挥监督权、职务承继权、事务转移权。上级检察官的指令权主要包含三项内容：一是指挥监督权。下级检察官在办理公诉案件时须接受上级检察官的指挥监督。上级检察官有权作出指令要求下级检察官采取一定诉讼行为，这既可以是指示办理案件需要注意的事项或处理时应贯彻的公诉政策、原则，也可以是具体的处理决定，比如要求下级检察官作出起诉或不起诉决定。二是职务承继权。上级检察官有权亲自处理所属检察官权限内的事务。如上级检察官将下级检察官正在办理的公诉案件接收过来自己办理。在德国，除上级检察官的指令权外，"每一个检察官都是他的上级的代表，上级检察官有权随时收回下级检察官的案件，以便他亲自办理。"① 三是职务移转权。检察长可以将所属检察官权限内的事务移交给其所属的其他检察官办理。上级检察官终止下级检察官对公诉案件的办理权，然后将案件移交给其所管辖范围内的其他检察官办理。这三种权力在日本检察厅法中集中体现出来，在规定上级检察官的指挥监督权之后，其第12条规定："检察总长、检事长、检事正还有事务承继权和事务移转权，可以自行处理其指挥监督下的检察官的事务，也可以使其指挥监督下的其他检察官处理。"②

检察一体化的内在机制在于通过上级检察机关的指令权，要求下级检察官贯彻统一的公诉标准，同时对于下级检察官违反公诉标准，违法行使公诉权的行为，通过职务承继权和职务移转权加以纠正，以形成公诉权统一的行使标准。我国台湾地区学者林钰雄先生

---

① Mireille Delmas - Marty and J. R. Spencer, European Criminal Procedures. Cambridge University Press, 2004, 438.

② ［日］伊藤荣树：《日本检察厅法逐条解释》，徐益初等译，中国检察出版社 1990 年版，第 56 页。

也认为："检察一体便有以一般性的裁量规则防范个案恣意裁量之填补功能。"① 通过上级检察官对下级检察官的制约，对具体的公诉案件进行监督，能有效地保障公诉权的一体适用，保障被告人获得法律平等保护的权利。

（三）统一的公诉政策

公诉裁量必须依据一定的标准，如果每个检察官各行其是就不可能保障司法平等的实现。这意味着所有检察官首先必须遵循相同的法律。从各国的法律发展来看，在一个宪法框架内都有统一适用的法律。但是，在共同的法律之外，为了司法实践的灵活性，各地具有不同的公诉政策。而公诉裁量非常重要的尺度就体现为公诉政策。只有统一公诉政策后，各个检察官才可能依据共同的标准进行公诉裁量。统一的公诉政策在当前公诉裁量不断扩张的发展趋势下，对于保障犯罪嫌疑人获得平等的法律保护，实现法治，具有重要意义。

公诉权的行使具有执行国家政策的重要功能，因此大陆法系国家都规定公诉政策由隶属于政府的最高司法行政长官统一制定。比如，法国刑事诉讼法典第 30 条规定："司法部长负责引导政府确定的公诉政策，保障此种政策在共和国领域内执行时协调一致。为此目的，司法部长向检察机关发出有关公诉的总体性指示。"② 所以，法国司法部长应根据政府的决定，制定司法政策，并以一般指令的形式发给检察院。而且，为了让司法部长获得和评估该刑事政策的执行情况，总检察长应向司法部长通报一般指令的执行情况。德国司法部长也承担了制定统一的公诉政策的功能。在日本，法务大臣对检察机关具有一般指令权。所谓一般指令，是指以训令、通知、会议等方法，谋求统一法令的解释和案件的处理等方针，或要

---

① 林钰雄："检察体系改革研讨会发言记录"，载（台湾）《月旦法学杂志》1998 年总第 39 期，第 60 页。

② 《法国刑事诉讼法典》，罗结珍译，中国法制出版社 2006 年版，第 31 页。

求作出报告。

由于美国检察机关具有地方化的特点，没有统一的检察机关，导致公诉实践各地差异极大。所以，近年来美国司法部也加强了对公诉政策的司法指南的制定和公布，并将其作为指导公诉权运作，调整各地公诉政策不统一的重要手段。当然，各州仍然采取其自行制定的司法指南，但联邦的司法指南无疑为其提供了一个很好的参照标准。① 在英国，根据 1985 年《犯罪起诉法》的规定，检察长有权制定统一的公诉政策，该政策形成《皇家检察官守则》，并随着实践不断修改完善。由于采取统一的公诉政策，在决定是否起诉时，针对相同的情形采取相同的标准，从而有利于保障被告人获得法律平等保护的权利。可见，统一的公诉政策是保障司法平等的重要制度。

（四）禁止歧视性起诉

正如美国原副司法部长 Robert Jackson 指出，在选择起诉领域里存在公诉权滥用的巨大危险："检察官能挑选一些他不喜欢或者需要使之尴尬的人，或者选择一群不受欢迎的人，然后追查其违法、犯罪行为。这样，法律实施变成个人化的，真正的犯罪变成这样的一些人的行为：不受有权势者或政府部门欢迎者，喜爱'不正确的'政治观点者，或者检察官个人厌恶者。"② 歧视性起诉违反了司法平等原则，许多国家通过赋予被告人提出歧视性起诉辩护的权利，由法官审查并对违反宪法选择起诉的公诉行为进行程序性制裁，来保障被告人获得平等保护的权利。③

三、我国公诉制度对司法平等之回应

虽然目前我国公诉理念中确立了司法平等的原则，在我国公诉

---

① Ellen S. Podgor, Department of Justice Guidelines：Balancing "Discretionary Justice"，13 Cornell J. L. & Pub. Pol'y 167，（2004）.

② Morrison v. Olsen，487 U. S. 654，728，（1988）.

③ 相关部分详见下一节。

活动中，对于一切公民，不论民族、种族、性别、职业、职务、地位、资格、受教育程序、宗教信仰、财产状况、居住期限等，在法律适用上一律平等。① 但是，在建立具体制度时，却缺乏足够的考虑，导致司法实践中出现了"相同情形，不同处理"的违反宪法平等保护的公诉权滥用。目前，我国检察官的法律教育基本采取相同的法律知识，接受统一的法律培训，成为检察官都必须通过统一的司法资格考试，这保障了统一的检察官文化的形成。但是，仍有其他实现司法平等的公诉制度未得到贯彻，应当从以下几个方面完善我国的公诉制度，以更好地实现司法平等。

首先，完善公诉一体化制度。我国检察机关实行双重领导体制，主要由地方领导为主。上级检察院对下级检察院虽然有领导权，但上级检察机关主要是对业务进行管理。除检察长的任免外，检察院的人事权基本上由地方党委、人大起决定权，而财政经费基本上主要由地方财政支付。由于人事和经费都由地方控制，地方检察机关更倾向于向地方负责，上级检察院难以对下级检察院进行有力的制约。这导致我国对检察权的制约主要表现在地方权力对检察权的制约。由于制约过于地方性，导致我国的公诉权的行使各地相差较大。目前，我国公诉实践中，检察院受地方影响较大，上级检察院对下级检察院的公诉权的监督制约并不充分，几乎不进行事前的制约，被告人无法获得法律面前人人平等的待遇。我国应当改革检察领导体制，即使不能实现垂直领导，也应当实行以上级领导为主、地方领导为辅的检察体制，同时推行检察一体化，这样才有利于保障司法平等的实现。

近年来，我国越来越强调检察一体化。最高人民检察院在《检察工作五年发展规划》中明确提出：健全上级检察院对下级检察院的领导体制，加大领导力度，形成上下一体、政令畅通、指挥有力的领导体制，确保依法、独立、高效行使检察权。2006 年最

---

① 张智辉、杨诚主编：《检察官作用与准则比较研究》，中国检察出版社 2002 年版，第 231 页。

高人民检察院在《最高人民检察院关于进一步加强公诉工作强化法律监督的意见》中提出要加快公诉一体化机制建设，"要通过建立公诉一体化机制，强化公诉工作的上下领导、横向配合和对外协调，形成检察机关公诉工作的整体合力……上级人民检察院根据办案需要，可以选调优秀公诉人或者业务骨干办理重大、复杂案件。"2007 年又出台了《关于加强上级人民检察院对下级人民检察院工作领导的意见》，进一步完善检察一体化。我国的这些改革中，一方面，强调下级检察机关对上级检察机关指令的执行，检察一体化意味着上级检察院加强对下级检察院的监督制约，必将更有利于保障被告人获得平等对待的权利；另一方面，实行公诉一体化后，由于公诉人之间的交流、合作加强，同时公诉人可以在更广泛的范围内办案，逐渐形成共同的公诉标准。值得注意的是，我国检察官的岗位轮换往往在同一检察院内部进行，而不是跨区域流动，对司法平等的实现并无多大助益。但是，具体的制度构建，包括上级检察机关指令是否采取书面方式，下级检察机关的相对独立性如何体现，仍然需要进一步的改革和完善。

其次，由最高人民检察院制定统一的公诉政策。目前，我国公诉政策并没有统一。同时，我国对公诉政策的制定主体并没有明确的规定，各个检察院除了执行上级以"文件精神"、"司法解释"为体现的公诉政策外，还可以制定自己的公诉政策，这从各地纷纷推出的检察改革可见一斑。比如对未成年人采取暂缓起诉、附条件不起诉的政策等，或者虽然没有明文的公诉政策，却形成了"习惯性"公诉政策，如对贪污多少数额以上的一般提起公诉等。

由于各检察院有不同的公诉政策标准，导致被追诉人在刑事诉讼中受到了不平等的待遇。通过检察机关的一体化，由最高人民检察院制定统一的公诉政策，并监督下级检察官对追诉政策的遵守，从而实现全国公诉政策的统一化，对于保障被告人的合法权益具有重要意义。特别是当前公诉裁量在公诉决定中发挥越来越大的作用，公诉政策的统一适用变得更加重要。这样也能有效防止各地检察机关各自为政，制定违反公平、合理原则的公诉政策，或者实施不同的追诉标准。因此，应当统一公诉政策，使被追诉人不因地域的不同而受到不同的法律待遇。长期来看，应当由最高人民检察院制定统一的公诉政策。但目前来说，各地差异较大，以省为标准制定统一的公诉政策是切实可行的。

值得一提的是，在总的公诉政策统一的前提下，允许各地（主要以省级检察院为单位）制定一些符合本地特点的公诉政策，但这些公诉政策不应当违反上级的公诉政策精神，并且应当经过上级检察机关审查同意。但是，最高人民检察院在关于检察改革三年计划中，在鼓励检察改革的同时提出了检察改革坚持依法进行、循序渐进的原则，其要求就是："凡是不涉及立法或者修改法律，属于检察机关内部工作机制改革的，可以大胆进行改革，凡是与现行法律相冲突，或者需要制定、修改法律的，应当在有关法律制定、修改后贯彻执行。对于法律没有规定的，要严格按照《立法法》的精神，对于属于必须由法律规定的事项，不能擅自规定或者试点。"

最后，建立对歧视性起诉的防治制度。其一，从政治权力的角度，应当真正落实民主集中制，使"一把手"的权力受到其他官员的制约。同时，实现国家权力的民主化，国家权力受到来自选民的足够制约。其二，应当保障检察机关独立行使检察权，不受外部干预。其三，在诉讼制度内，通过强化被告人权利，保障律师参与诉讼，实现控辩平衡，以加强辩方对检察机关行使公诉权的制约，实现公诉权行使的规范化。其四，确立歧视性起诉属于公诉权滥用，对其进行司法审查，程序性制裁也是十分有必要的。

第二节　我国的公诉一体化改革

目前，我国公诉实践中，检察院受地方影响较大，上级检察院对下级检察院的公诉权的监督制约并不充分，几乎不进行事前的制约。公诉人员都以办理本检察院管辖范围内的案件为限，并未实现统一调配。2006 年 3 月，最高人民检察院在《最高人民检察院关于进一步加强公诉工作强化法律监督的意见》（以下简称《意见》）中提出要加快公诉一体化机制建设。"公诉一体化是检察机关领导体制和检察一体化原则在公诉工作中的内在要求和具体体现。要通过建立公诉一体化机制，强化公诉工作的上下领导、横向配合和对外协调，形成检察机关公诉工作的整体合力……上级人民检察院根据办案需要，可以选调优秀公诉人或者业务骨干办理重大、复杂案件。案件涉及多个地区的，上级人民检察院要加强协调，各地要积极配合。下级人民检察院对上级人民检察院的决定，必须坚决执行。"那么，公诉一体化的理论基础和主要内容是什么？公诉一体化与公诉检察官有什么关系？

一、公诉一体化的理论基础

公诉一体化理念以检察一体化理论为依托，是我国检察机关之间领导与被领导关系的内在要求和具体体现。检察一体化原则是当前当事人主义和职权主义两大法系主要国家及混合诉讼模式的国家，除美国①以外，英、法、德、日等国检察制度都普遍遵循的一项规则。可以认为其已经成为世界各国检察机关内部关系的基本制度。目前，在我国建立公诉一体化具有重要的理论基础和现实意义。

首先，公诉一体化能更好地确保公诉质量。公诉一体化重在解决公诉资源的统一调配使用，整合公诉资源，提高公诉质量和效率。公诉权承担着打击犯罪的重要职能。但是国家资源是有限的，公诉人的水平与数量各地分配不均，而公诉一体化以后，就能够整合全体公诉人的力量，紧密联系，发挥优势，集中优势力量公诉重大、疑难案件。这样根据案件需要分配公诉人，能更有效地利用司法资源，也能保障案件的公诉质量，提高追诉犯罪的能力。而且，

---

① 美国的检察机关分为联邦、州、市镇三级，这三级之间各自独立，没有明确的监管关系。各级检察机关对地方政府和议会负责，没有形成独立的一体化的检察体制。

当公诉人对自己负责处理的案件感到没有把握时，他可以随时与上级检察官商量并接受指示，这有利于更好地确保案件的公诉质量。应当说，这是我国目前占主导地位的一种理论。在网上可以搜索出大量关于推行公诉一体化后，节约司法资源，更加高效地打击犯罪的经验总结。

其次，公诉一体化能防范公诉权滥用。德国学者 Bucher 认为，年轻资浅的检察官经验不足，若独立办案，不受指令权之约束，则难免有"误判"的危险。因而，必须以指令之拘束力来纠正任何可能的误断。① 应当说公诉一体化之后，上级检察院对下级检察院具有指挥监督权，基于等级设置的原理，上级检察院具有更丰富的经验和足够的法律素养，通过监督能够保证下级检察院作出更恰当的公诉决定，保障公诉权的合理行使。再者，通过一体化的职权运作方式，公诉案件的办理过程不再封闭，每个公诉人的公诉活动都处于其他"内行"的监督之下，这种内在的、日常式的监督制约机制有力地督促公诉人认真地对待每一个公诉案件。而且公诉一体化之后，特定案件建立备案制度，对于容易滥用公诉权的案件，下级检察院有主动报告的义务，由上级检察院复查，能有效防止下级检察院滥用公诉权。

再次，公诉一体化能抵御外部对公诉权的非法干预。我国的检察工作应当接受党和人大的领导与监督，公诉权也不例外。我国检察机关实行双重领导，但主要由地方领导。导致我国对公诉权的制约主要表现在地方权力对公诉权的制约，而上级检察院对公诉权的行使几乎不进行直接的制约。正因为如此，我国公诉权的行使受到了许多地方上的不当干预。一些地方机关出于地方保护主义或者个别领导法治思想淡薄，以言代法，干预公诉权的正当行使。而公诉一体化后，通过加强上级检察院对下级检察院的业务领导，监督下级检察院必须依法作出公诉决定，即使下级检察院受到非法干预滥

---

① 林钰雄："论检察官之监督与制衡——兼论检察一体之目的"，载（台湾）《政大法学评论》第 59 期，第 253 页。

用公诉权，也能通过指令予以纠正。而且公诉一体化后，下级检察院获得上级检察院的支持，由后者出面对外协调，就能平衡检察权过于地方化的不足，从而能在较大程度上预防、监督、纠正外部因素非法干预公诉权的行使。

最后，公诉一体化能保障被告人获得法律的平等保护。法治的重要内容就是法律的平等适用，法律面前人人平等。对相同情形下的被告人适用不同的起诉程序构成对司法平等理念的违反，构成公诉权滥用。实行公诉一体化后，由于公诉人之间交流、合作的加强，公诉人可以在更广泛的范围内办案，逐渐形成共同的公诉标准。而且，公诉一体化意味着上级检察院加强对下级检察院的监督制约，必将制定适用范围更广的公诉政策，而公诉政策的一体化显然更有利于保障被告人获得平等对待的权利。

二、公诉一体化的主要内容

公诉一体化立基于检察一体化。检察一体化理念下，上级检察官对下级所属检察官具有指挥监督权、职务承继权、事务转移权。我国公诉一体化首先是通过立法明确上级检察院对下级检察院的公诉业务的指挥监督权而实现的。同时，规定了下级检察院的报告义务。上级检察院的指令应当在下级检察院作出相应的决定前作出。如果下级检察院已经作出处分，根据检察不可分原则，已经对外发生法律效力，这时上级检察院不能再行使指令权。但是提起公诉后，可以要求下级检察院撤回起诉。为了更好地实现上级检察院对下级检察院的监督，对于容易出现错诉、滥诉的案件，下级检察院有义务报告，由上级检察院审查，以便对下级检察院公诉权的行使进行监督。所以《意见》中要求建立案件特别备案审查制度："要坚持依法独立公正行使检察权。为加强上级检察机关对下级检察机关的办案指导，保证办案质量，凡具有以下情形之一的，必须及时将情况报上一级人民检察院公诉部门备案：（1）职务犯罪大案、要案；（2）在当地有较大社会影响的敏感案件和新闻媒体关注的案件；（3）协调意见与检察机关意见不一致的案件；（4）参与协调的司法机关之间意见分歧较大的案件；（5）其他需要备案的案件。对备案的案件，上一级人民检察院应当认真审查，发现问题及时纠正，支持和督促下级人民检察院依法办案。"这些案件都是当前容易出现冤假错案的案件，下级检察院将该类案件报备案，非常有利于保障重大、疑难案件的公诉质量。同理，2005 年 9 月发布的《关于省级以下人民检察院对直接受理侦查案件作撤销案件、不起诉决定报上一级人民检察院批准的规定（试行）》第 2 条规定："省级以下（含省级）人民检察院办理直接受理侦查的案件，拟作撤销案件、不起诉决定的，应当报请上一级人民检察院批准。"这也是强化公诉一体化的重要体现。

我国的公诉一体化还体现为公诉人一体化。公诉的成败与公诉人的素质具有重要的关系。统一调配公诉人，可以发挥资源优势，更好地完成公诉案件。《意见》规定："上级人民检察院根据办案需要，可以选调优秀公诉人或者业务骨干办理重大、复杂案件。"这是因为公诉案件有时有十几个被告人，有的被告人请了两个律师作为其辩护人。这样往往是一两个公诉人对十几个甚至数十个辩护人，而上级检察院办案人员有限，抽调办案人员就显得十分必要。但是，笔者认为对公诉人的一体化必须保持较大的限制。

目前，我国公诉人员的一体化已经开展了深入的司法实践。黑龙江伊春市《全市检察机关公诉一体化实施办法（试行）》中规定："将市院的主诉检察官和各基层院的主诉检察官组成公诉一体化队伍，基层院的主诉检察官在承办市院的一审案件时，由市院检察长任命为市院的代理检察员，以市院公诉人的身份审查案件、提起公诉、出庭支持公诉。"云南省曲靖市对于市院管辖的案件，如果事实清楚，案情简单，证据确实、充分，一律由县级检察院审查、支持公诉。对于疑难案件，可能判处无期徒刑以上刑罚的案件，一律上报市院公诉处审查起诉。同时，由县级院审查起诉的案件，虽不属于市院管辖，但因案情疑难复杂，出庭公诉确有困难的，则由市院公诉处派员审查，作为县院的代理检察员以县院的名义提起公诉。① 南京市人民检察院根据一定的标准在全市的主诉检察官内部建立一定的等级，不同的等级将和案件的复杂或影响程度相适应，最终在全市建立一个主诉官的联动机制。建立这样的机制后，就解决了部分区、县院公诉实力较弱的问题，但按照管辖的规定，其还需要公诉一部分疑难复杂案件。形成了这样的工作格局，就可以不再局限于本地区的公诉人员，可以从全市公诉人员中的高级别主诉官中抽调精干力量出庭公诉。② 可见，实践中，公诉一体化打破了案件承办人的地域管辖和级别管辖限制。

但是，笔者认为实践中的做法违背了《意见》的规定，过于激进，这种做法值得商榷。其一，这实际上完全打破了案件的级别管辖，弱化了级别之间的相互制衡。比如县级检察院管辖的公诉案件，市院派员支持公诉后，对于是否抗诉的问题，市院难以把关。公诉人一体化只能以能够公正行使公诉权，是否影响司法公正为必要性。案件简单、复杂与否不应当成为突破级别管辖，更换公诉人的理由。其二，我国检察官是由地方人大任命，对人大负责，接受当地人大监督制约。完全实现公诉人之间的自由流动，必然绝对弱化公诉人对地方人大的责任。其固然有利于防止地方干预，但似乎也导致了对检察官监督的缺失。其三，公诉人一体化损害了公诉检察官的相对独立性。笔者认为，抽调检察官时应当尽量争取下级检察官的同意。因为被抽调的公诉人可能同时在办理其他案件，抽调可能会导致案件的承办人更换，如果可以随意抽调的话，则上级检察院权力过大，下级检察官办案的独立性受到了过大的损害。

同时，有的地方在推行公诉人一体化时，规定上级检察院办理的公诉案件也可以由下级检察院的公诉人出庭。甚至一些市级检察院办理的案件，都在县级检察院的公诉人中指定代理检察员，完全

---

① "曲靖检察院公诉一体化改革见成效"，载 http：//www. yfzs. gov. cn/gb/info/kw/njjcdy/046/jc/2005 – 01/05/1429159105. html，2006 年 7 月 1 日。

② 李爱君、方勇："公诉格局一体化改革构想"，载 http：//www. yfzs. gov. cn/gb/info/kw/njjcdy/046/jc/2005 – 01/05/1429159105. html，2006 年 7 月 1 日。

由其公诉，而不是以市院公诉人为主、抽调县院为辅。这似乎违背了指令的必要性原则，是不恰当的。另外，笔者认为公诉人一体化的主体范围应当只限于各检察院公诉部门的公诉人员，不应当将侦查监督、自侦、综合部门的检察官纳入一体化。否则，不利于检察机关的内部制约。而检察院的内部制约对于保障检察机关权力的正当行使至关重要。

可见，《意见》中规定了公诉一体化的重要方面，但是对于上级检察院如何加强对下级检察院的指挥监督、公诉政策一体化等方面仍需要进一步完善。目前，实践中的公诉一体化改革集中于公诉队伍的一体化，对于其他方面改革仍需要进一步展开。

三、公诉检察官的相对独立

上级检察院也可能误断或滥用职权，而且越往上级，其滥用带来的后果将更加严重。德国法官和检察官联合会认为："对检察官发布指令的权力应当进行新的修订和规范。任何外在的影响都是危险的，因为它会严重危害司法的独立性。"[1] 如果上级检察院的指令权具有绝对的效力，下级检察官必须服从，则"金字塔"型的检察结构带来的集权[2]色彩的弊端，必将在某一特定条件对国家的法治秩序造成严重的破坏。

同时，在检察一体的理念下，检察官办理公诉案件应当具有相对独立性。日本法务省刑事局所编《日本检察讲义》称："检察官是独任制机关，本身具有独立的性质。这对保障检察权的行使及绝对公正，不受其他势力操纵，以及检察官的职务行为必须直接产生确定的效力，都是必不可少的。检察官的这种准司法性质，从职务的内容看是理所当然的。""检察官在检察事务方面，是具有自己

---

① 刘立宪、谢鹏程：《海外司法改革的走向》，中国方正出版社 2000 年版，第 66 页。

② 当然，笔者在中性的意义上使用该词，事实上一定程度的集权是国家统一的必要条件。

决定和表示国家意志的独立机关，而不是唯上司之命是从的行使检察权。"①这就涉及如何在公诉一体化的制度建构下，保障下级检察官的独立性问题，实现上级的指令权与下级检察官的独立性之间相对的平衡。

一方面，承办公诉人享有异议权。我国检察机关是宪法规定的法律监督机关，检察官是司法官。检察机关独立行使检察权，检察官也应具有相对独立性。检察官应当以客观公正的心态对案件是否公诉作出判断。我国台湾地区学者林钰雄认为："起诉阶段依照起诉法定原则而应不予起诉或提起公诉者，检察首长亦无为相反指令之权限。至于案件依法应否起诉之认定，原则上取决于承办检察官之法律确信与证据评价，但法律见解有疑问时，由于'疑问排除不法'，检察首长可以例外地行使指挥监督权，唯以不违反承办检察官确信为前提，否则最多只能行使职务收取或移转权，权责始能相符。"②而且，"鉴于检察官是以维护法制为使命的国家法律官员，一般认为法律高于行政指令，因此检察官不能以上级指令为由推脱自己的违法责任。在上级指令违背法律的情况下，法律赋予检察官不服从指令的责任与权利。同时，即使行政方面或检察上级的指令并未违法，检察官也享有根据自己对司法公正的信念行事的一定权利。"③在实行公诉一体化时，会出现上级领导与承办检察官之间对公诉案件发生争议的情形。基于检察官的相对独立性，如果检察官不同意上级检察院的指令，其有权对指令提出异议。对于案件承办检察官的异议，上级检察院应当认真考虑，并作出答复。

另一方面，要求上级行使职务承继权或职务移转权。如果检察

① ［日］法务省刑事局编：《日本检察讲义》，杨磊等译，中国检察出版社1990年版，第18页。
② 林钰雄：《刑事诉讼法》（上），中国人民大学出版社2005年版，第111页。
③ 龙宗智："论依法独立行使检察权"，载《中国刑事法杂志》2002年第1期，第11页。

官坚持不同意上级检察院的指令，可以赋予检察官权利，请求上级行使职务承继权亲自办理案件或者行使职务移转权将案件移交其所属其他检察官办理。上级检察院不应强行要求检察官依其指令行事。德国学者罗科信教授也认为，如果一位检察官，当其对一被告或因事实，或因法律的原因，认为其为无罪，但却受到上级指示，要对该被告提起公诉，该检察官不需服从之。因为，虽然每一位检察官只是该"高级长官"的代理人，但是其对真实性及公正性的判断确为不可代替性，而必须由各主其事的个人，以良知个别决定之。因此不得对检察官施以强制，命其违反自己的信念行事。而该检察机关首长的指挥监督权也并未因此而受到侵害，因为其尚可藉由移转权及代替权，自行办理该案件或将该案交由另一位检察官办理之。①

当然，公诉检察官的相对独立并不能简单体现在上述两个方面。比如在法国有"笔杆上听从上司，口头上听从自由"之说，公诉人可以在法庭上自由地进一步阐述与指令不一样，但其认为有益于司法的口头意见。但这一规定可能并不能为我国当前司法现状所接受。而且，公诉检察官的相对独立性还有赖于其他的制度保障，才能使上述制度设计发挥真正的作用。

正如有学者指出："没有检察官独立的检察一体制是一种纯粹的行政体制，没有检察一体的检察官独立是一种纯粹的司法体制，都不符合工作的特点和要求。但是，在制度安排上如何协调检察一体与检察官独立之间的关系，在两个极端之间确定适当的平衡点，则是由政治、社会和文化等因素所综合决定的。"② 笔者也主张，在我国应当以公诉一体为主，检察官独立为辅。在还未建立对公诉权的司法审查以前，这显得更为重要。

---

① ［德］克劳思·罗科信：《刑事诉讼法》，吴丽琪译，法律出版社2003年版，第67页。
② 谢鹏程："论检察官独立与检察一体"，载《法学杂志》2003年第3期，第38页。

第三节 刑事诉讼中的"歧视性起诉"

随着各国刑事案件压力的不断增加，刑罚理念由"报应刑"转为"目的刑"，检察官的起诉裁量权不断扩大，是现代刑事公诉制度的一个重大的发展趋势。起诉裁量权意味着赋予检察机关基于公共利益，选择一部分犯罪嫌疑人起诉的权力。各国司法实践中都有大量案件被选择起诉。但是，如果检察机关背离公共利益，歧视地起诉某个或某类犯罪嫌疑人，则该行为违反了宪法的"平等保护"原则。"歧视性起诉"就是指检察机关违反宪法的平等保护，武断、任意地行使起诉裁量权，不公平地选择部分人起诉的公诉行为。①

一、我国不平等刑事起诉引发的平等保护问题

我国检察机关也具有公诉裁量权，由于检察机关在选择起诉时没有受到有效的监督，比如缺乏对公诉决定的司法审查，导致我国出现了许多不平等起诉的现象②。目前，我国不平等起诉主要出现在三类犯罪案件中，包括共同犯罪案件、同一事件引发的关联犯罪案件、同类犯罪案件。

---

① 需要与之区分的一个概念是"选择性起诉"。由于各国检察机关都有公诉裁量权，有权在决定起诉时进行选择，"选择起诉"并不违法，而"歧视起诉"才违法。美国学术界普遍用"选择性起诉"（selective prosecution）来表达歧视起诉的含义，已经约定俗成。我国也有学者使用"选择性起诉"来表达此含义。但是，"选择性起诉"从字面含义上说，表达的只是起诉时的"选择"，而不具有"歧视"的内容，容易产生误解。因此，笔者采取"歧视性起诉"此一更准确的术语，但是出于对美国学术用语的尊重，在叙述、引用美国制度时，仍使用"选择性起诉"的表达。

② 当然，由于我国目前并未确立宪法平等保护的判断标准，这种不平等起诉主要基于民众朴素的公平感。但是，如果以本部分歧视性起诉的判断标准，这些不公平起诉绝大多数都属于歧视性起诉。

　　在共同犯罪案件中，我国存在不依罪行轻重而不公平选择起诉的现象。笔者在写作调研中发现一案例，2000年，某县的镇党委书记周某、副书记邓某、镇长刘某、副镇长黄某、土地管理办公室主任兼党委秘书王某五人共同贪污公款20余万元，每人贪污的数额基本相同。但是，县检察院只对黄某和王某以贪污罪移送起诉，而对副书记邓某、镇长刘某以私分国有资产罪报请撤案，对镇党委书记周某以私分国有资产罪结案报请不起诉。2004年，王某、周某两人被判刑后认为县检察院只起诉职务最小者不公平，四处申诉。最后，引起市检察院复查。市检察院承办人在审查案件之后认为："罪犯王某等五人利用职务之便，私分公款20多万元，目前只判处两人，另三人报批撤案，显失公平，承办人认为全案应当重新处理，再决定是否抗诉。"该案中，镇党委书记、副书记、镇长作为镇的主要领导，主持、决定、领导了整个共同贪污行为，应当对犯罪承担主要责任，而被起诉的王某和黄某只不过是执行者。在该共同犯罪中，县检察院不对组织、领导者提起公诉，而只对两个官职最小的执行者提起公诉，以官职大小作为分类标准显然违反了公诉权行使的平等性。

　　同一事件引发的不平等起诉以"高莺莺事件"①为例。2002年3月15日晚，宝石宾馆服务员高莺莺被人发现死于宝石宾馆后面洗衣房顶部的平台上。宝石宾馆认为高莺莺系自杀。但是，由于其身上有伤痕及其他反常现象，高家怀疑高莺莺因不从权贵逼奸而被杀，遂停尸宝石宾馆。政府却出动大量警察、武警抢尸，并诱逼高家同意将尸体火化。后高家开始上访，2006年被新闻媒体报道后，在全国引起轰动。2006年8月，湖北襄樊市人民政府复查结论仍维持高莺莺跳楼自杀身亡，却"查明"高莺莺父亲高天虎向公安机关提供的高莺莺内裤上的精斑为高天虎本人所留。2007年，高天虎因涉嫌诬告陷害被起诉，并被判有罪。

---

　　①　相关文献请看专题电子网站，"民女高莺莺死亡迷案"，载http://news.qq.com/zt/2006/gaoyingying/，2007年6月11日。

抛开高天虎是否构成诬告陷害罪不表，此案处理程序过程中，出现了许多违反平等起诉原则的现象。首先，警察在案发当日以天黑为由不对死亡现场进行勘查和保护，法医在尸检过程严重违反程序，涉嫌玩忽职守罪。其次，非法调动武警抢尸、殴打当事人，以对当事人亲属停职和非法关押威逼、利诱将尸体火化，毁灭了关键证据，对上访者打击报复，涉嫌滥用职权罪和妨害司法罪。再次，证人数次证言前后矛盾，涉嫌伪证罪。最后，宝石宾馆涉嫌容留卖淫罪。任何一个罪名的性质和情节，都不比高天虎伪造证据试图引起有关部门查明"其所认为的冤案"更轻，何以对高天虎起诉，而其他涉嫌犯罪行为不闻不问呢？如此之不公平起诉，引起了社会的广大不满。

同类案件中的不平等起诉现象，以我国台湾地区的"马英九特别费案"① 为例。2006 年，台北前市长马英九因涉嫌贪污被起诉。检方在起诉书中认定，马英九将特别费存入私人账户，涉嫌贪污罪。而台湾"审计部"2007 年 5 月 31 日公布的支领"特别费"情形进一步表明，前"行政院长"谢长廷、前台北市长马英九、"立法院长"王金平、"司法院长"翁岳生等 21 人，"特别费"都直接拨入个人账户。领现金的人最多，有 71 人，而具领支票的则只有 7 人。② 但是，相同情形下的其他人都未被起诉。而且，台南市长许添财、前副市长许阳明涉嫌同样的特别费案，但检察机关却对其作不起诉决定。

马英九被起诉后就遭到社会的广泛质疑，认为起诉是基于党派政治因素，马英九的情形是制度性问题，对其起诉不公平。"那么多年来，全台湾所有市长、县长、'部会'首长，都以此方式申

---

① 相关文献请看专题电子网站，"马英九身陷特别费案"，载 http：//www.huaxia.com/zt/rdzz/07 – 027/，2007 年 6 月 11 日。

② "标准首度一致 马英九特别费案似乎迎来转机"，载《人民日报》（海外版）2007 年 6 月 4 日。

领，为什么只有马英九一人被调查、起诉呢?"① 对马案的起诉已经严重破坏了我国台湾地区的政治生态，造成政党和群众的群体性严重对立。

目前，我国检察机关的不起诉率非常低，相对不起诉的比率就更低。相对不起诉最主要的适用对象是未成年人。但是，就是在对未成年人的追诉中存在着歧视性起诉的现象。2003 年，江苏南京市浦口区检察院制定了《大学生犯罪预防、处置实施意见（讨论稿）》，规定对于已构成犯罪的在校大学生，针对不同情况，可以有选择地作出暂缓不起诉决定。检察院据此对王某作暂缓不起诉处理，而同样的情形在其他检察院却被起诉。有学者认为，"此造成被告人因地域不同而受到不平等对待，而且因教育程度不同而不平等。""这份文件违反了宪法规定的平等权，因为检察院将刑事案件的犯罪嫌疑人分为大学生犯罪嫌疑和非大学生犯罪嫌疑人，以身份和学历作为标准。"②

在我国，如果将案件延伸到侦查阶段，将歧视性起诉理解为歧视性地对部分案件启动刑事侦查、起诉措施，则我国不平等追诉的现象不容忽视。在我国，侦查启动非常随意，未受到有效制约。以查处容留卖淫为例，以发展经济为名，我国一些地方的大型酒店、宾馆都有色情场所，其中某些是受权力机关保护的。对于这类场所，公安机关不进行查处。相反，对于小发廊存在的卖淫行为却进行查处，如果店主未能与公安机关"沟通"，就可能因为涉嫌容留卖淫罪被侦查、起诉。对于被起诉的店主而言，其显然受到了不平等的追诉。

---

① "马英九案折射政治荒谬 岛内政治环境已恶化"，载 http://www.chinanews.com.cn/tw/thsp/news/2007/02－15/875808.shtml，2007 年 6 月 10 日。

② 王磊:《选择宪法》，北京大学出版社 2003 年版，第 94—108 页。而且，由于我国严格控制不起诉，对不起诉设置比率控制，一般为案件的 3%—5%，一旦对在校大学生作了相对不起诉，则其他案件作不起诉的可能性将大大降低，这进一步影响了不起诉决定的公平性。

我国实践中已经出现了以不平等起诉为理由的辩护，其主要的理由是"被告人的行为是一种公开、普遍的做法，为什么只起诉被告人，而不追究其他同样的行为"。比如，在乌鲁木齐铁路运输中级法院涉嫌单位受贿罪一案中，其辩护人认为："以法官协会的名义与拍卖公司签订协议是当时许多法院的共同做法，乌铁中院只是参照仿效而已，如果乌铁中院被判有罪，其他一些法院是否也会因此成为刑事被告？"① 有学者指出，针对当前职务犯罪查处中存在相当混乱、恣意的"选择性执法"现象，某市区人大副主任因涉嫌受贿等犯罪被抓后，就质问办案人员："满地里跑的都是兔子，为什么光抓我一个？"②

但是，我国法律中并未认可这种辩护，通常的反驳理由是："本案审理的是被告人的行为是否构成犯罪，而其他人的行为是否构成犯罪并不是本案审理的范围。"这是因为，这类起诉最大的特点就在于，起诉可能既不违反刑事实体法，也不违反刑事程序法，只违反了宪法中关于平等保护的规定。由于未违反实体法与程序法，被告人无法依据传统诉讼制度对此进行质疑。而且，我国的不平等起诉并不是立法上的不平等，而是在法律执行过程中的不平等，其无法通过对立法的违宪审查途径予以规制。

可见，我国目前存在许多不平等起诉的现象，不平等起诉给社会带来了非常大的破坏。但是，由于我国未确立宪法平等保护在刑事诉讼中的判断标准，没有在理论上确立歧视性起诉辩护制度。导致不平等起诉公然实施，被侵害人却无法获得救济。"眼下在中国的刑事公诉中，人们时常面临这样的困惑。"③ 那么，这种歧视部

---

① 吴亚东："法院成被告引发司法争议"，载《新疆人大（汉文）》2006 年第 8 期，第 36 页。

② 周长军：《刑事裁量论——在划一性与个别化之间》，中国人民公安大学出版社 2006 年版，第 147 页。

③ 张旭、李峰："论刑事诉讼中的'选择性起诉'"，载《法学评论》2006 年第 4 期，第 142 页。

分公民的不平等起诉行为是否应当产生公诉效力？我国是否应当建立歧视性起诉的辩护制度呢？

二、歧视性起诉辩护在域外的发展

在美国，歧视性起诉又被称为选择性起诉（Selective Prosecution）。美国的选择性起诉作为一种辩护策略，所针对的并不是起诉时进行了选择，也不是有罪与否，而是认为检察官在选择起诉时违反了宪法平等保护的规定，这种诉求应该被视为对公诉撤销的请求。可见，美国的选择性起诉即是本部分的研究对象。

美国检察官的裁量权受到宪法的限制，比如美国宪法第十五修正案第 1 款中构成正当程序的平等保护原则，以及美国宪法第十四修正案禁止任何州采取行动，"否定在它的管辖范围内对任何人的平等保护"。所以，根据法律平等保护的宪法原则，联邦和各州都不允许进行歧视性起诉，否则被告人可以申请法院撤销控诉。实践中，美国检察官在刑事诉讼中具有广泛的起诉裁量权，"在选择起诉时存在非常严重的种族歧视现象。"[1] 正因为此，歧视性起诉在美国发展得最为完善。

美国 1870 年制定了宪法第十五修正案。在 1898 年 Yick Wo v. Hopkins 一案中，美国最高法院第一次承认平等保护标准适用于起诉程序。法院认为，即使刑事法律缺乏明确性的歧视性分类的证据，如果被告人能表明法律有歧视性的效果，可以成功地主张选择性起诉辩护。该案因为歧视性选择华裔美国人起诉而被撤销。[2] 20 年后，在另一起歧视华裔的案件（Ah Sin v. Wittman）中，最高法

---

① Angela J. Davis, Prosecution and Race: The Power and Privilege of Discretion, 67 Fordham L. Rev. 13, (1998).

② 该案中大约有 150 个华人因违反《洗衣作坊法》下狱，但 80 多个白人同样违反这些法律都逍遥法外。该案的背景及其案情介绍可参见邱小平：《法律的平等保护——美国宪法第十四修正案第一款研究》，北京大学出版社 2005 年版，第 163—166 页。

院确立了选择性起诉的辩护必须证明歧视性效果的标准。而且，歧视性效果必须显示相同情形下的其他种族被告人获得了不同的待遇。①

1962 年在奥勒诉波尔斯案（Oyler v. Boles）中，最高法院再次对选择性起诉辩护作出裁决。法院认为，刑事法律执行过程中的选择性实施本身并没有违反法律的平等保护，除非被告人能证明选择是有意地基于不正当标准，诸如种族、宗教或其他任意武断的分类。② 这样，选择性起诉辩护要求"任意武断的分类"和"歧视意图"。

直到 1986 年魏特诉美国案（Wayte v. United States），最高法院才确立了选择性起诉辩护的现代标准——双重检验标准。为了证明选择性起诉的主张，被告人必须证明政府实施一个表面上中立的法律产生了歧视性的效果，而且有引发歧视性效果的歧视性意图。为了证明歧视性效果，被告人必须证明相同情形下其他被告人没有被起诉。为了证明歧视性意图，被告人必须证明选择是基于诸如种族、宗教或其他任意武断的分类等不允许的理由。③

为了证明歧视性效果，获得证据开示十分重要。在 Wade v. United States④ 一案中，法院认为在选择性起诉辩护的案例中，被告人必须越过一个实质性门槛——证明政府不合理的动机，才能获得证据开示。因此，被告人必须证明包括种族、宗教等类似的不

---

① Kristin E. Kruse, Proving Discriminatory Intent in Selective Prosecution Challenges – An Alternative Approach To United States v. Armstrong, 58 SMU L. Rev. 1523,（2005）.

② Oyler v. Boles, 368 U. S. 448,（1962）.

③ Marc Michael, United States V. Armstrong: Selective Prosecution – A Futile and Its Arduous Standard of Discovery, 47 Cath. U. L. Rev. 675,（1998）. 该案的具体案情请详见李学军主编：《美国刑事诉讼规则》，中国检察出版社 2003 年版，第 305—307 页。

④ Wade v. United States, 504 U. S. 181,（1992）.

合理的理由影响了检察官的决定。在 United States v. Armstrong① 一案中，法院提高了证据开示的标准。Armstrong 法院主张先推定公诉人没有违反平等保护，被告人获得证据开示的标准是被告人必须"可信地提供一些证据证明相类似情形下的不同种族的被告人没有被起诉"。

尽管此证明要求非常高，但 Armstrong 法院以 Yick Wo 案为例，认为这种证明并非不可能。实践中也已经出现了成功的选择性起诉的辩护。2001 年，美国的肯塔基州东部地区的一个西班牙裔餐馆主被指控雇用了 7 个非法移民。被告人提出了"选择性起诉"辩护理由，并证明从 1996 年到 2000 年政府共逮捕了 18 个非法雇用非法移民的餐馆主。但是，检察官相信 17 个非西班牙裔餐馆主是被那些非法移民伪造的文件所蒙骗，因而不予起诉。唯独对案中的西班牙裔餐馆主以"非法雇佣罪"提起刑事起诉，因为检方不相信他被那些非法打工者伪造的文件所骗的辩解。但是，法院认可了被告人的辩护，以违法"选择性起诉"为由驳回了检方的起诉。检方不服，提出上诉，但美国联邦第六巡回上诉法庭于 2003 年驳回上诉，维持了原判。②

日本通过"公诉权滥用论"，认可了歧视性起诉辩护制度。日本从昭和四十年起，公诉权滥用理论开始真正得到裁判实务之重视与肯定。第一起受到下级审法院于其判决中引用者，乃关于国会乱斗事件。1962 年东京地方法院判决："仅对在野党之三名议员以妨害公务执行罪提起公诉，而未对其他议员提起公诉，则对于上开起诉裁量之原则运作显即欠妥当，或者不得不说由于检察官公诉权之滥用以致其起诉并不适法。"③ 另一涉及贿选的案件中，广岛高等法院的 Matsue Branch 案采取上述相同的理论，宣称假如国家不起诉买

---

① United States v. Armstrong，517 U. S. 456，（1996）.

② Gerald F. Uelmen，Motions Fyi：Selective Prosecution，Armed Career Criminal Act，Change of Venue，27 Champion 34，（2004）.

③ 陈运财："日本检察官之起诉裁量及其制衡"，载朱朝亮等：《刑事诉讼之运作》，（台湾）五南图书出版公司 1997 年版，第 342 页。

选票的候选人，也就不能起诉他的代理人和幕僚。尽管该案也被上级法院否决。但是，对公诉权滥用的司法制裁仍然具有可能性。①

日本 1972 年发生了川本案件，当年 7 月和 10 月公害受害人水俣病患者川本与其他患者及支援者一起，自行到加害单位氮气有限公司要求就被害赔偿问题进行面谈，结果同前来阻止的该公司职员发生暴力冲突，双方互有轻伤。东京地方检察院对川本提起了公诉，第一审辩护人提出了公诉无效的主张，其辩护的重要理由之一是：检察官并未对真正应受追诉的氮气公司及其对患者和声援者实施伤害的公司职员提起公诉，却对公害受害者一方的轻微的、不具有可罚程度的违法性和无追诉必要的行为进行追诉，这是"明显袒护加害企业一方的差别追诉"，违反了日本宪法第 14 条（法律面前人人平等原则）。一审法院未支持其辩护。上诉后，二审判决指出："检察官根据日本刑事诉讼法第 248 条关于起诉便宜主义的规定享有起诉裁量权，但起诉裁量权有一定的界限，如果滥用起诉裁量权系基于检察官的故意或重大过失，损害了以平等权为核心的基本人权，而且法院认为公诉明显违反正义时，应当以违反刑事诉讼法第 248 条为由驳回公诉。"

该案上诉至最高法院后，针对二审判决肯定的"公诉权滥用论"，日本最高法院裁定："不能否认，检察官脱离起诉裁量权是可能导致公诉的提起无效的，但这种情况应限定为极端的场合，比如公诉的提起本身构成了职务犯罪之类。"② 田口守一博士认为："该判决根据法定诉讼条件以外的理由，承认提起公诉可能无效，具有很大的意义。"③

---

① Mark D. West, Prosecution Review Commissions: Japan's Answer to The Problem of Prosecutorial Discretion, 92 Colum. L. Rev. 684,（1992）.

② 详见孙长永："抑制公诉权的东方经验——日本'公诉权滥用论'及其对判例的影响"，载《现代法学》1998 年第 6 期，第 124 页。

③ ［日］田口守一：《刑事诉讼法》，刘迪等译，法律出版社 2000 年版，第 117 页。

　　可见，一方面日本最高法院承认了歧视性起诉可能构成公诉权滥用，但只限于"极端场合"等罕见的情况。不少学者批评其失之过严，但什么是"极端场合"并不明确，仍有待于今后理论的继续探讨以及实务见解的发展。① 另一方面，日本歧视性起诉典型适用范围与美国不同。日本违反平等原则的起诉主要体现在涉案的各当事人之间，比如对共同犯罪中的不同犯罪嫌疑人、同一案件中的加害方与被害方实行差别对待；而美国还体现在同类案件的犯罪嫌疑人身上。

　　在英国，一般认为，明显相类似的案件处理结果不同并不一定是错误的，英国并未认可歧视性起诉的辩护。在 Arrowsmith v. Jenkins 判例中，被告人在阻塞高速公路的一个公众集会中讲演了 30 分钟，因为该违法行为而被捕并被判有罪。她以这样的理由上诉：该地举行过多起集会，以前警方未曾以触犯刑律为由起诉过任何人。并自以为有理地质问："为什么该我倒霉？"法庭对于其上诉答道："当然，那与本庭无关。这里唯一的问题是被告人是否触犯了 1959 年《高速公路法》121（1）条款。"换句话说，法院对起诉裁量权在以往与本案相似案件中是否实施的问题不予置评。同样，在皇家检察署诉国内税收专员一案中，因税收违法而被起诉审理人，也曾基于该理由而提出异议，即相同的违犯者未被起诉。② 但也未获成功。

　　英国未能确立歧视性起诉，与其长期以来奉行的"私诉"理念有关，甚至警察机关的起诉行为也被认为是"私诉"。直到 1985 年，才建立起全国统一行使"公诉"权的检察机关。由于是"私诉"，而宪法平等保护主要规范的是国家权力，所以对"私人"起诉行为并无进行歧视与否审查的严重必要。但是，英国通过 1964

---

　　① 陈运财："日本检察官之起诉裁量及其制衡"，载朱朝亮等：《刑事诉讼之运作》，（台湾）五南图书出版公司 1997 年版，第 344 页。
　　② ［英］安德鲁·桑达斯、瑞恰德·扬："起诉"，载江礼华、杨诚主编：《外国刑事诉讼制度探微》，法律出版社 2000 年版，第 136 页。

年 Connelly v. DPP 一案后的一系列判决，建立"滥用司法程序"制度，对公诉权滥用行为进行司法审查。由于该理论发展时间较短，目前主要限于违反迅速审判原则和双重危险的起诉，① 但其为歧视性起诉辩护留下了空间。

目前，大陆法系国家也未认可歧视性起诉的辩护。在德国，是否提起刑事指控被视为检察官的专有权力。"检察官提起公诉的决定不能单独受到抨击，例如被认为是歧视性指控。"② 德国及其他一些大陆法系未确立歧视性起诉的原因在于，德国长期以来奉行的是起诉法定主义原则。这种起诉理念要求"有罪必诉"，只要符合犯罪构成要件，检察机关就有义务提出公诉，而不具有公诉裁量权。检察机关在这种"应然理念"下不具有选择起诉的权力，无法针对某一类人歧视性起诉，自然无须确立歧视性起诉辩护，审查检察机关是否歧视起诉被告人。尽管目前德国也引入起诉裁量主义，但是歧视性起诉还未及时确立。

值得一提的是，受到歧视性起诉者尽管在国内无法通过普通诉讼程序获得救济，但是，随着英国、法国、德国加入欧洲人权公约，各国公民可以以受到歧视待遇为由向欧洲人权法院提出审查请求。③ 对于违反平等保护的歧视起诉，欧洲人权法院将提供司法救济。

三、我国歧视性起诉的认定标准

亚里士多德给平等作出了最经典的定义，相类似的事物应受到

---

① Mireille Delmas – Marty and J. R. Spencer, European Criminal Proce-dures. Cambridge University Press, 2004, 444.

② ［德］托马斯·魏根特：《德国刑事诉讼程序》，岳礼玲等译，中国政法大学出版社 2004 年版，第 48 页。

③ ［英］克莱尔·奥维、罗宾·怀特：《欧洲人权法原则与判例》（第 3 版），何志鹏、孙璐译，北京大学出版社 2006 年版，第 473 页。

相同的对待，不相同的事物应依据它们的不同而予以不同的对待。①歧视性起诉主要针对的核心问题是"相似的情形不同处理"，如果与被告人相类似的案件没有被起诉，而有意地基于任意武断的分类标准，对被告人起诉就构成了歧视性起诉。日本学者石川才显主张参照美国判例，"构成公诉权滥用之差别追诉，须同时符合两个要件，即：（1）须证明检察官之追诉作为，在主观上有不当差别追诉之目的意思或甚至恶意；（2）须证明检察官之追诉裁量选择，在客观上显然与刑事司法之目的或公益必要性无何关联，而有过大差异之追诉情事存在。"②在我国，具体而言，必须证明与被告人相似情形的案件没有起诉，而且检察机关选择部分公民起诉或不起诉并不具有合理的依据，是有意地采取任意武断的分类。前者属于歧视性效果，后者属于歧视性意图。

（一）歧视性效果

歧视性效果中什么是"相似案件"是十分抽象和难以界定的。因为没有事实完全相同的两个案件，何为相似，采取不同的标准会有不同的结果。笔者认为，我国认定案件是否相类似至少要证明两者的主客观方面基本相同，而且应当从定罪和量刑的角度出发。要证明两个案件"相似"，至少要证明两个案件在犯罪构成和量刑情节上没有明显、重大的不同。

但是，如果属于"共同犯罪案件"或"同一事件引发的关联案件"，被告人以受到不平等待遇为由进行质疑，可放宽歧视性起诉的"相似案件"的认定标准，尽管涉嫌的罪名可能不同，应推定为相似案件。日本歧视性起诉的认定，就采取了此标准。因为，

---

①　周勇：《少数人权利的法理——民族、宗教和语言上的少数人群体及其成员权利的国际司法保护》，中国社会科学文献出版社2002年版，第19页。

②　［日］石川才显："公诉权之差别运用与平等保护原则的展开"，转引自朱朝亮："从公诉权本质论公诉权滥用"，载朱朝亮等：《刑事诉讼之运作》，（台湾）五南图书出版公司1997年版，第303页。

此类案件中的犯罪嫌疑人的不同待遇是否公平非常直观，能够十分清楚、明了地加以认定。比如聚众斗殴中参与斗殴的双方采取不同的刑事起诉行为，或者对共同犯罪者采取不同的起诉行为等。

"相似案件"的范围必须限定在一定的时间内，因为随着时间的流逝，许多公诉政策、目标都会发生变化。将当前的案件与几十年前的公诉案件进行对比并不能说明什么问题。而且，时间范围太长，则需要收集的"相似案件"的信息过多而难以实现，时间太短又不能反映真实的实践现状。只有时间合理才能推进检察机关改革歧视性起诉的现状。在 Armstrong 法院要求三年的案件信息，在 Jone 法院就是五年。在另一个决定中，赋予证据开示三年半的案件。① 我国界定"相似案件"的合理时间段也是必要的。

"相似案件"的地域范围应当多大？是全国检察机关起诉的案件进行比较，还是起诉的检察院管辖范围内的所有检察院的起诉案件，还是起诉的检察机关本院管辖的所有案件，抑或是起诉的检察官个人起诉的所有案件？笔者认为应当以"提起公诉的检察机关本院管辖的所有案件"为对象。这是因为我国地域辽阔，各地差异极大，而且范围过大，证明成本过高，也是不现实的。

还有一个问题是"相似案件"是否包括侦查机关未提起追诉的案件？笔者认为，无论是侦查机关还是起诉机关，都是代表国家行使权力，被告人是否获得法律的平等保护，是建立在国家权力的统一行使的基础上，因此其考察的标准自然包括侦查机关的行为。在日本，"根据不平等的侦查的起诉"就被认为是公诉权滥用。② 在我国，"适用法律平等"作为公诉活动的基本原则，要求"任何

---

① Yoav Sapir, Pursuing New Visions of Justice: Neither Intent Nor Impact: A Critique of the Racially Based Selective Prosecution Jurisprudence and a Reform Proposal, 19 Harv. BlackLetter J. 127, (2003).

② 最高昭和四十一（1966）年7月21日刑集第20卷第6号，第696页。转引自［日］田口守一：《刑事诉讼法》，刘迪等译，法律出版社2000年版，第118页。

人构成犯罪，都应当平等地受到依法追究，不允许任何犯罪的人享有超越法律不受追究的权利"①。因此，对"相似案件"不启动侦查，却只起诉被告人，可能构成了歧视性效果。

相同处理包括两个方面，即歧视性地选择起诉或不起诉，以及歧视性地选择轻重不同的罪名起诉。尽管我国检察机关不存在选择起诉罪名的权力，罪名竞合时应当以更重的罪名起诉，但是事实上被告人的行为完全可能触犯几个罪名，加上实践中刑事罪名定性的模糊性，检察机关仍然可能基于任意的标准，歧视性地选择不同罪名，不平等地分开起诉。

但是，被告人仅仅证明被起诉的案件中的差别是不足以说明问题的。美国在歧视性起诉的辩护中曾经提出大量数据证明，毒品犯罪中黑人被起诉的比例远远大于对白人起诉的比例。但是，美国最高法院认为此不足以证明违反了平等保护。因为，仅仅证明不同人群在起诉结果上存在非常大的不同的比例，未能证明起诉中的歧视意图。而且，比例高的原因可能是该罪名的犯罪者中某一特定类别的人群比例高。

（二）歧视性意图

歧视性起诉要求具有歧视性意图，以限制法院审查的范围。"如果将平等权利的适用范围扩展到过分超出任意强制或有意歧视特定人一类的案件之外，也许是一种错误。""如果过分宽泛地扩大平等原则的范围，司法审查就有可能变成一种政治对立的工具，而非对确定个人所遭受的真实不公的救济。"② 关于歧视性意图，笔者认为应通过分类的"任意、武断性"来推定。

由于法律的平等保护主要在于保护"人"受到平等对待的权利。所以，歧视性起诉主要是针对基于"犯罪主体类型"的不同

---

① 姜伟、钱舫、徐鹤喃：《公诉权制度教程》，法律出版社2002年版，第110页。

② ［英］T. R. S. 艾伦：《法律、自由与正义——英国宪法的法律基础》，成协中、江菁译，法律出版社2006年版，第242页。

分类而"差别起诉"的正当合理性。现代刑罚理念由报应刑转向目的刑，刑罚以改造罪犯为重要目标，针对犯罪主体的不同特征可能采取完全不同的起诉行为。比如完全相似的两个案件，如果犯罪主体是未成年人、初犯或者偶犯等，都可能影响案件的公诉与否。也就是说，检察机关必须根据主体特点的不同，考察被告人的可改造性，从而采取不同的公诉行为。长期实践，就会形成针对不同类别的主体采取不同公诉行为的决策模式。但是，这种对主体的分类选择不得违反被告人获得法律平等保护的权利。这就要考察分类标准与刑事司法目标之间的关系，即区别对待的合理性问题。

对于分类与刑事司法目标之间的关系，美国在平等保护的判例中采取了三种不同的标准：严格标准、中等审查、宽松标准。严格标准主要适用于种族等嫌疑分类，要求政府证明分类是为了实现合理的政府目标而"必不可少的"；宽松标准主要适用于经济归类，要求证明分类基于某种和调控目标"正当相关"的合理区分；中等标准主要适用性别分类，要求证明分类"必须具备重要的政府目标，并且必须和实现这些目标充分相关"。① 而对歧视性起诉的审查采取了中等程度的审查标准。要求分类不得是任意武断的，其与实现目标须具有"理性的联系"。欧洲人权法院也认为，"假如已经明确地确定在所采用的手段与所寻求的目标之间不存在合理的比例关系"②，那么歧视就存在。

对于什么是任意武断的分类，美国学者伟恩指出，基于传统的平等保护的分析，通常被问到的问题是在分类和那些目标之间是否存在"理性的联系"。一般认为，起诉选择是基于种族、民族、血统、性别、政治行为或某个政党的成员身份、工会行为或某个劳动工会的成员身份等被认为是任意武断的分类。但是，如果案例醒

---

① 张千帆：《西方宪政体系（上册·美国宪法）》，中国政法大学出版社 2000 年版，第 277—303 页。

② ［英］克莱尔·奥维、罗宾·怀特：《欧洲人权法原则与判例》（第 3 版），何志鹏、孙璐译，北京大学出版社 2006 年版，第 478 页。

目，或者为了威慑其他违法者而寻找一些案例，选择适用可能是正当的，这一点得到了支持，在这个基础上，对侵犯特定法律中最臭名昭著的违法者或最有名的人物进行起诉被认为是允许的。①

在我国，对于一切公民，不论民族、种族、性别、职业、职务、地位、资格、受教育程序、宗教信仰、财产状况、居住期限等，在法律适用上一律平等。② 选择起诉时如果受到这些因素的不当影响，将有可能构成歧视性起诉。但是，平等包括形式平等与实质平等。实质平等要求对弱者进行倾斜、照顾等。我国更加强调实质平等，因此对弱者采取一定的保护措施是必要的。

当然，检察机关所要实现的刑事司法目标应当具有正当合理性。检察机关不得追求违反公正、公平的司法目标。比如，司法目标不能是为了实现对社会的专制控制，不能是为了消灭某一种族。否则，即使分类标准与司法目标之间有合理的联系，也被认为是违反宪法和法律的。而且，其追求的不合理目标本身可能已经足以构成歧视性起诉。

四、我国歧视性起诉辩护的程序机制

（一）司法审查与程序性制裁机制

由于我国并无预审程序，检察官提起公诉后，法院只作形式审查，案件直接进入审判。所以，法官在审前无法对是否滥用公诉权进行审查，自然无法审查判断是否违反法律平等保护，是否属于歧视性起诉。《世界人权宣言》第 8 条规定，任何人当宪法或法律所赋予他的基本权利遭受侵害时，有权由合格的国家法庭对这种侵害行为作有效的救济。因此，应当设置预审程序由法官在审前审查是否存在歧视性起诉。如果没有预审程序，则在审判中也可以对被告

---

① ［美］伟恩·R. 拉费弗等：《刑事诉讼法》（上），卞建林、沙丽金等译，中国政法大学出版社 2005 年版，第 754—757 页。

② 张智辉、杨诚主编：《检察官作用与准则比较研究》，中国检察出版社 2002 年版，第 231 页。

人歧视性起诉的辩护进行审查。前者是美国采取的模式，后者是日本采取的模式。

同时，应当建立程序性制裁机制。如果法官审查后认为符合歧视性起诉，则案件不进入审判，法官直接驳回起诉；否则，裁定案件进入审判，审判中不得再提出歧视性起诉的辩护。但是，必须强调的是，对歧视性起诉的审查与被告人是否有罪毫无关系，属于裁判之前的裁判。

而且，对于驳回起诉的决定，受到一事不再理原则的限制，被告人不因此"事"再次受到起诉、审判。在日本，违反宪法平等保护原则之差别起诉，"可认定为检察官之公诉权行使，已超越国家赋予其公益代表人地位，应为符合公益需求而追诉之裁量权限，其差别追诉之作为即因越权而无权行使，公诉权自亦因而丧失。"①因此应当以免诉判决，防止二重危险。

但是，对违反平等保护的公诉行为进行程序制裁应当有所限制，必须是被告人因为歧视受到了不利益的待遇。如果被告人因为不平等起诉获得了利益，比如对特定群体的优惠起诉政策，显然不能对此进行程序性制裁，将案件驳回起诉。

对歧视性起诉进行司法审查还面临一个问题，即法院是否可以引用宪法为依据驳回公诉。我国 1955 年就发布了《最高人民法院关于在刑事审判中不宜引用宪法作论罪科刑的依据的复函》。最高人民法院在 1986 年给江苏省高级人民法院《关于制作法律文书应如何引用法律规范性文件的批复》中明确规定，在所有的诉讼领域，宪法被排除在可以引用的法律规范性文件的范围之外。由于宪法不能被引用作为判决依据，似乎歧视性起诉并不能充分保障平等权的实现。

但是，长期以来，我国宪法在诉讼中不能作为判案的依据，只不过是法院通过司法解释进行自我约束的结果，并非宪法或法律的

---

① 朱朝亮："从公诉权本质论公诉权滥用"，载朱朝亮等：《刑事诉讼之运作》，（台湾）五南图书出版公司 1997 年版，第 303 页。

禁止。宪法只禁止法院解释宪法而不禁止法院引用宪法。特别是最高人民法院在 2002 年发布了《关于以侵犯姓名权的手段侵犯宪法保护的公民受教育的基本权利是否应当承担民事责任的批复》，这一批复被法学界视做诉讼中宪法观念的重大转折和突破。宪法直接成为裁判依据得到了理论界的普遍认同。因此，笔者主张我国法院在审查后可以直接以是否违反宪法平等保护条款作出裁决。

（二）证据开示与举证责任倒置

在 Wayte v. United States 案中，美国最高法院认定，是否起诉的决定不适宜司法审查。法院指出，司法审查将拖延刑事诉讼程序，威胁法律的严格实施，由于对外揭露检察官起诉决定程序，揭露政府实施政策而降低了起诉的有效性。① Armstrong 法院也认为，检察官应当拥有广泛的裁量权，因为是检察官而不是法院，必须评估案件的充分性、资源的分配、法律实施的优先性。宪法赋予行政机关实施法律的权力，司法应当尊重检察官的指控决定。而且，Armstrong 最高法院认为，设置较高证据开示标准的原因之一在于，如果不这样，"可能产生大量对起诉裁量的抗辩，而其与被告人是否有罪毫无关系。"② 也就是说可能产生大量与实质问题无关的程序动议，从而导致程序效率低下。日本最高法院也裁决，不平等起诉行为只有构成职务犯罪，才成立公诉权滥用，导致撤销起诉。

所以，必须将歧视性起诉限制在较小的范围，并非所有的不平等的公诉裁量都构成歧视性起诉，歧视性起诉是其中最为严重的违反宪法的公诉裁量行为。而且，对是否歧视性起诉的审查必须是谨慎实施的。法院不能仅仅基于被告人的陈述而启动对歧视性起诉的审查，"除非有表面证据表明它建立在不可接受的基础上，权力分立原则禁止我们审查检察官的指控决定。"③

---

① 　Wayte v. United States, 470 U. S. 598, 607,（1985）.

② 　United States v. Armstrong, 517 U. S. 456,（1996）.

③ 　United States v. Palmer, 3 F. 3d 300, 305,（9th Cir. 1993）.

要证明歧视性起诉，最好的证据就是检察机关在与被告人相同的案件中采取了不同的处理方式。但是，由于检察官垄断了起诉与不起诉案件的统计资料与信息，无论是证明案件的歧视性效果，还是证明检察官的歧视性意图，都是十分困难的。如果完全由被告人承担举证责任，自行调查收集证据，对被告人来说则是一项无法承担的重任。如何解决此一难题呢？

美国为此规定了证据开示制度，一旦被告人"可信地提供一些证据证明相类似情形下的不同种族的被告人没有被起诉"，检察机关应当开示其类似案件的起诉与不起诉信息。这些统计资料可能对被告人的辩护是非常有帮助的，但是"因为是否起诉以及如何起诉完全掌握在检察官手中，检察官没有义务揭示他们决定的合理性，Armstrong 标准实际上为证据开示树立了一个不可能逾越的障碍"①。结果，"声称受到歧视性起诉的侵害者，几乎不能赢得选择性起诉的诉讼。"② 过高的证据开示标准受到了诸多美国学者的批评。

因此，一些学者主张降低被告人的证明责任，采取证明责任转移制度。美国学者 Yoav Sapir 提出排除被告人对歧视性意图的证明责任。在第一阶段，被告人具有证明责任，证明相同情况下的某个被告人没有被起诉。然后，证明责任转移给公诉方，起诉者必须提供充分的关于"相似案件"起诉情况的统计数据，并证明未被起诉的案件不是相似案件，没有歧视性地起诉被告人。该学者声称该证明模式完全排除了被告人证明"歧视性意图"，且解决了要求证明歧视意图导致的"未能克服的不自觉的歧视"的现象，这种证

---

① Steven Alan Reiss, Prosecutorial Intent in Constitutional Criminal Procedure, 135 U. Pa. L. Rev. 1365, 1373 – 74, （1987）.

② Robert Heller, Comment, Selective Prosecution and the Federalization of Criminal Law: The Need for Meaningful Judicial Review of Prosecutorial Discretion, 145 U. Pa. L. Rev. 1309, 1343, （1997）.

明不再是不可能完成的任务。①

　　美国学者 Givelber 认为，法院不应当要求被告人为了论证起诉违反了平等保护原则，而去证明检察官掌握的信息和检察官的动机。只要被告人证明仅仅少数可知的违反者或一类违反者被起诉，而其与不被起诉的违反者在分类上的不同与法律实施的目标无关，则法院应当将证明责任转移给政府。只有检察官解释了产生不平等对待的原因后，法院才能确定选择性实施法律是否由于不公正或武断的标准而产生。②

　　笔者认为，被告人只有证明与自己相似的案件采取了不同的起诉行为，才可以提出歧视性起诉的辩护，否则会导致大量无根据的辩护，导致效率低下。但是，要被告人证明检察机关是否有意地进行"类别化"的歧视起诉，则几乎是不可能的。因此，应当规定被告人只要证明某个案件中检察官对相似案件不同处理，就可以认为被告人完成了涉嫌歧视性起诉的表面证明，此后将证明责任转移给检察机关，由检察机关说明差别处理的理由。如果理由充分，则驳回被告人的请求，否则，检察机关应当开示"相似案件"的处理情形，再由法官判断是否构成歧视性起诉。

第四节　刑事诉讼中的"报复性起诉"

　　2007 年马克东律师因为涉嫌"以能找到法院有关人员疏通关系"为由骗取律师费，受到诈骗罪起诉。案件受到律协声援，广东省律协主管维权的副会长在庭审后，"走到被告席边上抓着马克

---

① Yoav Sapir, Pursuing New Visions of Justice: Neither Intent Nor Impact: A Critique of the Racially Based Selective Prosecution Jurisprudence and a Reform Proposal, 19 Harv. BlackLetter J. 127, (2003).

② Givelber, The Application of Equal Principles to Selective Enforcement of the Criminal Law, U. I11. L. F. 88, 106, (1973).

东的手，颇为激动地”对被告人表示支持。① 2007 年 9 月 30 日，马克东所在的广东博浩律师事务所发表公开信，认为该案“实在难避行业歧视和行业报复之嫌”。很多人也认为马克东是因为其经常代理有争议的“黑社会性质”案件的辩护工作而受到“打击报复”。② 马克东是否受报复起诉的猜疑在全国引起轩然大波。

报复性起诉，是指在刑事公诉案件中，检察机关出于报复的动机，对被告人提起公诉。近年来，我国司法实践中不时出现检察机关为打击报复举报人、新闻记者、辩护律师等而提起公诉的现象。最近，我国又出现了许多因为言论而受到刑事报复性追诉的现象，比如彭水诗案、张志坚案。对于这类违反正当程序，滥用公诉权的行为，依据现有诉讼制度，不能提出独立的程序抗辩，而只能以被告人的行为是否构成犯罪进行实体辩护。这种辩护不是针对检察机关恶意报复动机，无法发挥抑制“报复”起诉的功能。那么，我国对报复性起诉应当如何进行界定和规制呢？

一、我国司法实践中的报复性起诉

（一）对举报人的报复性起诉

我国宪法规定公民有举报的权利，但是对于这些行使宪法权利的公民，却出现了许多被报复起诉的现象。其中的许多案件，报复者并非检察机关，而是当地的党政要员，检察机关的公诉权成为报复的工具。比如，河南平顶山原政法委书记李长河任舞钢市委书记时，该市干部吕静一因不同意增加农民负担提过意见，并向上级反映了李长河的一些违纪违法问题。李长河于是利用职权向检察机关施压，通过检察机关以贪污罪将吕静一起诉、定罪。1999 年 5 月，

---

① 参见宋伟、田加刚：“马克东‘百万诈骗案’震动律师界 潜规则遭曝光”，载《民主与法制时报》2007 年 10 月 7 日。

② 参见倪方六：“刑事辩护律师马克东涉嫌诈骗受审”，载《凤凰周刊》2007 年第 27 期。

河南省高级法院改判吕静一无罪。① 再如，因举报国有资产流失，景宁县当权政要牵头公安、检察、法院组成联合办案专案组，开始侦查举报人犯罪问题。景宁县检察院于 2006 年 4 月向景宁县法院提起公诉。因社会反应强烈，检察机关撤回起诉。②

（二）对舆论监督者的报复性起诉

当前，我国出现的一系列以诽谤罪为由打击报复公民的案件。一般作为自诉案件的诽谤罪，仅仅因为批评的对象是当权政要，在恶意报复动机的驱使下，滥用"严重危害社会秩序和国家利益"条件使其变成公诉案件。近几年，此类案件层出不穷。如正引起全国人民共愤的"西丰拘传记者案"以及重庆"彭水诗案"、山东"高唐网文案"、山西"稷山文案"、陕西"志丹短信案"等。重庆市彭水县公务员秦中飞，在 2006 年 8 月 15 日填写了《沁园春·彭水》的词，作成后他通过手机发送给十几位朋友。在这首词里，隐喻攻击了彭水县委县政府三位领导。在领导压力下，秦中飞因涉嫌"诽谤罪"被移送审查起诉，制造了现代版的文字狱。③

在报复起诉面前，甚至作为"无冕之王"的新闻记者也难逃厄运。1988 年 12 月，记者殷新生撰文对郑州市检察院越权介入一宗企业合同纠纷案进行曝光，引起郑州市检察院的不满。1989 年，殷新生怀疑某些人涉嫌拐卖儿童，向公安机关举报。郑州市检察院却以诬告陷害罪追诉殷新生。全国记协一位负责人愤然指出："殷新生一案，是建国以来最严重、最突出、最典型的打击迫害记者事

---

① 参见陈正云、苗春瑞："'保护伞'职务犯罪剖析"，载《人民检察》2001 年第 9 期。

② 参见钱塘："浙江景宁官员举报国有资产流失遭羁押"，载《第一财经日报》2006 年 6 月 29 日。

③ 参见郭延军："地方'一把手'应认真看待公民宪法权利——评秦中飞编发短信被拘案的起落"，载《法学》2006 年第 11 期。

件。"① 记者高勤荣率先揭露山西运城地区渗灌工程弄虚作假案，经中央电视台曝光之后，遭到当地掌权者打击报复，以受贿罪、介绍卖淫罪、诈骗罪遭起诉，1999 年 5 月被运城地区法院判处徒刑 12 年。该案在全国引起非常大的关注。② 2007 年，因为赵俊萍不同意强制拆迁，西丰县公安局调查其偷税问题，赵俊萍激愤之下编了一条短信认为县委书记贪赃枉法，发给县里部分领导，结果因偷税罪、诽谤罪遭判刑。2008 年，《法制日报》记者朱文娜对此予以报道，仅仅因为该报道涉及县委书记，西丰县公安局又以"涉嫌诽谤罪"为由对朱文娜进行立案，并进京拘传。③ 全国一片哗然，并引起了记协关注。

（三）对辩护律师的报复性起诉

由于控辩双方的职业存在天然对立关系，控方极有可能利用职权，动用刑事手段对辩护律师打击报复。典型的案例，如 1983 年台安县三律师案、1996 年陈惠中律师被控包庇案、1998 年王一冰律师被控妨害作证案、1999 年李奎生律师被控帮助伪造证据案。④ 特别是 1996 年刑事诉讼法修改后，我国的刑事诉讼模式引入对抗式的庭审模式，控方承担举证责任，强化被告人获得律师辩护，法官中立裁判。刑事诉讼中控辩双方的对抗化，导致控辩双方的摩擦更加激烈。我国学者陈瑞华教授认为："检察官将胜诉视为获得较好职业前途的必经之路；而辩护律师的存在及其刑事辩护活动本身，事实上成为检察官获得胜诉的最大障碍。""司法实践中发生

---

① 参见"全国最大迫害记者事件全情告白"，载《中国青年报》1998 年 11 月 12 日。

② 参见杨光："披露'运城假渗灌工程'的记者在哪里？"，载《民主与法制》2001 年第 19 期；郭国松："反腐败英雄说了真话以后"，载《南方周末》2002 年 1 月 11 日。

③ 参见刘万永："报道涉及县委书记负面 当地警方进京抓记者"，载《中国青年报》2008 年 1 月 7 日。

④ 参见王工：《中国律师涉案实录》，群众出版社 2001 年版，第 1 页。

了大量的侵犯律师诉讼权利甚至对律师采取刑事追诉的现象。"①

2002 年 10 月，司法部组织了"律师在刑事诉讼活动中存在若干问题的调研"。通过调查表明，在全国约有 200 位律师被关押过，但被判定有罪追究刑事责任的只是个别情况。据统计，1994 年全国律师协会接到各地律协和律师上报的维权案件仅十几件，而 1997 年、1998 年每年高达 70 多起，特别是新刑法实施后，② 律师执业中涉及伪证罪的占全部维权案件量的 80%。"一旦律师辩护对其不利，特别是在律师会见后，证人、嫌疑人、被告人翻供的，他们便怀疑是律师指使的，立即中止原案的审理，不论证据真实如何，事实清楚没有，不顾人权，先关起来再说，定不了伪证罪，再定其他罪。云南省就有一位律师先因涉嫌伪证罪被关押，判不了伪证罪后，又以其他罪名追究，关押 2 年多后才被释放。"③ 再如广西灵山某律师案，一名律师因受到报复以涉嫌妨害作证被逮捕，经两级法院审理，最后宣告该律师无罪释放。④

（四）因民事纠纷引起的报复性起诉

我国的检察机关都受制于地方，检察机关承担着"为经济保驾护航"的重任，如果地方纳税大户因某些原因受到经济损失，有关部门就可能动用公诉权进行打击报复。比如，2006 年震惊全国的"乔红霞案"，乔红霞在甘肃打赢了民事官司，青岛澳柯玛公司面临 1557 万元的赔偿。结果，青岛市人民检察院根据同一事实却以合同诈骗罪起诉乔红霞，乔被判无期徒刑。在社会压力下，乔

---

① 陈瑞华：《程序性裁判理论》，中国法制出版社 2005 年版，第 56 页。

② 1997 年我国《刑法》第 306 条对律师设立了伪证罪及妨害作证罪，但是，该罪名中何为"威胁、引诱"很难界定，由于罪名中法律用语的模糊性，诱发了对律师打击报复的现象。

③ 孙业群："做一个刑辩律师究竟有多难——律师参与刑事诉讼活动有关问题的思考"，载《中国律师》2003 年第 4 期。

④ 参见陈光中：《刑事诉讼法实施问题研究》，中国法制出版社 2000 年版，第 182 页。

被监视居住，但看守者不是警察，却是澳柯玛公司的保安。① 再如，2007 年，在郝和平、曹文庄先后"落马"之后，张志坚转载一篇网文，提到康力元与国家药监局一些官员"权钱交易"，却被以涉嫌"损害商业信誉罪"提起公诉。直到郑筱萸被"双规"后，检察院才撤诉。② 可见，保护地方经济的利益驱动确实可能导致报复性起诉的发生。

我国是否存在因权力斗争而导致的报复性起诉呢？当前社会失序，许多违法乱纪的行为处于半公开状态，民间对官员并不信任，认为许多官员都是"不查没问题，大查大问题，小查小问题"。当官员因为职务犯罪被追诉时，总会流传一些所谓派系斗争或得罪了某位上级官员导致下台的传言。当然，其中多数属于无稽之谈，但也有一些并非空穴来风。这反映了民众对公诉权行使正当性的怀疑。如果基于报复，用公诉权"整"某个人，则是十分可怕的。网络上较为典型的案例是吴向明案。公安局副局长吴向明因得罪领导，被以莫须有的罪名提起公诉。在二审改判无罪后，因要求恢复党籍和工作，与河津某领导发生了争吵，并拍了桌子。结果再次被以莫须有的罪名提起公诉。③

二、我国报复性起诉的特点及其危害

尽管在大多数案件中，我国检察机关能够依据事实和法律行使公诉权，检察机关在打击犯罪、保障被追诉人权利方面起了非常重要的作用。但是，笔者认为我国报复性起诉的现象同时也十分严重，报复性起诉主要表现为以下几个特点：

---

① 参见廖明、任新："甘肃企业家被定无罪后仍遭羁押　人大代表声讨"，载《兰州晨报》2006 年 7 月 28 日。

② 参见刘伟："揭露郑筱萸　网民张志坚：中纪委让我放心讲真话"，载《新京报》2007 年 4 月 9 日。

③ 参见王琪："山西两级法院拉锯较量　副局长两次有罪两次无罪"，载《民主与法制时报》2006 年 12 月 10 日。

其一，我国报复性起诉的案件数量众多。我国报复性起诉的严重性也许无法用数量占多大的比例来说明。如果可以用比例来说明，则社会已经陷于混乱或专制。但是，从调查和新闻报道来看，我国报复性起诉的案件数量还是十分惊人的。而且，考虑到以下两个因素，有理由相信还有大量报复性起诉的案件并未报道。

一是考虑到真正能够动用舆论力量对滥用公诉权的案件予以揭露的毕竟是少数，大量打击报复的案件未见天日，也许永远无法"讨个说法"。二是滥用公诉权的新闻报道都遵循较高的标准。从我国对报复性起诉报道的案件来看，都有一个重要特点，那就是被告人的行为实际上多数并不构成指控的犯罪，起诉是基于报复而刻意非法罗织的罪名。可以肯定的是，既然被告人不构成犯罪都可以被罗织罪名起诉，那么被告人本身构成犯罪而被打击报复的现象在我国实践中必定更为多见。只不过无法通过新闻报道来表明自己被打击报复，难以进入公众舆论视野。

其二，报复性起诉的随意性，不少案件在证据明显不足的情况下报复起诉。目前，我国检察机关相对独立性保障不足，检察机关的抗干预性不强，行使公诉权仍然受到不少外部干预，公诉权滥用的可能性就非常大。同时，对公诉权滥用的制约缺乏制度性的保障，缺乏对公诉权滥用的审前司法审查。实践表明，我国提起公诉缺乏有效的制约，一旦检察机关内部制约机制失效，即使是明显证据不足的案件，检察机关也可以轻易将犯罪嫌疑人送上审判席。

其三，在特定报复性起诉案件中，公诉权受到外部干预，呈现工具化的倾向。虽然总体上说，我国检察机关的公诉权并未工具化。但从上述现象中，我们可以看到我国检察机关、检察官的相对独立性保障不足，检察院的公诉权不仅可能，甚至在个别案件中已经成为个别地方党政要员报复的工具。当然，检察机关也会基于职业利益，滥用公诉权对辩护律师或他人报复起诉。

其四，报复性起诉的案件类型特殊，社会影响恶劣，对社会秩序破坏大。报复性起诉的案件类型主要表现为以下两类：一是涉及政治因素的案件。因为能够对检察机关的公诉权进行外部干预者，往往是具有政治实权的单位或个人，一旦案件危及其个人的政治、经济利益，就会或明或暗地介入公诉权行使，希望得到有利于自己利益的处理结果。二是涉及宪政性权利的案件。主要包括对公民行使言论自由、新闻自由、举报权利、辩护权利等宪政性权利进行打击报复。虽然报复性起诉的案件不可能占很大的比例，但此类案件能产生重大社会影响，一旦滥用必定严重破坏国家的法治建设和宪政秩序，摧毁民众的法治信仰。

报复性起诉从微观层面来说是公诉权滥用，侵害了被告人的权利。报复性起诉给被告人带来非常大的损害，往往导致无罪的被告人受到长期羁押，有些被错判有罪。"提起公诉，对被告而言是非常重大的不利益处分。首先，被告为了应付审判程序的'诉累'，必须付出相当的时间和精力。其次，单单起诉的歧视效应，就足以对被告人的人身、家庭及名誉产生重大影响，被告往往因被起诉而在社会评价上被认为至少'涉嫌'犯罪，无罪推定原则可不是社会上大多数人看待被告人的态度，纵使被告最后获得无罪判决，公众对其印象也未必改观。最后，只要一被起诉，被告便暴露于被判处乃至于被误判有罪的风险。"①

从宏观层面上说，报复性起诉严重破坏了宪政秩序。一方面，报复性起诉意味着检察机关拥有未受到合理制约的权力，违背了法治的基本要求，诱发了权力的进一步滥用。另一方面，报复性起诉破坏了我国的民主与法治建设。"一个国家是否有真正的自由，试金石之一是它对那些为有罪之人、为世人不齿之徒辩护的人的态度。在大部分专制国家里，独立自主的辩护律师队伍是不存在的。诚然，专制压迫肆虐无忌的明显标志之一就是政府开始迫害辩护律师。"② 对于举报者、新闻监督、辩护律师的报复性起诉，严重地

---

① 王兆鹏："起诉审查——与美国相关制度之比较"，载（台湾）《月旦法学》2002年第9期，第51页。

② ［美］艾伦·德肖薇茨：《最好的辩护》，唐交东译，法律出版社1994年版，第483页。

破坏了国家的法治进程。

以对律师的报复性起诉为例，由于律师在刑事辩护中面临非常大的职业风险，导致 1997 年后我国刑事诉讼中的辩护率不断下降。以致许多律师都不接刑事案件，即使办刑事案件，也不调查收集证据。由于缺乏律师的帮助，被告人权利难以得到有效保护，严重影响了我国刑事诉讼的正当性。而且，报复性起诉严重破坏了我国刑事诉讼中控辩双方的合理关系，导致部分检察官和辩护律师，甚至是检察官与律师群体之间的互相敌视。马克东案就集中反映了检察官与律师两个群体之间的裂痕。由于报复性起诉，检察官因为滥权变得更加专横，辩护律师也对法律产生消极对抗心理，都丧失了对法治的信仰。而两个群体无疑都是法治的重要力量，如果两群体都丧失了对法治的信仰，法治只能是空中楼阁。因此，在积极推进民主化改革和法治建设的现代中国，如何规制报复性起诉对于实现法治具有重要的紧迫性和必要性。

三、我国报复性起诉辩护制度之确立

我国迫切需要建立报复性起诉辩护制度，以抑制基于报复发动的刑事起诉。报复性起诉辩护主要针对检察机关实施的报复起诉，而非公民个人或其他单位的自诉。报复性起诉的构成要件，一方面，要求追诉机关具有报复的恶意动机。这种恶意既可以来自其自身，也可以来自其他主体的不当影响；另一方面，要求追诉者已经实施了违法公诉行为。报复性起诉辩护制度主要包含以下内容。

（一）报复性起诉是一种程序性辩护，不论被告人是否构成犯罪，报复性起诉违反了程序正义，属于公诉权滥用

报复性起诉的辩护是最近几十年来在一些国家司法实践中发展起来的，对公诉决定进行质疑的一种有力的程序性辩护。在英国，"如果公诉机关恶意作出起诉决定，法庭会认为其滥用程序，将案件驳回。假如故意提供虚假信息，起诉必定是恶意的，那么起诉必

须以对被告有利的方式解决（或者对其做无罪判决或者撤诉）。"① 在日本，"依据多数学者观点，基于报复地恶意起诉也构成公诉权滥用，导致法院作出免诉判决。"② 但报复性起诉辩护制度在美国发展得最为成熟。

几十年来，对于被告人履行宪法或法定程序权利的行为，美国法院早已判决确认，宪法禁止检察官通过增加指控或者提高指控的严重性来惩罚被告人。早在 1968 年迪克逊诉哥仑比亚案中，美国最高法院认为检察官当然具有广泛的裁量权提出还是放弃指控，但是这有所限制。例如，假如政府已经合法决定不起诉上诉人，然后仅仅因为上诉人进行了投诉就改变立场，这显然违反了宪法第一修正案。政府不可以为了阻止人们行使权利抗议官员的不正当行为和提出赔偿请求，而决定起诉。③

布莱克诉佩蒂案（Blackledge v. Perry）④ 是美国最高法院第一个确定报复性起诉辩护制度的案例。1974 年在布莱克诉佩蒂一案中，被告人被认定轻罪伤害后，申请对案件进行重新审理。于是，检察官基于相同行为以重罪伤害对被告人重新起诉。最高法院认为，每个人"有权行使他的法定权利，申请案件的重新审理，毫无疑问，州通过对原来案件的升格控诉进行报复"。在布莱克这个案件中强调这个结果是必要的，即使缺乏"此案中检察官恶意行为的证据"，因为提高控诉就是恫吓上诉权的报复表现。也就是说，该案是通过行为来推定检察官具有报复意图。美国最高法院认为，报复性起诉违反了宪法第十四修正案规定的正当程序条款，撤销起诉。

---

① ［英］安德鲁·桑达斯、瑞恰德·扬："起诉"，载江礼华、杨诚主编：《外国刑事诉讼制度探微》，法律出版社 2000 年版，第 139 页。

② 陈运财："日本检察官之起诉裁量及其制衡"，载朱朝亮等：《刑事诉讼之运作》，（台湾）五南图书出版公司 1997 年版，第 340 页。

③ Yale Kamisar, Wayne R. Lafave, Jerold H. Israel, and Nancy King, Modern Criminal Procedure, West Group (9d), 1999, p. 910.

④ Blackledge v. Perry, 417 U. S. 21 (1974).

正当程序要求权力的行使具有正当合理的动机，如果基于报复等恶意行使权力的行为能得到法律的支持，则"恶意"将导致权力的行使逐渐失控，最终成为侵害公民权利的工具。柏克曾经警告说："罪恶的手段一旦得到宽容很快就为人们所乐于采用。比起通过伦理道德的这条大路来，它们提供了一条更短的捷径。由于论证了叛卖和谋杀对公共利益是正当的，于是公共利益很快地就变成了借口，而叛变和谋杀则变成了目的；终于巧取豪夺、心怀恶意、报复以及比报复更可怕的恐怖，才能满足他们那些永不满足的嗜欲。"① 纵容报复性起诉带来的必然是权力的不断扩张与滥用。

如果缺乏一个公开、透明的程序机制，对于报复性起诉的"猜测"会成比例地放大报复性起诉个案的危害。问题的关键在于，必须建立一个缓解对报复性起诉"猜测"的机制。所以，必须确立对报复性起诉的程序性辩护制度，"报复"与否成为审理的一个焦点，从而为控辩双方乃至社会提供一个消除误解、缓解冲突的程序机制，这对防止报复性起诉至关重要。所以，所有涉及报复性起诉质疑的案件，审理的关键首先在于是否"报复"，而非是否个案有罪。

所以，公诉人作为公共利益的维护者，提起公诉必须具有正当的依据，公诉人不能利用权力报复公民，否则即使案件符合其他的实体条件，也违反了正当程序，将构成公诉权滥用。所以，报复性起诉要解决的问题是，不论被告人是否构成犯罪，只要对被告人的侦查和起诉是基于报复的动机，起诉就不具有合法性，就是滥用公诉权。但是，我国的法律文化中"重实体、轻程序"，似乎只有被告人行为本身不构成犯罪才被认为是打击报复。实际上，打击报复只是一种动机，与实体上是否有罪并无本质的联系。也就是说，即使被告人的行为构成犯罪，如果起诉是基于报复，起诉就不具有正当性，公诉将被撤销。在确定是否构成报复性起诉时，无须考虑被告人的行为是否构成犯罪，其证据是否充分。

---

① ［英］柏克：《法国革命论》，商务印书馆 1998 年版，第 109 页。

（二）被告人有"权利"以报复性起诉为由提出辩护，法院应当对此进行司法审查

被告人具有免受不当起诉的权利。如果被告人认为检察机关基于报复而起诉，则有权以报复性起诉为由提出辩护。我国法律应当赋予被告人抗辩不当起诉的权利，被告人不再仅仅是起诉后果的承担者，而且是程序的参与者。起诉程序无疑对被告人权利造成非常大的伤害，因此赋予其参与程序的权利是十分必要的。

被告人提出报复性起诉的辩护后，应当由中立的法官对辩护的正当合理性进行审查。对报复性起诉而言，一旦基于报复的动机提起公诉，则检察机关已经失去了客观中立的立场。这时候需要作为"权利庇护者"的法院介入审查。而且，由于报复性起诉本身是在诉讼程序中的一个法律问题，由法院进行审查也是最恰当的。

美国是由法官在预审阶段对是否报复性起诉进行审查的。相反，日本没有预审程序，在庭审中，法官有权对此进行审查。由于我国并无预审程序，检察官提起公诉后，法院只作形式审查，案件直接进入审判。所以，法官在审前无法对是否滥用公诉权进行审查，自然无法审查判断起诉是否违反正当程序，是否属于报复性起诉。因此，我国应当设置预审程序，由法官在审前审查是否存在报复性起诉。但是，即使未确立预审程序，也可以采取日本模式，赋予法官在庭审过程中对是否报复性起诉的司法审查权。

（三）应当进行程序性制裁，对报复性起诉撤销公诉

报复性起诉违反了程序正义，应当对其进行程序性制裁。事实上，对其进行实体性制裁不足以保护被告人权利，[①] 实现报复性起诉辩护制度的功能。因为报复性起诉辩护制度的价值基础，并不在于实体正义、客观真相，而在于独立于实体之外的民主价值、宪政价值和程序正义价值。报复性起诉的认定本来就不是基于违反实体法的判断，而是违反正当程序的判断。所以，法官在审查之后，一

---

① 陈瑞华：《程序性制裁理论》，中国法制出版社 2005 年版，第 66 页。

且认为构成报复性起诉，就应当在审前撤销起诉，案件不再进入庭审程序。而且，对因报复性起诉被撤销起诉的案件，应当受到一事不再理的限制，不能再提起公诉。

四、报复性起诉辩护制度中的推定规则

在报复性起诉辩护中，最难以证明的莫过于检察机关的报复动机。由于报复性动机属于主观范畴，如果需要被告人完成此一证明任务，则无疑是基本无法完成的负担，可能会严重抑制报复性起诉辩护的功能。因此，美国在报复性起诉辩护中实行推定规则。

美国最高法院强调正当程序需要被告人不害怕行使他的权力。这来源于此前关于司法报复的一个裁决。1969 年，在北卡罗莱纳诉皮尔斯案（North Carolina v. Pearce）中，美国最高法院认为："被告人应该被免于理解报复动机，因为理解报复动机本身可能阻碍被告人行使上诉权或质疑第一个有罪判决的权利。"[1] 联邦最高法院在古德温案以前要求，若需加重起诉或加刑，检察官和审判法院应有足够的证据证明，他们的决定是基于被告人有加重情节的犯罪行为，且这种行为的发现是在最初起诉审理后。检察官需以书面的形式陈述其理由并记录在册，以备复查。否则，上诉复查法院将假定认为，加重起诉和加刑具有报复性。[2]

但是，在古德温案（United States v. Goodwin）中，美国最高法院认为美国审前阶段不具有诱发报复性起诉的环境，因此拒绝此推定。该案中，古德温与检察官进行轻罪的辩护交易后，后来又不承认交易，要求陪审团审理，随即被以重罪起诉。被告人以起诉报复为由提出反驳，认为起诉书中所指控的重罪明显是对他的报复行为。该案上诉法院推定检察官指控具有报复性，支持了被告人的主

---

① 　Notes, Breathing new life into prosecutorial vindictiveness doctrine, Harvard Law Review, Vol. 114, No. 7（May, 2001）, p. 2075.

② 　参见李学军主编：《美国刑事诉讼规则》，中国检察出版社 2003 年版，第 313 页。

张，认为："当被告人依据权利申请陪审团时，检察机关不得对被告人提起更为严重的指控，这有违宪法第五修正案的正当程序条款，除非检察官有客观证据证明增加的指控，不能在被告人行使其权利前提出。后续提出的重罪指控确有真正产生报复的嫌疑，然而要证明这一主观动机，对法院来说无疑是一项额外且不当的任务，故法院在此情况下可假定认为控方有主观报复之故意。"① 该案随即上诉到最高法院。

针对被告人审前履行权利之后接着就被加重起诉的起诉行为，最高法院拒绝推定为"报复"。法院认为审前阶段的诉讼环境导致对起诉进行报复性推定是不正当的。因为在审前阶段，国家对被告人犯罪行为的合理的惩罚程度并没有"明朗"，相应地，检察官有权在指控的罪数和严重性方面具有更大的灵活性。而且，因为被告人一般都会提出大量的审前动议，假定检察官的可能反应是为了追求惩罚或威慑被告人是不切实际的。其次，法院认为被告人审前可以主张的权利，并不足以使检察官难以负担而提出报复性指控。据此，法院认为在审前阶段检察官报复的可能性不大，检察官报复性起诉的推定规则不具有正当性，所以不能适用。但是，法院并没有否定报复性指控辩护本身的合理性，因为"并不排除这种可能性，在某些适当的案例中，被告人或许能客观地证明检察官的起诉决定是由一种欲望所驱使，即惩罚他做了法律所允许他做的某种事情"②。

可见，尽管美国已经确立了报复性起诉的辩护，但是其适应的标准非常高，发展很可能还会有相当大的障碍，主要是因为对被告人质疑公诉人的动机和意图设置了某些限制性的预先需要。在布莱克——古德温——狄克逊报复性起诉系列案件中，这个稳定的、客观可证实的因素，是由被告人通过证实他的权利行使，是伴随着先

---

① United States v. Goodwin, 102 S. Ct. 2485 (1982).
② United States v. Goodwin, 102 S. Ct. 2485 (1982).

前有利的起诉决定和随后不利的起诉决定来提供的。① 这是一种推定规则。但是古德温案很大程度上限制了报复性起诉的推定：在审前的条件下，预防性的推定规则不可能有任何应用。此结果导致报复性起诉难以证明。于是，美国学者提出异议，认为美国当前的审前环境已经发生变化，应当重新确立报复性起诉的推定规则。②

如果说美国存在抑制报复性起诉的内在机制，那我国却存在诱发报复性起诉的土壤。一方面，政治权力中，民主集中制在个别地方落实不足，个别领导权力过分集中，检察机关在权力结构中的地位尚不足以保障其依宪法独立行使检察权；另一方面，政治权力与司法权力结合稍显紧密，检察机关依法行事的动力不足，受外部权力干预较大。这导致了检察机关可能成为一些法治观念薄弱的官员打击报复他人、排除异己的工具。同时，检察机关的公诉权受外部日常制约不足，特别是缺乏司法审查，导致检察机关可能动用公诉权进行打击报复。而在公诉制度运行过程中，检察机关的公诉权缺乏被告人、辩护人的制约，刑事诉讼中的辩护率不足，大量的被告人在审前缺乏律师帮助，总的来说控辩并不平衡。这进一步诱发了报复性起诉的发生。

在这种公诉环境下建立公诉人报复动机推定规则是十分有必要的。如果在被告人行使合法权利，特别是宪法权利之后，就伴随着被侦查、起诉的后果，可推定检察机关具有报复性的动机。还有一种推定，即对比通常情况下相似案件是否会采取刑事追诉手段。在通常情况下都不会采取刑事追诉手段，由于被告人行使权利，特别是行使宪政性权利，而对被告人起诉的，可推定为具有报复的动机。比如网上发布假消息，其他情况下都不追究，但是因为涉及某位领导就进行追诉。

---

① ［美］伟恩·R. 拉费弗等：《刑事诉讼法》（上），卞建林、沙丽金等译，中国政法大学出版社 2005 年版，第 762 页。

② Notes, Breathing new life into prosecutorial vindictiveness doctrine, Harvard Law Review, Vol. 114, No. 7（May, 2001），p. 2075.

但是，这种推定是可推翻的，这时应当由检察机关承担证明责任，证明其侦查、起诉并非基于报复。这里涉及一个关键的因素，就是对被告人展开刑事追诉措施时，是否有足够合理的根据，还是只是为了报复被告人，或者不是为了调查一个犯罪事实，而以被告"人"为对象展开刑事调查，查到什么就追诉什么。对于报复性起诉动机的推定，检察官有责任提出足够的证据证明其起诉被告人并不是基于报复，而是依据正当的法律程序和合法的证据立案、侦查、起诉。

第三章
刑事侦查的程序规制

第一节　刑事侦查程序的异化及其防治

法治国家的刑事诉讼理念以防止国家权力滥用，保障人权为重心，程序过程中具有许多防止被追诉人权利被侵害的预防性措施。而一般的行政程序更强调程序的效率，对程序参与人的权利保障多采取事后救济的方式。不同性质的程序对程序参与人的权利保障是不同的。事实上，侦查程序中参与人的权利是以刑事侦查程序的存在为依托的，如果该程序被异化，则权利无法得到保障。在我国刑事诉讼中，存在着侦查程序异化为其他程序的现象，导致刑事诉讼中法律赋予犯罪嫌疑人的预防性权利保障措施无法实施，犯罪嫌疑人的权利受到侵害后也无法获得有效的救济。

一、异化的刑事侦查程序

我国刑事诉讼程序的启动以刑事立案为前提，立案后进入案件的侦查程序。但是在我国司法实践中，经常出现对本应启动侦查程序的案件，在不启动侦查程序的同时，对被调查人采取影响其权利的类似刑事侦查的调查措施，刑事侦查程序出现被异化的情形。

首先，刑事侦查程序被异化为属于行政程序的治安处罚程序。为了防止对犯罪嫌疑人长期讯问不当获取口供，我国刑事诉讼法规定，侦查中传唤、拘传不得超过 12 小时。但是，我国的《人民警察法》第 9 条规定，公安机关的人民警察对违法犯罪嫌疑人有盘问权，而且对被盘问人的留置时间自带至公安机关之时起不超过 24 小时，在特殊情况下，经县以上公安机关的批准，可以延长至 48 小时。这都远远超过了侦查中传唤、拘传的期限限制。实践中，侦查机关针对一些证据不够扎实或者疑难的刑事案件，如投毒、谋杀案件，尽管已经掌握了犯罪嫌疑人，却往往并不立案进入刑事诉讼程序，而是对犯罪嫌疑人先采取留置盘问的方法，在获取其口供后再立案启动刑事诉讼程序。这种情况在 1997 年刑事诉讼法取消公安机关的收容审查权之后，变得较为普遍。

其次，刑事侦查程序还被异化为刑事立案前的调查程序。在我国刑事诉讼法中，以立案作为刑事诉讼程序的启动。在此之前，为了立案仍需要履行一定的调查程序，这一程序不具有诉讼程序的特点，对犯罪嫌疑人的权利保障也不足。在我国的司法实践中，由于进入刑事诉讼程序必须依据《刑事诉讼法》第 83 条的规定立案，而一旦立案，又必须依刑事诉讼法保障犯罪嫌疑人所享有的权利，如获得律师帮助权、讯问的时间限制等，侦查权的运作受到严格的监督和制约。如果未能破案，还会影响其破案率，进而影响其工作成绩。于是，侦查部门对很多案件都不立案，把犯罪嫌疑人当成普遍的被调查人，对其采取了一定的调查措施，如行政检查、伪装侦查、反复询问等，在掌握较为扎实的证据后才立案。而这些措施完全有可能严重影响到被调查人的生活，实质有代替侦查措施的效果。公安部宣传局原局长武和平同志在 2000 年 3—5 月北京"中国犯罪基础理论 2000 年新春茶话会"上指出，当前我国以公安司法机关的立案数为统计依据的犯罪统计中存着可怕的犯罪黑数，他认为实际的犯罪应是原来的统计数乘四才接近真实。① 这种"不破不立"的现象已到了十分严重的地步。

刑事侦查程序在司法实践中发生异化，对我国的刑事诉讼构造造成了极大的破坏，影响了司法公正的实现。一方面，刑事侦查程序异化现象是侦查权滥用的一种表现。行政行为更强调追求效率，有较大的独立性，而司法侦查行为则更加注重司法公正的实现，因此对侦查机关的侦查行为必须给予全面的监督、制约。上述刑事侦查程序异化的现象充分说明侦查机关为获取口供，滥用权力，侦查机关的权力进一步膨胀。而以行政行为为伪装的表象，使该行为难以得到有效的监督、制约，检察机关无法监督，犯罪嫌疑人也无法主张权利。另一方面，犯罪嫌疑人的权利得不到保护，刑事诉讼法将犯罪嫌疑人设计为当事人，赋予其权利保障的立法意旨落空。"弄清一个人是以何种资格参与到刑事诉讼中来非常重要，因为嫌疑人和证人的权利和义务是不同的。"② 犯罪嫌疑人是被调查人进入刑事侦查程序后所享有的一个身份，这个身份是一系列权利、义务的表征。在我国，其体现为犯罪嫌疑人享有申请回避权、自行辩护权、获得律师帮助权、不受非法讯问权以及申请补充鉴定、重新鉴定权等。但是，从上述异化现象来看，拘传、传唤不得超过 12 小时的时间限制被突破。犯罪嫌疑人获得律师帮助权成为一句空话。我国《刑事诉讼法》第 96 条规定，犯罪嫌疑人在被侦查机关第一次讯问后或者采取强制措施之日起，可以聘请律师为其提供法律咨询、代理申诉、控告……取保候审，但如果不确定其为犯罪嫌疑人，找其谈话只是询问了解情况而不是讯问，那其还能主张犯罪嫌疑人才享有的律师帮助权吗？犯罪嫌疑人的权利主张被权力话语堂而皇之地击败。

---

① 刘瑞榕、刘方权："刑事诉讼程序启动研究"，载《中国刑事法杂志》2002 年第 1 期，第 84 页。

② 参见［德］托马斯·魏根特：《德国刑事诉讼程序》，岳礼玲等译，中国政法大学出版社 2004 年版，第 69 页。

二、刑事侦查程序异化的成因分析

对问题的深刻理解以及对解决问题方法的探求，都离不开对问题的成因分析。刑事侦查程序异化的现象是多种原因导致的。

（一）行政强制手段强于刑事诉讼法规定的侦查强制手段，立法上未能较好配置权力

如刑事诉讼法规定传唤、拘传的时间不得超过 12 小时，而治安处罚中留置盘问可长达 48 小时，监察调查措施期限则更长，前者的强制力度远远弱于后者。对侦查机关来说，对犯罪嫌疑人控制的时间越长，就越能增加讯问的力度，容易诱发一部分侦查人员使用疲劳战术、心理压迫等社会心理上更容易接受的非法方式去拖垮犯罪嫌疑人的意志。所以，立法上权力配置的失衡诱使国家有关机关采取行政程序来调查刑事案件，导致刑事侦查程序的异化。

（二）诉讼术语话语指向的模糊性

以刑事案件中普通的被调查人、犯罪嫌疑人话语指向为例，最大的区别就在于侦查机关认为其实施犯罪行为的可能性有多大，这些很主观的因素，很难界定。再以询问与讯问为例，其区别主要在于问的对象是否为犯罪嫌疑人。这些不确定因素及话语模糊性，为侦查机关不启动刑事诉讼程序提供了条件。侦查机关运用法律话语的模糊性，采取策略，穿梭于不同程序之间，获得对其最有利的调查手段。

（三）犯罪嫌疑人在确立上具有不确定性，且缺乏犯罪嫌疑人身份确立程序

在美国宪法和联邦最高法院有关判例中就规定，确定犯罪嫌疑人是指根据所掌握的事实和情况或者材料，使一个正常理智的人相信嫌疑人有罪的可能性要大于无罪的可能性。[1] 这就意味着犯罪嫌

---

[1] 中国人民大学侦查系刑侦教研室：《中外刑事侦查概论》，中国政法大学出版社 1999 年版，第 298 页。

疑人确立的基础是一种可能性，一种概率，这种概率要求的大小就会影响对犯罪嫌疑人身份的认定。同时，由于犯罪嫌疑人的认定是由侦查机关根据现已查明的事实和一定的证据材料主观加以认定的，这就必然会因为侦查人员的认识不同而产生不同的结果，因而具有主观性的特点。这就带来了确立犯罪嫌疑人身份的不确定因素。

如果确定被调查人具有刑事诉讼中的犯罪嫌疑人的身份，就明显不能采取留置盘问等其他行政调查手段。但我国刑事诉讼法中，未规定侦查机关应该如何、以何种形式确立被调查人具有犯罪嫌疑人身份，被调查人也无权主张自己具有犯罪嫌疑人身份，从而使侦查机关权力过于强大，未能受到足够的制约。在没有相应的犯罪嫌疑人身份确定程序保障的情况下，极有可能引发侦查机关规避和利用上述不确定因素，忽视对犯罪嫌疑人人权的保障，为侦破案件，不确立被调查人具有犯罪嫌疑人的身份却采取有力的变通"侦查"手段，导致刑事侦查程序异化。

（四）缺乏对刑事诉讼立案程序的控制

在我国采取的是三机关分工负责的流水线式的诉讼运行模式，侦查机关可以独立决定何时启动、对哪些案件立案，启动刑事诉讼程序。1996 年刑事诉讼法修改时，规定检察机关可以对侦查机关进行立案监督，但由于缺乏对公安机关受理案件情况的了解，检察机关很难真正开展立案监督工作。这样，侦查机关便可以随意将本应当进入刑事诉讼程序的案件不立案，而转为采用其他的程序来调查案件。

（五）我国未规定一系列的证据排除规则

侦查机关借用其他手段如留置盘问、行政检查等方法获得犯罪嫌疑人的口供及其他证据，是侦查权力滥用取得的非法证据。如果该证据在诉讼中无法取得证据能力，被排除在刑事诉讼之外，那么侦查机关就不会采取异化的侦查程序，不确定犯罪嫌疑人身份即来获取证据。因此，我国缺乏非法证据排除规则也是造成刑事侦查程序异化的原因之一。

三、刑事侦查程序异化的防治

刑事侦查程序异化，对我国刑事诉讼体制造成了极大的破坏。为了制约侦查权力，防止刑事侦查程序异化，并与保障人权的司法改革相配合，借鉴其他国家的规定，笔者认为我国应从以下几个方面入手。

（一）合理配置权力

一方面，必须改革我国司法、行政权力的配置体系，改变一些行政措施强于刑事强制措施的现状。对于我国《人民警察法》第9条公安机关的人民警察"对被盘问人的留置时间自带至公安机关之时起不超过二十四小时，在特殊情况下，经县级以上公安机关批准，可以延长至四十八小时"的规定必须加以改革，将其限制在12小时以内，并对被盘问人的待遇、权利保障予以具体的规定。另一方面，纪律调查手段"双规"、"两指"在实践中，对于侦破重大案件起到了关键的作用，目前来看，具有一定的现实合理性。但从长期来看，刑事诉讼程序仍必须考虑如何从强调获取犯罪嫌疑人的口供向以技术侦查为主的现代型的侦破手段转型，以保障犯罪嫌疑人人权，防止程序异化。

（二）建立犯罪嫌疑人身份确立程序

一旦确立了犯罪嫌疑人身份，则侦查机关必须立案进入刑事诉讼程序，而前述行政调查程序显然要让位于刑事侦查程序。确立犯罪嫌疑人身份体现了对犯罪嫌疑人权利的保护，从而制约国家侦查权的滥用，防止刑事侦查程序异化。各国确立犯罪嫌疑人身份有两种方法：

其一，通过告知沉默权确定犯罪嫌疑人身份。国际上大多数国家在讯问犯罪嫌疑人时，都要履行一定的告知程序，而且主要以告知沉默权为主。美国确立"米兰达规则"，要求侦查官员在羁押讯问前必须告知被讯问人沉默权。英国1964年修订的《法官规则》

第1—3 条规定，警察为了解案情和收集证言，可以询问任何人……经过询问，如果警察怀疑被询问人可能是罪犯时，则告知嫌疑人有沉默的权利，此后，嫌疑人如果愿意回答警察的讯问，警察可以继续进行讯问。① 大陆法系德国法要求警察在第一次讯问嫌疑人时告知其被怀疑的行为、拒绝回答权以及律师帮助权，并不以嫌疑人已经被逮捕或以其他方式被剥夺人身自由者为限。问题在于：（1）一个人什么时候开始成为"嫌疑人"？（2）此处的"讯问"是什么意思？对此，德国法学理论界认为，如果警察只是进行一般性的询问，目的在于弄清楚有无必要针对某一特定人开展侦查，或者谁可能是参与犯罪之证人或未参与犯罪之证人，这样"广收资讯的询问"不需要事先告知拒绝回答权；而一旦警察在询问某人时，发现有"具体迹象显示"他可能是实施犯罪的人时，该询问就变成了对嫌疑人的"讯问"，因而需要提出权利警告。② 在这种立法体例中，被告知沉默权是犯罪嫌疑人享有的权利。对于知情人如证人，有协助警方查明犯罪事实的义务，不须告知沉默权，但除有可能导致其自证其罪外，且告知内容不同。由于这种被告知的权利内容在侦查阶段是专属于犯罪嫌疑人的，所以一旦被调查人被告知享有沉默权，无疑是确定了其具有犯罪嫌疑人的身份，从而受到相应的诉讼权利保障。

其二，专门告知被调查人成为犯罪嫌疑人。我国澳门特区《刑事诉讼法》第 47 条规定："一、成为嫌犯系透过司法当局或刑事警察机关向被针对之人作出口头或书面告知，以及说明及有需要时加以解释其因成为嫌犯而具有第五十条所指之诉讼上之权利及义务而为之。该告知内须指出自当时起该人在该诉讼程序中应被视为嫌犯。"第 48 条规定："一、在向一非为嫌犯之人作出任何询问期间，如有理由怀疑该人曾犯罪，则进行询问之实体须立即中止询

---

① 中国人民大学侦查系刑侦教研室：《中外刑事侦查概论》，中国政法大学出版社 1999 年版，第 314 页。

② 孙长永：《沉默权制度研究》，法律出版社 2001 年版，第 111 页。

问，并作出上条第二款所指之告知及说明。"① 我们也可以借鉴其规定。

目前在我国，犯罪嫌疑人仍具有如实供述义务，不享有沉默权，那么我国的告知程序应当以第二种立法为借鉴。笔者认为，我国该程序应明确在第一次讯问犯罪嫌疑人时告知犯罪嫌疑人已涉嫌什么犯罪，成为犯罪嫌疑人，并告知犯罪嫌疑人所享有的权利。如享有申请回避权，享有自行辩护权，可以在这一次讯问、强制措施之后聘请律师为其提供法律咨询，代理申诉、控告，如果其已被逮捕可为其申请取保候审等。当然，随着犯罪嫌疑人权利内容的变化，权利告知的内容应作相应的变化。同时规定，在向一非犯罪嫌疑人作任何询问期间，如有理由怀疑该人涉嫌犯罪行为，则进行的询问应立即中止，在作出上述权利告知后开始讯问。否则，由侦查机关提供其他证据证明其讯问笔录的合法性。

此外，赋予身份被异化为治安处罚程序违法者、刑事案件被调查者、接受纪律调查者的人，申请自己成为犯罪嫌疑人的权利。我国澳门特区《刑事诉讼法》第 48 条规定："二、涉嫌曾犯罪之人有权透过请求而成为嫌犯，只要正在实行某些旨在证实可否将事实归责该人之措施，而该等措施系影响其本人者。"② 这样，不但要求侦查人员有"有理由怀疑"某人曾犯罪时，明确作出确立其犯罪嫌疑人地位的告知程序，而且赋予被调查人对犯罪嫌疑人确立程序的启动权。在我国这样一个侦查权力过于强大的国家，这个权利显得尤为重要。笔者认为，应借鉴我国澳门特区刑事诉讼法的有关规定，被调查人只要认为侦查机关正在实行某些旨在证实将犯罪事实归责于该人之措施，而该措施足以影响其本人时，就可以申请自己成为犯罪嫌疑人，从而更好地防止刑事侦查程序异化。

---

① 赵秉志：《澳门刑法典、澳门刑事诉讼法典》，中国人民大学出版社 1999 年版，第 149 页。

② 同上。

（三）加强检察机关对侦查机关立案程序的监督

案件在立案后就必须启动刑事诉讼程序，从而能更好地防止刑事侦查程序的异化。目前，我国检察机关对于侦查机关的立案监督工作仍处于虚置的状态。一方面，检察机关对于公安机关立案监督的程序保障不足，如对检察机关可否调阅侦查机关的侦查案卷没有明确规定，如果不能调阅案卷，检察机关往往无法作出应否立案的决定；同时，检察机关也无法掌握公安机关的受案情况，从而无法真正有力地对公安机关应立案、不立案的情况进行监督。必须对上述情况加以完善。另一方面，检察立案监督部门与本院自侦部门同属一个机关，由于有关对自侦部门立案监督程序的法律规定很模糊，检察机关对于本院自侦部门立案情况的监督亦无法实现。而检察机关自侦案件的刑事侦查程序异化现象在一定程度上还是比较突出的，因此有必要规定上级检察院或者法院对该类案件的立案进行监督。

（四）完善非法证据排除规则

在确立沉默权制度的国家，没有履行沉默权告知程序将导致犯罪嫌疑人的口供被排除，在美国甚至要排除"毒树之果"。我国澳门特区《刑事诉讼法》第 47 条也规定：如有义务作出告知被调查人成为嫌犯之手续而不作出，或违反该等手续，"被针对之人所作之声明将不得作为针对该人之证据"。① 从该立法可以看出，针对犯罪嫌疑人，国家有义务在讯问之前告知其权利，否则将导致犯罪嫌疑人的口供被排除。其结果是，任何犯罪嫌疑人的口供能够成为证据，必须是在权利被告知之后犯罪嫌疑人自愿作出的口供。在这种情况下，刑事侦查程序不可能异化，因为权利告知即意味着进入刑事侦查程序，同时，侦查机关希望通过异化刑事侦查程序，通过其他程序中的手段获取证据而带来的利益，也就被彻底地消除。

---

① 赵秉志：《澳门刑法典、澳门刑事诉讼法典》，中国人民大学出版社 1999 年版，第 149 页。

但是，仅凭上述程序完善，并不能彻底解决刑事侦查程序异化的问题。异化问题的解决同时还要靠保障人权、程序独立价值等理念的重构以及执法者素质的提高、对违法者的严厉惩罚等许多配套制度的构建等。

第二节　对辩护律师办公场所或者
住宅搜查的程序控制

新刑法实施以来，我国刑事诉讼程序引入英美当事人主义对抗式诉讼机制，控方承担举证责任，加强了刑事诉讼中律师辩护的作用，诉讼的对抗性更加激烈。同时，由于《刑法》第 306 条对律师伪证、妨害作证罪规定的固有缺陷，司法实践中出现了一些辩护律师被刑事追究的现象。为了证实辩护律师的犯罪行为，侦查机关可能搜查辩护律师的办公场所或者住宅。同时，由于高素质、专业化辩护律师的出现，使得辩护方也能掌握更多对控方有利的证据，这也诱发了控方可能通过搜查辩护律师的办公场所或者住宅以获得该证据。实践中，我国已经出现了较多的对辩护律师的办公场所或者住宅进行搜查的案例。为了防止侦查权利的滥用，保护辩护律师的合法权益，笔者认为应当对搜查辩护律师的办公场所或者住宅进行限制。

一、对搜查辩护律师的办公场所或者住宅进行限制的理论依据

（一）对辩护律师的尊重

英国早期的判例认为，律师执业活动所固有的高尚和尊严具有广泛的价值。① 在现代社会的法治建设中，大多数国家将律师、法

---

① 王进喜：《刑事证人证言论》，中国人民公安大学出版社 2002 年版，第 97 页。

官、检察官视为同一职业共同体，在日本三者都被称为"法曹"，都应当受到法律的特别尊重，很多法律设计都建立在对其职业信任的基础上。例如，不得对辩护律师与被告人的会见进行监听，辩护律师与被告人的通信不得拆看等。对搜查辩护律师办公场所或者住宅进行特殊限制，正是体现了对辩护律师作为法律工作者，而与普通公众不同的特殊地位的尊重。

（二）保障辩护权的需要

如果可以随意搜查辩护律师办公场所或者住宅，一旦查获了对被告人不利的证据就作为呈堂证供，获得对被告人有利的证据就采取相应的防范措施，那么当事人就可能失去对辩护律师的信任，对辩护律师心存戒心，对其持不信任、不合作的态度。如果被告人对辩护律师隐瞒实情，不坦率地、完整地、真实地对辩护律师陈述案件情况，阻碍了辩护律师全面、深入地了解案情，将导致辩护律师在法庭上难以提供充分的、强有力的辩护，使律师辩护流于形式。没有辩护律师的帮助，被告人的辩护权很难得到充分的保障，进而导致整个辩护制度的功能的严重削弱。而辩护律师对案件情况了解得越清楚，就越能更好地履行自己的辩护职责。因此，对搜查辩护律师的办公场所或者住宅进行限制是保障被告人和辩护人的辩护权的重要制度，是辩护制度存在和发展的迫切需要。

（三）作为职业秘密特免权的自然延伸，是维护其他社会重要利益的需要

在刑事诉讼中，辩护律师具有保密特权。辩护律师的保密特权是指，在刑事诉讼中，即使辩护律师具有证人的适格性，仍然能够就其因提供法律服务而从委托人（被告人）处知悉对被告人不利的秘密信息拒绝作证。这是证据法上的一项特权，目的在于保护特定关系和利益。正如美国证据法学教授华尔兹所说："特免权存在的一个基本理由是：社会期望通过保守秘密来促进某种关系。社会极度重视某些关系，宁愿为捍卫秘密的性质，甚至不惜失去与案件结局关系重大的情报。例如，很难想象有什么事情比'律师—当

事人’特免权更能阻碍事实的查明。"[①] 荷兰最高法院曾指出："任何人必须能够自由地获得（被信托而知悉有关秘密信息的人的）帮助和建议，并且无须担心上述信息会被公开，这一社会利益，超过了在法庭上公开有关事实而获得的社会利益。"[②] 被指控犯有间谍罪的美国空军翻译艾哈迈德·哈拉比的辩护律师，在其办公场所被搜查之后就认为，此次搜查行动是"史无前例的"，只能被理解为"有意无视"律师与当事人的合法关系。[③] 根据我国《律师法》第 38 条以及《律师职业道德和职业纪律规范》第 9 条规定，律师应当保守在执业活动中知悉的国家秘密和当事人的商业秘密，不得泄露当事人的隐私。这就涉及了律师的职业秘密特权。而辩护律师的办公场所和住宅都是可能储存与辩护律师职业秘密有关的文件和物品的场所，因此有必要在搜查程序上给予特别保障。立法对搜查辩护律师办公场所或者住宅进行限制，是辩护律师职业秘密特免权的自然延伸。

（四）防止滥用职权，保障控辩平衡的需要

在刑事诉讼中辩护律师作为被告人的代言人，其责任是根据事实和法律，提出证明犯罪嫌疑人、被告人无罪、罪轻或者减轻、免除其刑事责任的材料和意见，维护犯罪嫌疑人、被告人的合法权益。从某种意义上说，其站在了侦查机关、检察机关的对立面。辩护律师在业务中可能收集到对控方有利的证据；这些证据主要保存在辩护律师的办公场所或住宅中。然而实际上，侦控机关具有强大的侦查权，辩护律师处于弱势地位，如果不进行程序控制，会极大地诱发侦控机关滥用职权，搜查辩护律师的办公场所或住宅，以获

---

① ［美］乔恩·R. 华尔兹：《刑事证据大全》，何家弘等译，中国人民公安大学出版社 1993 年版，第 283 页。

② 王进喜：《刑事证人证言论》，中国人民公安大学出版社 2002 年版，第 99 页。

③ "哈拉比辩护律师办公室突遭搜查"，载《合肥晚报》2003 年 12 月 17 日。

取有利于控方的证据；甚至出于刑事诉讼程序对抗产生的对辩护律师的不满，进行职业报复，这种情形在我国已经出现。因此，如果对辩护律师没有特殊的保护，侦控机关可随意搜查辩护律师的办公场所或者住宅，而缺乏司法控制、程序制约，那么控辩之间的平衡将会被打破，很难建立起控辩双方平等对抗的法律关系。

二、我国对辩护律师的办公场所或者住宅搜查的制度规范

目前，在我国并没有关于对辩护律师的办公场所或者住宅进行搜查时的程序限制，该程序与对其他普通对象的搜查一样，都是由侦查机关直接发动的，无须像批捕程序一样由检察机关批准，更没有中立法官的司法控制。在诉讼对抗性加剧的今天，对辩护律师的办公场所或者住宅进行搜查从程序上进行限制十分必要。

（一）启动搜查程序的控制

1. 程序启动的司法控制。事实上，无论英美法系国家还是大陆法系国家，多将搜查权分割为搜查决定权和搜查执行权，并将前者赋予司法机关，一般由中立的法官决定，实行搜查启动的司法令状主义。对辩护律师的办公场所或住宅进行搜查，如果由侦查机关或检察官决定，由于侦查机关或检察官与辩护律师在诉讼上的对抗性，极易诱发非法搜查的发生，对辩护人的权利保障十分不利，因此更有必要对搜查采取司法令状主义。所以，意大利侦查期间的搜查原则上必须由法官或检察官批准，但规定检察官不能直接决定对律师的办公场所进行搜查，必须由法官决定。① 因此，我国目前由侦查机关自行决定对辩护律师办公场所或住宅进行搜查的做法必须改革，长远看来应当由中立的法院决定。但在目前我国未采取司法令状主义的前提下，应当由检察机关决定，并且提高决定权主体的

① 孙长永：《侦查程序与人权》，中国方正出版社 2000 年版，第 109 页。

级别，如由省级检察机关决定。

2. 搜查理由的特定化。任何搜查都必须具备一定的理由和根据，但对辩护律师的办公场所和住宅进行搜查的理由须有特定的要求。如意大利刑事诉讼法第 103 条第 1 款规定："只有在下列情况下才允许对辩护人的办公室进行检查和搜查：1）辩护人或其他在同一办公室稳定地从事工作的人是刑事被告人，而且搜查的目的仅仅是调查他们被指控的犯罪。2）为了寻找犯罪痕迹和其他犯罪物品，或者为了搜寻特定的物或人。"① 可见，搜查辩护律师的办公场所必须是为了指控在该办公场所从事工作的人的犯罪行为，或者为了搜查特定的物体或人，不允许为了获得辩护律师收集的对被告人不利的被告人的供述和证人证言，而搜查辩护律师的办公场所或者住宅。

（二）搜查执行主体的特定化

搜查的执行包括搜查时间或范围的确定、见证人的选择、笔录制作以及搜查的注意义务等诸多细节问题。搜查过程中虽然极少出现，但是仍可能出现为诬告陷害将有关涉嫌犯罪的物品放置在搜查场所中，或者搜查笔录的制作不能反映真实的搜查情况等。因此，对辩护律师办公场所或住宅的搜查仍然需要由客观中立的机关负责执行。意大利刑事诉讼法第 103 条第 4 款规定："法官应当亲自进行对辩护人办公室的检查、搜查和扣押；在初期侦查期间，公诉人根据法官的批准令亲自参加上述活动。"② 法国刑事诉讼法第 56 条规定，搜查律师办公室或住宅，必须由一名法官进行。③ 我国也必须设立此类的规定，搜查时应当请法院派员主持搜查的执行。

① 《意大利刑事诉讼法典》，黄风译，中国政法大学出版社 1994 年版，第 103 页。

② 同上。

③ 《法国刑事诉讼法》，谢朝华、余叔通译，中国政法大学出版社 1998 年版，第 28 页。

（三）律师协会参与监督

出于对律师行业的尊重，防止法律共同体之间的猜疑和不满，有必要由律师协会的人员参与监督搜查的执行。律师协会参与对辩护律师办公场所或者住宅搜查的监督，对防止违法搜查，维护辩护律师的权益起着重要的作用。意大利刑事诉讼法第 103 条第 3 款规定："在准备对辩护人的办公室进行检查、搜查或扣押时，司法机关必须通知当地的律师行业委员会，以便该委员会的主席或一名委员能够参加有关活动。如果该委员会的主席或一名委员参加并提出有关要求，应当交给他一份决定副本。"① 法国刑事诉讼法第 56 条规定："搜查律师办公室或住宅，必须有律师公会会长或其代表在场。"② 我国也应当规定搜查辩护律师办公场所或住宅时应当通知当地律师协会，由其派人参与对搜查的监督。

（四）对扣押的限制

辩护律师的办公场所和住宅可能保存了许多与其当事人有关的私人秘密，所以对搜查后的扣押行为应当进行限制。意大利刑事诉讼法第 103 条第 2 款规定："不得在辩护人和技术顾问身边扣押同辩护对象有关的纸张或文件，除非它们是犯罪物品。"该法第 6 条还规定："禁止对被告人与其辩护人之间的通信进行扣押或检查，除非司法机关有充分理由认为有关信件属于犯罪物品。"③ 日本刑事诉讼法第 105 条规定："辩护律师，对由于受业务上的委托而保管或者持有的有关他人秘密的物品，可以拒绝扣押。但本人已经承诺或者拒绝扣押可以认为只是为被告人利益而滥用权利（是被告

---

① 《意大利刑事诉讼法典》，黄风译，中国政法大学出版社 1994 年版，第 103 页。
② 《法国刑事诉讼法》，谢朝华、余叔通译，中国政法大学出版社 1998 年版，第 28 页。
③ 《意大利刑事诉讼法典》，黄风译，中国政法大学出版社 1994 年版，第 103 页。

人本人时除外）时，以及具有法院规则规定的其他事由时，不在此限。"① 我国也应当参照上述规定对搜查辩护律师办公场所或住宅时的扣押进行限制。

近年来出现的一系列侵犯辩护律师权益的现象，导致了我国刑事辩护业务的倒退，刑事辩护率大为下降，这对于被告人权利的保障是非常不利的。同时，随着我国刑事诉讼进一步走向当事人主义，控辩之间的对抗将会越来越加剧。如何强化辩护律师在刑事诉讼中的作用和地位，是一个日趋重要的课题。在刑事诉讼再修改的时候，规定有关对搜查辩护律师办公场所或者住宅进行程序限制的制度，无疑是十分必要和重要的。

第三节　刑事拘留制度之理论与实践的悖反②

刑事拘留是指在紧急情况下，对现行犯或者重大嫌疑人所采取的剥夺其人身自由的一种临时性的强制措施。当前，对于刑事拘留的现状已经有一些基本的认识，但是缺乏深入的考察和实证的分析。在司法实践中，刑事拘留制度贯彻实施如何？犯罪嫌疑人被刑事拘留的时间实际上有多长？如何改革与完善？带着此问题，笔者对江西省宜春市检察院的批捕及公安的刑拘情况进行了深入的调查。

一、我国刑事拘留的异化

笔者调查了宜春市③近年来报捕案件刑事拘留的基本情况。从

---

① 《日本刑事诉讼法》，宋英辉译，中国政法大学出版社 2000 年版，第 27 页。

② 该节系与皮德艳合著。

③ 宜春市位于江西省西北部，下辖 10 个县级行政区域，对应 10 个县级检察院。宜春市总面积 1.87 万平方公里，总人口 520 多万。2003 年，全市实现国内生产总值 249.5 亿元，城镇居民人均可支配收入 6516 元，农村居民人均纯收入 2689.53 元。

调查来看，实践中的刑事拘留制度存在以下问题。

（一）刑事拘留强制措施常规化

拘留的对象必须是现行犯或者是重大嫌疑分子，且具有法定的7种紧急情形。① 但是，实践中，刑事拘留变异为一种常规强制手段。这表现在两方面：

一方面，形成"广刑拘、窄报捕"的格局。即大量案件刑事拘留，其中小部分报捕，还有大部分案件在刑事拘留后并没有报捕，两者数额差距非常大：2004 年报捕犯罪嫌疑人 947 人，而被刑拘犯罪嫌疑人总数 3440 人，前者是后者的 27.53%。2005 年 1—8 月的比例是 20.76%。

那么，这些案件是怎么处理的呢？笔者抽查了下级高安市和袁州区两个县级检察院。2005 年 7—12 月，高安市刑拘总人数 207人，刑拘后未报捕 113 人，这些人是这样消化处理的：取保候审44 人，证据不足释放 5 人，劳动教养 38 人，转外地公安处理 7人，转治安处罚 1 人，不需要追究刑事责任 16 人，送少年教管 2人；袁州区刑拘总人数 548 人，刑拘后未报捕 263 人，这些人是这样消化处理的：取保候审 33 人，劳动教养 55 人，转外地公安处理58 人，转治安处罚 1 人，证据不足、不需要追究刑事责任 116 人。

另一方面，在公安机关报捕的案件中犯罪嫌疑人被先行拘留的比例高达 85% 以上。② 袁州区所有报捕的案件中，犯罪嫌疑人被拘

---

① 我国《刑事诉讼法》第 61 条规定，公安机关对于现行犯或者重大嫌疑分子，如果有下列情形之一的，可以先行拘留：（一）正在预备犯罪、实行犯罪或者在犯罪后即时被发觉的；（二）被害人或者在场亲眼看见的人指认他犯罪的；（三）在身边或者住处发现有犯罪证据的；（四）犯罪后企图自杀、逃跑或者在逃的；（五）有毁灭、伪造证据或者串供可能的；（六）不讲真实姓名、住址，身份不明的；（七）有流窜作案、多次作案、结伙作案重大嫌疑的。

② 正因为此，本调查具有更大的意义，因为很少存在不经过拘留而提交逮捕的案件，从而该调查能够较好地整体反映犯罪嫌疑人在报捕前的处境。

留的占 98. 29%；高安市也高达 87. 6%。袁州区仅有 4 个人是直接
逮捕而没有先行刑事拘留，这是由于犯罪嫌疑人是网上追逃而抓获
的，此前早下达了通缉令。其他各地的情况也大致如此。

（二）刑事拘留期限延长常规化

我国《刑事诉讼法》第 69 条规定，公安机关对被拘留的人，
认为需要逮捕的，应当在拘留后的 3 日以内，提请人民检察院审查
批准。在特殊情况下，提请审查批准的时间可以延长 1 日至 4 日。
对于流窜作案、多次作案、结伙作案的重大嫌疑分子，提请审查批
准的时间可以延长至 30 日。可见，刑事拘留期限延长一般在出现
特殊情况时使用。但实践中，刑事诉讼法规定的特殊、例外情形也
变成了一种普遍现象（详见表一）。一方面，在司法实践中，公安
机关往往不论案情繁简，绝大部分案件都延长了刑事拘留时间。3
日内报捕的案件占总数的比例不超过 6%。笔者在高安市检察院调
查时了解到，公安机关在办理拘留手续的同时，就普遍办好了延长
1 日至 4 日的审批手续，而不是根据案件的需要。当案件"例外"，
3 日内就可以报捕时，其又将延长的手续撤回。另一方面，2003 年
30 日内提请报捕的案件占报捕案件总数的 84. 57%；2004 年的比
例达 76. 56%；2005 年 1—8 月的比例达 77. 86%。也就是说，75%
以上的案件都适用延长至 30 日的法律规定。

表一：宜春市公安机关① 2003 年至 2005 年 8 月
刑事拘留后报捕期限的统计（单位：人）

年 份	3 日内报捕	7 日内报捕	30 日内报捕				报捕的案件总数
			流窜作案	多次作案	结伙作案	30 日内报捕总数	
2003 年	66	76	78	189	237	778	920
2004 年	48	155	75	170	205	663	866
2005 年 1—8 月	33	118	32	131	114	396	547

（三）大量案件报捕时犯罪嫌疑人的实际拘留时间长达近30 天

虽然将案件的报捕时间延长至 30 日，但由于这只是个时限的规定，并不意味着所有的案件中犯罪嫌疑人的羁押时间相同，7—30 日之间有 23 天之长，具体研究犯罪嫌疑人在报捕前实际被拘留了多少日②具有重大的意义。抽查表明（详见表二），袁州区 2005年 7—12 月，刑拘后延长至 30 日的案件中近 68.19% 的犯罪嫌疑人被刑拘长达 25—30 日。而高安市 2005 年 7—12 月，延长至 30 日的案件中近 51.2% 的犯罪嫌疑人被刑拘长达 25—30 日。

---

① 有一部分为检察机关自侦部门报捕的案件，其拘留报捕时间与公安机关的拘留报捕时间并不相同。但由于这类案件非常少，比如宜春各看守所2004 年总报捕人数有 947 人，公安机关就占 866 人，两者差额 81 人皆为自侦案件，不到总数的 8%，所以调查以公安机关采取刑事拘留措施的数据代表整个的刑拘数据。

② 犯罪嫌疑人实际被刑事拘留的时间应当是报捕时刑拘时间加上检察机关审查批捕时间。但由于审查批捕要求在 7 日之内完毕，实践中的批捕时间都在 4—7 日，差异不大，而且只有在刑事拘留之后才产生报捕期限的问题，所以以报捕时间替代刑事拘留时间。

表二：2005 年 7—12 月犯罪嫌疑人被审前羁押的时间

抽调地点	延长至 30 日案件人数	7—15 日	15—20 日	20—25 日	25—30 日	平均被关押天数
袁州区	305 人	6 人	30 人	61 人	208 人	28 日
高安市	207 人	51 人	24 人	26 人	106 人	24.5 日

（四）刑事拘留期限延长的审批手续虚置化

目前，我国刑事拘留的延长采取公安机关的内部控制程序，即由公安局局长审查批准。从调查来看，内部控制的立法意图基本落空。一方面，对刑事拘留时间延长至 7 日根本没有进行控制。高安市公安机关在刑拘的同时就办好了延长 7 日的手续，能很好地说明这个问题。另一方面，凡是要求延长至 30 日的请求绝大多数能得到批准。一般认为，三类案件只有案情复杂、取证困难才应当延长期限。但实践中，公安机关普遍将三类案件的报捕时间理解为 30日，而不是根据案情的需要，基本上所有的三类案件都延长至 30日。更为严重的是，大量案件并非"流窜作案、多次作案、结伙作案"的重大嫌疑分子，根本不符合延长至 30 日的条件，而公安机关仍然以各种理由甚至不说明任何理由而将刑拘期限延长至 30日。宜春市 2004 年延长至 30 日的案件有 663 件，其中三类案件有 450 件，两者差额 213 件，这说明占延长 30 日案件总数 32.13% 的非三类案件被不当延长至 30 日；2005 年 1—8 月延长至 30 日的有396 件，其中三类案件有 277 件，仍有 119 件即占延长 30 日案件总数 30.05% 的非三类案件被不当延长至 30 日。大量案件明显不是三类案件，根本不符合延长条件，仍被非法延长至 30 日，反映了审批手续的虚化。

任意延长刑事拘留时间的做法严重地损害了犯罪嫌疑人的权利，其性质是一种变相的超期羁押。根据无罪推定原则，犯罪嫌疑人在被法院宣判有罪以前都应当被视为无罪，羁押只有在必要的情况下才可为之，但上述现状显然违背此原则。犯罪嫌疑人审前普遍受到了侦查机关长时间的、任意的拘留。犯罪嫌疑人被关押在看守所，对犯罪嫌疑人的工作和生活造成十分巨大的负面影响。犯罪嫌疑人及其家庭都将受到社会的歧视。由于刑拘时间过长，犯罪嫌疑人往往会因此而丧失自己的工作，甚至有的家庭出现危机。为了能让犯罪嫌疑人早日释放出来，不惜托熟人、找关系、行贿，从而导致渎职违法、犯罪的发生，侦查机关权力寻租现象十分普遍。而且，由于犯罪嫌疑人被长期关押于看守所，心理压力非常大，这还会导致一些犯罪嫌疑人违背客观事实，作出符合侦查机关愿望的供述。所以，在美国联邦和大多数州，嫌疑人被捕后如果超过6个小时仍没有被提交到法官面前，其供述的自愿性就可能受到怀疑。①但我国却缺乏此类规则，可能影响到事实真相的发现。

二、我国刑事拘留异化之内在成因

我国刑事拘留出现上述问题是多方面原因共同合力的结果，既有合法的也有非法的，既有制度上的也有程序上的，既有法律内的也有法律外的。但总的来说，主要原因在于：

（一）执法观念上有偏差

办案人员在观念上重实体、轻程序，重打击犯罪、轻被告人权利保护。侦查人员把应付紧急需要的后备刑事强制手段——刑拘误解为法律赋予侦查机关的常规手段，并且将刑事拘留报捕期限错误理解为30日以内。侦查机关认为：如果犯罪嫌疑人是有罪的，则反正刑事拘留时间可以折抵判决所确定的刑期，多关几天、少关几天都是没有关系的；如果犯罪嫌疑人是无罪的，则只要最终没有被起诉、审判、定罪，多刑拘几天也是无关紧要的。正是这种错误思想导致侦查机关在刑拘后，没有迅速将案件报捕的紧迫感，而任意延长刑事拘留期限。公安局长的内部审批程序不能发挥其应有的制约作用。同时，近年来，虽然程序正义的价值逐步得以倡导，但刑

---

①　李义冠：《美国刑事审判制度》，法律出版社1999年版，第23页。

事司法实践中还是更偏重于追求实体正义。侦查机关的行为动机首要还在于破案，查明案件的事实真相。这个目标为刑事拘留期限延长提供了动因。因为通过延长刑事拘留时间，可以给犯罪嫌疑人造成巨大的心理压力，从而迫使其作出有罪供述。刑事拘留作为一种特殊情况下备用的预防性强制措施被常规工具化。

（二）立法上存在漏洞

首先，法律规定，"在特殊情况下，提请审查批捕的时间可以延长一日至四日"。但什么是"特殊情况"，显然过于模糊，随意性很大，留下了非常大的自由裁量空间，也为权力滥用留下了隐患。其次，刑事诉讼法之所以规定第 69 条第 2 款，是因为这三类案件可能"案情复杂、取证困难"。但事实上，并不是所有的三类案件都"案情复杂、取证困难"。该条笼统规定三类案件可以延长至 30 日，没有增加"案情复杂、取证困难"之类的限制字眼，导致侦查机关不区分案件的难易程度而普遍将三类案件延长至 30 日。再次，三类案件的认定标准也具有模糊性，且缺乏外部审查，导致可以很容易地变更报捕期限。《公安机关办理刑事案件程序规定》第 110 条规定："流窜作案，是指跨市、县管辖范围连续作案，或者在居住地作案后逃跑到外市、县继续作案。多次作案，是指三次以上作案。结伙作案，是指二人以上共同作案。"但是实践中，表现出非常大的随意性。调查发现，凡是犯罪嫌疑人户籍所在地不是办案机关管辖范围的都被视为流窜作案。由于采取内部审批，在案件侦查终结时可以调整作案的次数，缺乏外部制约，存在为了延长刑拘期限而虚构犯罪事实以符合"多次作案"或"结伙作案"情形的现象。

（三）以口供为中心的相互印证的办案模式导致刑拘常规化及刑拘期限延长

目前，我国刑事诉讼中实行相互印证的证明模式。这种证明模式对口供极其依赖。在案件的侦查阶段，侦查机关将大量的精力用于获得犯罪嫌疑人口供。一般情况下，侦查机关仅仅获得一些简单的外围间接证据之后，就开始强化讯问犯罪嫌疑人，以期在获得犯罪嫌疑人的口供之后，再根据犯罪嫌疑人的口供去寻找其他证据来印证被告人的口供。同时，在讯问过程中又强调被告人的供述和已经掌握的证据相互印证，而且相互印证了才敢定案。这种证明模式要求通过刑拘手段对被告人进行人身控制，制造讯问压力以获取口供，获得口供后还要寻找证据来印证口供，在获得印证证据之后才将犯罪嫌疑人报捕。没有获得相互印证的证据在其看来是不符合逮捕条件的。但是，随着刑事诉讼中人权保障制度的进一步完善，口供越来越难于获得。同时，采取刑拘措施时所掌握的情况证据，实际上只能预示一种犯罪嫌疑，要证明犯罪事实还远远不够。正是因为获取口供和印证证据需要大量时间，往往不能在 3 日完成，导致不得不延长刑拘时间。

（四）拘留标准过低，逮捕标准过高，需要延长刑拘期限取证

我国立法上缺乏明确的刑事拘留的证据标准。由于刑拘由公安机关内部控制，实践中拘留的证据标准掌握得较低，往往某人一有犯罪嫌疑，或者有某一间接证据就将犯罪嫌疑人刑拘。公安机关可以以犯罪嫌疑人可能逃跑或者毁灭、伪造证据或者有串供可能为由，先将犯罪嫌疑人拘留。而逮捕是由检察机关审查的，检察机关在决定是否逮捕时，根据刑事诉讼法的要求，须"有证据证明有犯罪事实"。但是，调查中发现，实践中检察机关为了防止错案，防止出现国家赔偿，影响工作业绩，往往将案件的逮捕标准掌握为事实清楚，证据确实、充分或略低于此证明标准，将其等同于起诉标准，或者即使不等同也高于刑事诉讼法文本中规定的逮捕的证据标准。同时，由于公安机关一些办案人员在办案中存在误区，认为提请批准逮捕的证据越多越好，越完善越好，往往是提请批准逮捕前就将所有的证据全部收集。所以，刑拘后有大量的事实需要查明，大量的证据需要收集。而在各地警力资源、办案经费短缺的条件下，必然要延长刑事拘留时间来取证。我国台湾地区刑事诉讼法第 228 条规定："实施侦查非有必要，不得先行传讯被告。"林山

田先生对此分析认为："在证据搜集尚未齐全之前，即先行传讯犯罪嫌疑人或被告，往往容易导致滥行羁押之不良后果，因为传讯后，为恐被传讯人逃亡，往往就会以虑逃亡为理由，而申请羁押，造成先押人、后找证据之不当侦查，严重滥用羁押，而破坏人权。"① 此分析放在对延长拘留期限的成因分析上也是同样适用的。

（五）给被告人压力以使其进行赔偿，从而解决纠纷

侦查人员对犯罪嫌疑人实施羁押有两点"灰色"的原因：一是为了获取口供，二是为了自身经济利益。所谓获得经济利益主要是对一些故意伤害案件以及经济犯罪如诈骗类型案件，犯罪嫌疑人如进入刑事诉讼程序则需要附带民事诉讼的赔偿请求履行义务。这时如果犯罪嫌疑人有赔偿能力，公安机关则对其予以羁押，于是能够很快赔偿受害人，而公安机关也可以作为治安案件处理，对犯罪嫌疑人进行罚款。② 很多犯罪嫌疑人都存在要么判刑，要么赔钱的心理。判了刑就不愿意赔钱。在一些故意伤害和交通肇事的案件中，为了使被害人得到赔偿，公安机关往往会通过刑拘犯罪嫌疑人，给其制造压力，从而使犯罪嫌疑人对被害人进行赔偿，一旦赔偿后，往往将案件消化，不再移送审查起诉。但是为什么公安机关愿意为了被害人的赔偿问题而违反刑拘法律规定呢？由于我国存在一些轻罪案件，可以选择公诉或自诉，这为此类行为提供了操作的空间。同时，公安机关也强调办案社会效果，为了不使纠纷激化，公安机关愿意以刑拘促赔偿。而且，这也涉及公安机关与被害人、被告人之间交易的问题。再者，案件一旦报捕、起诉则需要进行大量的侦查工作，而侦查经费又紧缺，所以宁愿以这种方式消化案件。

---

① 陈永生：《侦查程序原理》，中国人民公安大学出版社 2003 年版，第 171 页。

② 唐亮："中国审前羁押的实证分析"，载《法学》2001 年第 7 期，第 33 页。

（六）公安机关希望通过刑事拘留收取"取保候审金"、"罚款"，以弥补经费不足

目前，笔者所调查的地方公安机关的办案经费普遍非常紧张。国家的财政拨款严重不足。为了弥补办案经费的不足，公安机关往往将一些案件的刑拘时间延长，以给犯罪嫌疑人及其家属制造压力，从而收取罚款。在收取一笔"罚款"、"取保候审金"之后将犯罪嫌疑人释放，不再进行刑事追诉。同时，刑事拘留也被一些侦查部门用做地方保护、部门保护，非法插手民间经济纠纷，迫使对方就范的手段。

三、我国刑事拘留制度的改革

从调查来看，可以得出一个结论，刑事诉讼法规定的刑事拘留制度基本上被突破。1996 年修改刑事诉讼法时，为了弥补收容审查取消带来的强制力度缺乏，在妥协之后留给公安机关以应付特殊情况的"延长至三十日"的后备措施，成为一种常规的手段。有必要对我国的刑事拘留制度进行改革。

（一）立法与执法理念的转变

必须明确刑事拘留措施应急性、临时性的特点，不能将之作为一种常规的强制手段。执法人员应当在刑事诉讼中遵循程序正义的理念，树立实体与程序并重，打击犯罪与保障犯罪嫌疑人权利并重的执法思想。根据笔者调查，看守所的条件远远低于监狱的条件，犯罪嫌疑人在看守所的待遇堪忧。我国"看守所作为临时羁押场所，居住、卫生条件与监狱存在较大差距，而且为防止发生妨害诉讼行为，未决在押人员的通讯权、会见权也受到较大限制"[1]。另外，由于我国存在审前羁押多久就判多久的量刑底线的倾向，认为

---

[1] 侯晓焱、刘秀仿："关于刑事拘留期限延长的实证分析——兼谈刑事诉讼法第六十九条的适用与完善"，载《人民检察》2005 年第 11 期（下），第 48 页。

刑事拘留可以抵刑从而并不影响实体权利的看法并不正确。事实上，法律规定的报捕期限只是一个最后期限，不应存在将期限用足的错误思想。侦查机关应当尽快将案件查明，只要符合报捕条件就应当迅速不迟延地将案件报捕。公安机关不应只重视执法社会效果，应当以依法办案为前提，追求社会效果。在法律效果与社会效果冲突的情况下，应强调依法办案。公安机关不应牺牲犯罪嫌疑人的权利以换取和解，对被害人赔偿。同时，必须保障公安机关有足够的办案人员和办案经费。

（二）明确刑事拘留的证据标准

对于没有一定的证据证明犯罪嫌疑人具有重大嫌疑之前，不应突破法律先行拘留。我们可以参考美国的无证逮捕的证据标准。美国无证逮捕的证据标准是"可能原因"，实质上也就是普通法上所谓"合理的根据"（Reasonable Grounds），其本质是一种有证据基础的现实可能，而不是单纯的怀疑，它虽然不要求达到可以据以定罪的程度，但总的要求是必须有一定的证据（如被害人或知情人的报案等）表明某个特定的人犯了特定的罪。对此，美国权威学者的解释是要有超过 50% 的可能性。[1] 而且，公安机关要敢于在"有证据证明被告人有犯罪事实"，证据并不确实、充分的情形下报捕。同时，检察机关在审查批准逮捕时，应以"有证据证明被告人有犯罪事实"为逮捕的证明标准，不应拔高逮捕的证据标准。

（三）构建刑拘后迅速进行审查的程序

我国的刑拘相当于国外的无证逮捕。无证逮捕是法律赋予警察的一种应对紧急情况的特殊权力，所以有的国家称为"紧急逮捕"，也有的称为"暂时逮捕"。其逮捕的对象是"现行犯"。[2] 但是国外在无证逮捕之后都必须立刻带到法官面前，以获得法官的批准。西方各国，警察、检察官在自行决定并实施逮捕后，必须尽快

---

① 孙长永：《侦查程序与人权》，中国方正出版社 2000 年版，第 79 页。
② 孙谦：《逮捕论》，法律出版社 2001 年版，第 60 页。

将被捕者提交司法官员进行审查。这种审查是在逮捕后实施的，所要解决的是羁押的合法性与必要性的问题。当然，在几乎所有大陆法系国家，警察逮捕后应尽快（一般在 48 小时以内）将犯罪嫌疑人提交给检察官。后者对逮捕的合法性要进行事后审查，然后将那些符合羁押条件的犯罪嫌疑人移交法官审查。① 美国法律和判例要求警察在将嫌疑人提交法官面前问题上不得有"不合理的拖延"。在美国，凡是无证逮捕，必须在逮捕后迅速带至治安法官处对是否存在"可能原因"进行司法审查。通常情况下，这种审查至迟必须在逮捕之后的 48 小时内进行，否则，除非政府可以证明存在非常特殊的情况，将导致继续羁押成为"不合理"的，从而构成违宪；另一方面，即使在 48 小时内进行审查，如果被捕人能够证明这种审查是被"不合理地拖延"了的，仍然构成违宪。② 从调查来看，我国的刑拘非常混乱，大量的犯罪嫌疑人被关押长达近 30 天，而没有司法控制。这对犯罪嫌疑人的权利造成十分巨大的损失。所以，从长远来看，我国也有必要规定对侦查机关的刑拘进行审查的程序。笔者建议可以规定在刑拘之后的 3 日内，由一定的机关对其进行审查，审查刑拘手段的合法性和延长拘留期限的必要性。目前，由检察机关承担比较合适。

（四）刑事拘留期限延长变公安机关内部审批为检察院批准

检察机关作为法律监督机关，必须加强对刑事拘留措施的监督。调查表明，公安机关对刑事拘留期限延长的内部审查制度不能实现制约拘留权滥用的功能，因此必须引入其他机关对此进行审批。特别是"延长至三十日"对犯罪嫌疑人权利影响巨大，必须规定由外部机构进行审查。目前，可以规定由检察机关进行审批。应当规定三类案件只有在"案情复杂、取证困难"有必要延长羁

---

① 陈瑞华："审前羁押的法律控制——比较法角度的分析"，载《政法论坛（中国政法大学学报）》2001 年第 4 期，第 100—102 页。

② 孙长永：《侦查程序与人权》，中国方正出版社 2000 年版，第 77 页。

押期限的情况下才能延长。在立法上，建议对《刑事诉讼法》第69条第2款修改为："对于流窜作案、多次作案、结伙作案的重大嫌疑分子，因案情复杂、取证困难，经同级人民检察院批准，提请审查批准的时间可以延长至三十日。"同时，公安机关拘留犯罪嫌疑人后，应当将拘留的有关情况通报检察机关，便于检察监督。

第四节 返还被害人财物程序问题探析

一、由案例引发的思考

笔者在调研时发现这样一个疑难案例：2007年，江西某县公安机关在办理一起合同诈骗案时，追缴了犯罪嫌疑人黄某35万元，并将其发还给了被害人赖某，后因检察机关在审查起诉时认为该案属于经济纠纷，作出绝对不起诉决定。黄某开始上访控告公安机关违法办案，要求公安机关退还其被扣的35万元。于是，公安机关要求赖某将此款退回黄某，但赖某坚决不同意。公安机关迫于压力，只得自行垫付35万元还给黄某。此后，公安机关以不当得利为由，对赖某提起民事起诉，追讨35万元。但是法院认为返还赖某35万元的行为属于司法行为，以司法行为不可诉为由不受理此案。那么问题产生了，该如何区分司法行为与行政行为？公安机关、被害人、犯罪嫌疑人分别可以启动何种司法程序？公安机关应通过何种方式向赖某追回垫付的35万元？

我国刑事诉讼程序中存在追缴及返还被害人财物制度。根据我国《刑法》第64条的规定，犯罪分子违法所得的一切财物，应当予以追缴或者责令退赔；对被害人的合法财产，应当及时返还。对公安机关而言，其返还的程序应遵循《公安机关办理刑事案件程序规定》第220条第2款的要求，对被害人的合法财产及孳息，应当在登记、拍照或者录像、估价后及时返还，并在案卷中注明返还的理由，将原物照片、清单和被害人的领取手续存卷备查。并且，根据最高人民法院《关于刑事附带民事诉讼范围问题的规定》第5

条，因犯罪分子非法占有、处置被害人财产而使其遭受的物质损失，应当通过追缴赃款赃物、责令退赔的途径解决，而不能通过附带民事诉讼的方式解决。

所以，对于犯罪分子非法占有、处置的被害人财产，在侦查阶段时可由侦查机关直接追缴并返还被害人，而不需要通过司法裁判的方式解决。该制度的立法目的是为了更好地保护被害人权利，使其受到犯罪侵害的权利能尽早地恢复，特别是当被害人急需该财产解决生产、生活之需时，该制度的功能得以彰显。

在司法实践中，侦查机关常常在刑事侦查阶段[1]将依法收缴的"被害人的合法财产"返还给被害人。但是，侦查机关所认定的"被害人的合法财产"未必正确。特别是，当侦查机关与被害人达成分成协议，侦查机关从返还财产中提出部分比例，以弥补办案经费时，使侦查机关受利益驱动介入经济纠纷，错误地收缴财产。但在审查起诉阶段，检察机关若认定犯罪嫌疑人并不构成犯罪或者其并非犯罪行为人，先前的返还被害人财产行为即出现错误。在此情形下，如何使错误收缴的财产恢复原状呢？

二、司法行为不可诉及其在本案中的应用

公安机关为了查明犯罪事实所进行的侦查行为属于司法行为。在我国，司法行为排除法院的司法审查，属于不可诉行为，意味着对侦查行为不可以提出行政诉讼或民事诉讼。当然，也有学者认为，应当改革我国现有制度，法院有权受理原告对公安机关包括违法司法行为在内的所有行使职权行为提起的诉讼，这是防止公安机关借刑事强制措施之名规避法律、越权、滥用职权的必要途径。[2]

---

[1]　返还被害人财产一般在法院判决生效之前作出，主要出现在侦查阶段，本节即围绕侦查行为中的返还错误展开。同时，不仅公安机关，检察机关的侦查部门也会面临相同的问题。

[2]　马怀德、解志勇："公安侦查行为行政可诉性研究"，载《求是学刊》2000年第3期。

"对限制公民人身、财产权利的公安机关所有职权行为，相对人都有权提起诉讼。经审查如被告提供的证据足以证明该行为属于依照刑事诉讼法采取的司法行为，那么法院可以采取驳回原告起诉的方式结案。"① 但此类观点目前并未获得足够的认同。

本节的逻辑论证起点是在司法行为不可诉的基础上展开的。司法行为不可诉的内在机理在于保障司法活动独立性的需要。尽管公安机关不属于司法机关，但是侦查工作本身属于司法活动，如果允许诉讼，则意味着公安机关将沦为大量行政诉讼或民事诉讼的被告，其将疲于奔命以应付诉讼，根本无法将精力用于打击犯罪，保障人权。司法行为不可诉并不意味司法行为具有可以滥用而不受追诉的"护身符"，公、检、法之间存在相互制约，检察官在审查批捕、审查起诉中要对侦查行为进行审查，履行法律监督职能，对违法侦查行为予以纠正；当案件进入审判时，侦查行为还受到法院的司法审查，为当事人提供了进一步的司法救济。

公安机关在本案侦查过程中，收缴财产是否属于司法行为，这是首先需要解决的问题。收缴财产属于"扣押"这一侦查行为，本案犯罪嫌疑人黄某无权对公安机关收缴财产的行为提起行政诉讼，被害人赖某也不能对公安机关应当追缴而没有追缴的行为提起行政诉讼。但是，对于违法侦查行为，可通过国家赔偿程序解决。我国《国家赔偿法》第16条规定，侦查机关及其工作人员违法对财产采取查封、扣押、冻结、追缴等措施的，受害人有取得赔偿的权利。因此，本案中犯罪嫌疑人黄某只能通过国家赔偿程序申请赔偿，而不能通过行政、民事起诉公安机关的方式获得赔偿。

同时，黄某不能以物上追诉权为由，通过民事诉讼的方式起诉赖某要求返还财产。因为，赖某对该物所有权的取得是源于司法行为，其对财产的占有受到司法行为的确认，属于合法获得所有权，受法律保护。

---

① 陈桂明、马怀德：《案例诉讼法教程》（上卷），中国政法大学出版社1996年版，第276页。

三、将追缴财产返还被害人是否属于司法行为

本案中，如果侦查机关追缴犯罪嫌疑人财产的行为属于司法行为无所争议，那么另一个问题是，侦查机关将追缴的财产返还被害人是否属于司法行为呢？

传统上，往往从司法行为与行政行为的不同特征出发判断行为的性质，主要以司法行为具有裁断性、消极性、中立性、独立性、终结性作为区分的关键，如果不具有这些特征就不属于司法行为。但是，该区分特征是建立在将司法行为等同于审判行为的基础上的。审判行为是最典型的司法行为，以此行为特征来区分典型的司法行为与典型的行政行为是可行的，然而涉及临界于司法与行政之间的行为区分时，就难以解释，比如对于检察权是行政权还是司法权，大陆法系的行政法院、宪法法院行使的是行政权还是司法权，在学界就产生了非常大的争议，无论将其界定为司法行为还是行政行为一定程度上都存在理论上的悖论，难以达成共识。而侦查机关将追缴的财产返还被害人无疑是这样的临界行为。按照上述特征，该行为不属于司法行为，因而可提起行政诉讼，但这显然不符合现实需要。

此时，需要转变视角，更换研究方法，否定以特征作为区分关键，而从功能主义切入。考查将侦查机关返还财产的行为定位为行政行为，还是定位为司法行为，更有利于制约权力，保障人权，实现程序功能。

一方面，现有程序体系中已经存在对返还财产行为的司法审查。返还财产的行为在审查起诉和审判时，将受到检察官、法官的审视。特别是，在刑事审判中，存在对违法侦查的行为进行审查的制度。审判中中立的法官对返还财产正当合法性的审查，事实上就是对侦查机关返还财产的行为进行审查、司法制约：对于违法侦查的行为，可能作出排除证据、纠正违法行为等制裁。即使不进入审判，侦查行为也受到检察机关的侦查监督，也有检察官对侦查行为进行"类司法审查"。在本质上，其功能类似于对行政行为提起行

政诉讼后导致的司法审查。本案例中，正是检察院否定了该侦查行为的合法性。

如果以民事、行政诉讼的方式确定返还财产的合法性，就需要对侦查中收集的证据进行审查判断，以确定该犯罪嫌疑人是否属于应当追缴财产的犯罪行为人，该财产是否属于被害人的财产，而其与审查起诉、审判的程序目标、审查内容具有类同性，必然也会导致审查的重复进行。因此，将侦查机关的返还财产行为定位为司法行为，避免重复司法审查是必要的，也是符合诉讼经济需求的。所以，审判中的司法审查已经能实现对权力的制约，另外赋予被害人行政诉讼的救济途径不再必要，至少不再紧迫。

另一方面，如果返还财产的行为定位为行政行为，必将导致大量对侦查机关是否恰当返还财产的行政诉讼，而侦查资源在任何国家都是十分紧缺的，侦查机关根本无法应付如此多的诉讼，而且也会导致侦查机关害怕诉讼，而不能依法办案。同时，由于侦查行为有迅速推进的需求，这既源于犯罪嫌疑人获得迅速审判的权利，也因为如果不能迅速采取侦查行为，必然会导致证据的灭失，从而无法有效地实现国家的刑罚权。如果在侦查过程中，通过诉讼的方式解决返还财产的合法性问题，侦查人员、侦查机关受到司法审查，必然影响侦查工作的开展和刑事诉讼的顺利进行。

而且，侦查机关追缴财产的行为是为了返还被害人，两者关系十分密切，既然追缴财产的行为属于司法行为，将返还财产的行为定位为行政行为显然是不恰当的。基于上述几点，可以确定返还被害人财产属于司法行为。既然属于司法行为，就不允许黄某、赖某对此提起行政诉讼。

此外，返还财产本身不属于民事行为也是十分明确的。因为民事行为是民事主体基于意思表示旨在设立、变更或终止民事法律关系的行为；而返还财产是由国家机关作出的并未以民事法律关系为目的的非民事活动的行为。因此，犯罪嫌疑人对返还财产行为提起民事诉讼显然也是不可以的，其理由与前述相同。

四、公安机关能否对被害人提起民事诉讼

被害人虽然不可以对公安机关提起行政诉讼，那么，能否反过来，由公安机关对被害人提起民事诉讼？

本案中，有一种观点可能会误导人们的判断。其认为，虽然返还财产本身不是民事行为，但是一旦在被害人获得财产之后发现返还错误，被害人拒不归还财产的，应当属于不当得利。不当得利是指没有合法根据，或事后丧失了合法根据而被确认为是导致他人遭受损失而获得的利益。从定义上，将错误返还财产定位为不当得利似乎符合该定义。据此，可能有学者认为侦查机关有权以民事诉讼的方式，以不当得利为由起诉被害人，追回返还的财产。因为司法行为不可诉是为了保护司法独立和司法职责的正当行使，而当司法机关起诉公民时，不存在对司法独立损害的情形。

笔者认为，这种观点是不妥当的。因为民事行为是发生在平等主体之间的行为，据此，民事主体双方诉讼权利应当是平等的，一旦错误返还给被害人属于不当得利，则侦查机关返还不当损害被害人利益同样属于民事行为，比如将扣押财物自行使用属于侵权，仅部分返还同样属于不当得利，则被害人同样可以提出民事诉讼，这显然和前面的"将返还财产行为定位为司法行为不可诉"的结论相互矛盾。所以，该案中，法院以该行为属于司法行为而拒绝受理民事诉讼案件，显然是恰当的。

结论是，侦查机关既不可以对赖某提起民事诉讼，又不可以提起行政诉讼，更不可以直接扣押已经返还给赖某的财产①，那么侦查机关错误返还财产的行为在现有法律体系下就没有任何救济途径了吗？从合法律性的角度确实如此，但是比照民事诉讼制度，我们将发现这种尴尬境地是由我国刑事诉讼中缺乏类似民事诉讼中的先予执行制度造成的。

――――――――――

① 扣押属于侦查行为，应当以侦查目的的实现为目的，而返还错误后的扣押显然不是为了侦查目的，因此不能直接将错误返还的财产扣押回来。

五、建立刑事诉讼法中的先予执行制度

事实上，与刑事诉讼法中返还财产制度最为类似的是民事诉讼中的先予执行制度。先予执行是指人民法院对某些案件在作出判决以前，为了满足原告在生活上、生产上的急需，根据原告的申请，裁定被告先给付原告一定数目的金钱、财物或要求被告停止实施某种行为的制度。而刑事诉讼中，返还财产的内在依据也是为了保障被害人的利益，比如被害人正常生活的需要，在法院作出生效判决前，将财产返还被害人。两者在设置理由上具有类似性，但是民事诉讼法规定了执行错误后的救济机制，而刑事诉讼法没有规定。

《民事诉讼法》规定：人民法院可以责令申请人提供担保，申请人败诉的，应当赔偿被申请人因先予执行遭受的财产损失。可见，法院认为有必要的，可责令其提供担保，申请当事人拒绝提供担保的，法院不予裁定先予执行，以免因申请人的申请错误，使被申请人受到损失。如果申请人申请错误，法院裁定先予执行后，被申请人因此遭受财产损失的，申请人应当以担保财产承担赔偿责任，赔偿被申请人的损失。这可以防止当事人滥用权利使被申请人遭受损失。被申请先予执行的当事人对先予执行裁定不服的，可以申请复议一次，申请复议期间，不影响先予执行裁定的执行。

可见，为防止执行错误，民事诉讼法提供了三层救济方式：其一，先予执行基于当事人的申请，并要求申请人提供担保；其二，执行以司法裁定的方式作出，一旦执行错误，可通过执行回转程序救济或以担保财产救济；其三，先予执行错误的救济不是通过民事诉讼的方式，而是采取直接执行回转程序。比如，2007 年修改的《民事诉讼法》第 210 条规定，执行完毕后，据以执行的判决、裁定和其他法律文书确有错误，被人民法院撤销的，对已被执行的财产，人民法院应当作出裁定，责令取得财产的人返还；拒不返还的，强制执行。可见，在执行过程中，如果执行完成之后出现执行依据被撤销的情形，根据民事诉讼法规定，应当由人民法院裁定执行回转，再以此裁定为新的执行依据，责令取得财产的原申请人返

还财产或强制执行。而刑事诉讼中完全缺乏此制度。

　　建立先予执行制度是刑法中及时返还被害人财产制度的程序法保障。程序法的重要功能之一就是保障刑事实体法的实现，但是，《刑法》第 64 条关于"对被害人的合法财产，应当及时返还"的规定，在我国刑事诉讼法中只不过是简单重复，没有相应的程序操作规范，公安部的司法解释也主要是出于保障证据和备查的需要，要求"登记、拍照或者录像、估价"，"注明返还的理由，将原物照片、清单和被害人的领取手续存卷备查"，而未考虑如何防范返还财产出现的权力滥用，甚至根本未考虑犯罪嫌疑人的利益可能因返还错误而受到侵害，未规定返还错误时程序如何进行。正是因为缺乏程序保障，导致我国司法实践出现了不少文中探讨的问题。

　　笔者认为，在刑事诉讼中，对于返还被害人财产也应当建立先予执行制度。一般情况下，不允许侦查机关直接将财产返还被害人，而需要在法院作出生效判决，确认财产的性质、归属之后，才能返还被害人。但是，在特殊情形下，如果被害人在生活上、生产上急需，可以由侦查机关将财产及时返还被害人。这时，应当要求被害人提供担保，如果被害人确无担保能力的，就必须获得法院的司法裁定，才能将财产返还被害人。如果出现返还错误，可比照先予执行制度，在司法裁定被撤销之后，借鉴执行回转制度，不通过诉讼方法，直接采取强制性措施将财产追回。

第四章
刑事程序简化的多元视角

第一节　刑事简易程序的比较分析

简易程序，英文为"Summary Procedure"，依照《布莱克法律词典》的普遍解释，简易程序仅相对于普通程序而言，即凡不经检察官起诉、陪审团定罪或者普通法正常程序所要求的其他程序，法官直接以迅速、简单的方式处理争议、解决案件，作出裁判的任何诉讼程序。① 现代社会出现了"刑法化"的趋势，一些曾经不视为犯罪的违反社会规范的行为越来越多地被纳入刑事法网。同时，现代社会带来人际关系的陌生化，导致社会纠纷不断膨胀，非法律的社会纠纷解决机制失灵。大量的诉讼纠纷涌入法院，早期不论案件类型都适用同一诉讼程序的制度已经不适应现代纠纷的特点。各国不得不在普通程序之外，设置一定的简单、便宜的简易程序来迅速、有效地处理一些特别类型的案件。其中以德国、美国和意大利的简易程序较为典型。美国是最典型的英美法系国家，也是辩诉交

---

① 王国枢、项振华："中外刑事诉讼简易程序及比较"，载《中国法学》1999 年第 3 期，第 143 页。

易最发达的国家；德国是最典型的大陆法系国家，处罚令程序引人瞩目；而意大利 1988 在大陆法系的基础上引入当事人主义的对抗式诉讼，建立了多元化的简易程序。但本部分考察的对象在各国的类型并不一致。在美国，被称为辩诉交易程序；在德国，被称为"简易程序"和处罚令程序；而意大利的简易程序则包括五种：简易审判程序、依当事人的要求适用刑罚、快速审判、立即审判和处罚令程序。

一、刑事简易程序的诉讼结构

德国的简易程序主要适用于一些罪行较轻的案件；美国的辩诉交易程序无论案件中罪行的轻重都可适用；而意大利则强调简易程序的多元化，不同类型的简易程序的适用范围有所不同，有的只适用于罪行较轻的案件，有的则不论案件中罪行的轻重都可适用。例如，德国的处罚令程序只得对被告人处以罚金及不同的从刑，只有在被告人有辩护人，并且是缓期执行的时候，才可以对其判处 1 年以下的自由刑。德国的"简易程序"也不允许判处剥夺被告人自由 1 年以上的刑罚或者科处矫正及保安处分。① 但是，在美国的辩诉交易中，所有的案件都能适用。即使是可以判死刑的案件，也可以进行交易，只是交易的结果不能判处被告人死刑。意大利则设立不同类型的制度，扩大简易程序的适用范围。由于处罚令只能适用财产刑，辩诉交易也只能适用 5 年以下的徒刑，于是便将简易审判程序定位为适用于除无期徒刑以外的任何案件。由于简易程序的适用范围有较大不同，所以，在美国 90% 以上的案件是通过辩诉交易处理的；德国主要通过处罚令程序处理了一半以上的刑事案件；而意大利则基于多种原因导致简易程序的适用率更低。从 1990 年到 1993 年，意大利每年适用辩诉交易的案件占正式审判的案件的比例不超过 8%，适用简易审判程序的案件占正式审判的案件的比

_____

① 《德国刑事诉讼法典》，李昌珂译，中国政法大学出版社 1995 年版，第 158 页。

例不超过 4%。① 由于三国不同的法文化，导致三国的简易程序诉讼结构各具独特性。这些独特性在简易程序运作的诸多环节中都表现出来。

（一）检察官的自由裁量权和权力行使方式

检察官的自由裁量权各国并不相同。由于德国和意大利都奉行起诉法定主义对检察官的自由裁量权进行限制，定罪、量刑传统上也被认为是法官的职权范围，检察官不得作出处分。这样，检察官与被告人交易的筹码显然不足。所以，交易型司法在两国难以充分实现其功能。而美国的刑事诉讼程序，奉行起诉便宜主义，检察官具有非常大的起诉裁量权。检察官具有几乎不受限制的不起诉裁量权，可以对罪名进行交易。于是，检察官可以根据案件的不同情况，作出足以吸引被告人进行有罪答辩的交易条件，促成辩诉交易的达成。

在检察官的权力行使方式上，德国强调权力"单向性、非平等性"，美国则强调主体的互动性，权力行使具有"平等、协商"的特点，而意大利则介于两者之间。在德国，检察官是"站着的法官"，并不是案件的当事人。检察官没有与被告方平等的心态，其权力的行使方式是一种职权式的、单向的权力行使方式，与被告人协商不足。如德国的"简易程序"和处罚令程序中，都是由检察官单方向法官提出适用上述两类简易程序的申请，而不与被告人进行协商。尽管近年来，德国的司法实践中也出现了一种辩诉交易式的协商性司法，但其并未正式立法，且适用范围有限。意大利在职权主义的传统上引入对抗式诉讼模式，检察官虽然被定位为当事人，但检察官似乎并未从传统的角色中解脱出来，其权力行使仍然是职权式的单方申请法官适用某一简易程序，而不与被告人协商。美国由于贯彻控辩平等原则，检察官是与被告人平等的当事人，所

---

① Nicola Boari, On the Efficiency of Penal Systems: Several Lessons From the Italian, International Review of Law and Economics, Match, 1997.

以检察官在心态上能够站在与被告方平等的角度上与被告方进行平等协商，是一种协商型的权力行使方式。

（二）被告人的程序参与程度

在德国和意大利，被告人参与简易程序的程度不如美国，被告人只能通过要求或者否定适用简易程序来行使权利，一般不能与控方进行协商，是一种"否决式"的权利参与方式。而美国被告人则可以与检察官平等协商，"讨价还价"，以求获得最大的利益，表现为一种"协商式"的权利参与方式。一般来说，协商的成分越多，被告人参与程序的主动性越保障充分，就越能满足被告人的愿望，从而更有利于促成交易，适用简易程序的可能性也就越大。

在德国和意大利的简易程序中，被告人是一个相对消极的诉讼主体。被告人的罪名、量刑完全由法官决定，被告人只能选择接受与否，不能与检察官平等协商。如处罚令程序，量刑完全由检察官在提请法院适用该程序时确定，被告人选择是否提出异议，而不能要求更改量刑。[①] 即使在意大利的简易审判程序和辩诉交易程序中，案件的最终减刑幅度都已经由法律具体规定，而没有协商的余地。如适用简易审判程序，被告人可获得"考虑到一切情节后所确定的刑罚应当减少三分之一"的量刑优惠。辩诉交易程序中，法官"应当按照当事人提议的种类和标准适用替代性刑罚或减轻三分之一的财产刑，或者适用监禁刑，但根据具体情节并在减少三

---

① 有学者指出，在德国的最近兴起的协商性司法中，现今检察官与辩护人常常事先要就是否适用处罚令程序以及处罚的具体内容进行沟通，如果被告人认罪只是对罚金的数额有异议时，法官也可在听取被告人的意见后对罚金的具体数额进行修改后发给被告人交付执行。对此可参见［德］约阿希姆·赫尔曼："德国刑事诉讼程序中的协商"，王世洲译，载《环球法律评论》2001年冬季号。但笔者认为，法官只是听取被告人对量刑的意见，协商的成分并不足。

分之一后该监禁刑不超过单处或与财产刑并处的两年有期徒刑或拘役"。① 相反，在美国的刑事诉讼程序中，被告人是积极的诉讼主体，是与控方平等的一方当事人。在辩诉交易中，被告人可以通过辩护律师的帮助积极与检察官协商，在认罪的基础上，通过对证据的质疑，对控方主张的反驳，来获取更多的量刑优惠。甚至可以通过交易，要求检察官放弃一部分指控，降低指控等。

（三）法官在发现实质真实中的作用

在德国和意大利的简易程序中，法官积极、主动，具有较强的职权主义色彩，而美国的法官则相对消极。不仅如此，德国和意大利的法官要进行实体审查，以确保判决的作出符合实质真实。美国的法官则无须对案件进行实体审查，只审查被告人认罪的自愿性和明智性。在德国和意大利的处罚令程序中，法官都要对案卷进行审查。在德国，仅仅是法官认为有理由对被告人进行审判还是不够的，法官必须通过审查案卷，排除合理怀疑地确信被告人有罪。② 如果审查检察院掌握的证据后认为被诉人没有足够嫌疑的，法官应当拒绝签发处罚令。意大利适用辩诉交易的案件中，公诉人的卷宗至少先于确定的庭审日 3 日储存在法官的文书室，法官要庭前阅卷。一般认为，法官对定罪、量刑的罪行相适应负有审查职责。宪法法院在关于辩诉交易的一个裁决中认为，法典的规定中没有要求在犯罪和协商的刑罚之间保持一种适当的平衡也是违宪的。③ 相反，在美国的辩诉交易中，法官必须在被告人作有罪答辩时审查被告人是在自愿和明智的情况下认罪，但不对实体事实进行审查。

---

① 《意大利刑事诉讼法典》，黄风译，中国政法大学出版社 1994 年版，第 158—159 页。

② ［德］托马斯·魏根特：《德国刑事诉讼程序》，岳礼玲等译，中国政法大学出版社 2004 年版，第 210 页。

③ Luca Marafioti, The New Italian of Criminal Procedure: The Clash between an Adversarial System and an Inquisitorial Foundation, papers of Beijing international symposium on criminal procedure in 1994, pp. 24 –25.

上述差异与本国的法律文化和传统有着密切的关系。在法律传统上，美国属于英美法系，诉讼以解决纠纷为目的，控辩双方是纠纷的当事人，强调当事人在诉讼中的主导作用，法官相对较为消极。诉讼中，充分尊重当事人的意愿，对控辩双方自愿作出的选择和交易赋予非常大的法律效力。同时，注意通过制度设计给予检察官和被告人双方协商的空间。被告人具有更大的选择余地，由于控辩平等原则深入人心，而检察官又主要由具有律师身份的人员担任，所以能够与被告人平等协商。从而，辩诉交易得以盛行。

而德国属于大陆法系国家，强调法官依职权查明事实真相，控辩双方放弃权利也不得损害事实真相的发现，裁决只有建立在事实真相的基础上才具有正当性。而且其司法公正的理念强调罪刑的相适应性，强调法律的平等保护。同一犯罪事实，如果因为适用不同的程序而导致被告人获得法律上的不同对待，那么就将违背上述的司法公正理念。所以，由于简易程序对于事实真相的发现具有一定的副作用，就必须将简易程序限定在一些罪行不是很严重的案件中，并且限制与案件有利害关系的控辩双方对定罪、量刑的处分权。控辩双方都不具有很大的选择余地。而且由于检察官具有司法官的心态，不愿以平等的姿态与被告方进行协商。同时，法官仍然进行实体审查以保障发现事实真相。

意大利在法律传统上属于大陆法系国家，1988 年试图引进对抗制诉讼模式，走一条当事人主义和职权主义融合的道路。因此，其在简易程序的设计上，一方面，强调法官职权作用以保障裁决的作出具有实质真实的事实基础；另一方面，注意体现对控辩双方意愿的尊重，如对控辩双方交易行为的鼓励，并加大被告人的选择权范围，限制法官、检察官职权。意大利的简易程序混合了两种不同的程序简化方式，检察官、法官、被告人在简易程序中的地位和作用似乎都介于德国和美国中上述主体的地位之间。但总的来说，其仍然没有实现由事实真相查明型诉讼模式向纠纷解决型司法模式的转型，所以虽然其简易程序的设计混合了两大法系的规范制度，实践中却终究不能取得预想的目标。

二、刑事简易程序之运作机制

尽管各国的简易程序有所不同，但法律毕竟是解决社会问题的一种手段，以问题为中心的功能主义进路，预示着尽管各国在简易程序的某些制度上有所不同，但同样也有一些共同的经验。

（一）省略诉讼阶段以简化程序

简易程序面临的一个重大问题，是通过简化各个阶段以实现程序简化，还是通过省略其中的一些阶段以实现程序简化呢？从上述三国的立法实践来看，基本上都是通过省略诉讼阶段来实现程序简化。在德国，处理了一半以上案件的处罚令程序省略了案件的审判阶段，无须审判而作出判决。在美国的辩诉交易中，被告人必须作出有罪答辩。而有罪答辩意味着被告人供认罪行和放弃陪审团审判及其他所有的审判权利。① 这时对被告人答辩能力和自愿性的审查在同一程序中完成，案件不再进入审判程序，而进入量刑程序，正式审判阶段被省略。以省略诉讼阶段实现程序简化在意大利表现得最为明显。意大利的简易审判程序完全省略了正式审判阶段，刑事处罚的作出依赖于书面的初步庭审的讨论程序。意大利式的辩诉交易程序、处罚令程序直接省略了案件的正式审理程序。

而且意大利的简易程序省略不仅集中于案件的审判阶段，相当于我国审查起诉阶段的初步审理程序也可以省略。快速审判程序和立即审判程序都省略了案件的初步庭审程序，但案件审判采取正式的对抗式审判程序，正式审理中与普通程序中的审理并没有大的简化。事实上，在美国，被告人也可以自愿放弃预审；在德国的简易审判程序中，可以不经过中间程序而直接进入审判程序。这些都是放弃了案件的公诉审查阶段。但毫无例外，各国普遍不能省略案件的侦查程序，这是最基本的程序公正的保障。但是案件的侦查阶段

---

① ［美］爱伦·豪切斯泰勒·斯黛丽、南希·弗兰克：《美国刑事法院诉讼程序》，陈卫东、徐美君译，中国人民大学出版社2002年版，第448页。

可以简化，使判决的作出建立在不充分侦查的基础上，如处罚令程序。

从美、德、意三国刑事简易程序的比较来看，省略诉讼阶段成为一种主要的程序简化方式。但是其发生的原因却是多方面的，有所同也有所不同。一方面，省略诉讼阶段成为简化程序的主要手段，体现了最大节约诉讼成本的价值诉求。美、德、意三国奉行的都是审判中心主义，案件的正式庭审是当事人权利与义务集中展示的场域，该程序显得非常复杂，要投入巨大的司法资源。美国选择陪审团的过程非常复杂，经常要持续数个月，正式庭审中几乎每个证人都要到庭接受非常复杂的交叉询问。号称"世纪审判"的美国辛普森案件的审理就经过一年零四个多月，耗费上千万美元。正因为此，美、德、意纷纷采用省略诉讼正式庭审阶段的方式实现程序的简化。

另一方面，其省略庭审阶段却遵循不同的司法理念。因为美国的正式庭审是建立在对抗制的基础上，程序规则、证据制度都是围绕控辩双方的对抗而设计的，如果被告人认罪则控辩双方的对抗消失，再举行对抗式的正式庭审的基础已经丧失，所以没有必要进行正式庭审，从而省略了正式庭审程序。而德国是大陆法系国家，其正式庭审是职权式的，即使被告人认罪，庭审不再具有对抗性，仍然需要进行正式庭审，依职权主义诉讼理念并不具有省略正式审判程序的理念基础。但是德国选择一些非常轻的案件省略正式审判程序，可见德国省略正式庭审是基于对轻重案件区别对待的理念。由于轻罪案件对社会秩序和被告人权利的影响都相对来说较小，所以省略庭审程序可能出现的危害不大。更何况简易程序都是建立在被告人选择的基础上，所以更具正当性。意大利则在不同种类的简易程序中体现了上述两种不同的司法理念。

（二）被告人具有程序选择权

被告人具有简易程序的选择权是简易程序正当性的重要基础。被告人有获得正当审判的权利。而各国简易程序要省略正式审判程序，就会损害被告人的权利。例如，美国判无期徒刑的案件也可以适用辩诉交易程序，省略正式庭审，被告人丧失了获得陪审团审判、质疑证人的权利，甚至是上诉的权利。所以，必须将简易程序建立在被告人自愿选择的基础上，并且这种选择是"明智的"和"理智的"。如此，才能体现被告人在刑事诉讼中的主体地位，体现程序正义的原则。这就是各国普遍规定简易程序中被告人选择权的重要原因。

从对德、美、意三国简易程序的调查来看，三国虽然简易程序的种类与类型有所不同，立法理念也有所差异，但是三国都将简易程序建立在被告人自愿选择的基础上。在德国和意大利的简易程序中，被告人的选择权更多地表现为一种"认否权"。德国的处罚令程序中，被告人可以不说明任何理由而对处罚令提出异议，导致案件依照普通程序进行审理。意大利的辩诉交易和处罚令程序也是如此。而且意大利的简易审判程序必须由被告人首先提出适用该程序申请。在一定条件下，被告人也可以放弃初步庭审而启动立即审判程序。在美国，被告人完全有权选择是否作有罪答辩，进而与控方进行辩诉协商。上述三国被告人对简易程序的选择是适用该程序的前提条件，当然其选择权的行使方式却有所不同，这在前文的论述中已经详细阐明。

（三）被告人普遍获得辩护律师的帮助

在刑事诉讼中，被告人处于极为不利的地位。一方面，案件中的很多信息被告人无法知悉，我们很难想象在信息不充分的基础上被告人作出的选择有多少的明智性。而且，许多对被告人有利的证据可能需要收集。另一方面，被告人很容易受到控方的引诱、胁迫、威逼而作出违心的选择。最后，案件的许多法律问题都需要专业人士的帮助。所以，辩护律师对被告人的帮助显得尤为重要。被告人获得辩护律师的帮助是权利保障型司法的重要条件，上述三国的简易程序都体现了这一点。

德国适用"简易程序"审判案件，预计要判处剥夺自由刑至少 6 个月的时候，对尚无辩护人的被诉人应为其指定辩护人。而处罚令案件，如果是将判处被告人不超过 1 年缓期执行交付考验的自由刑时，法官应当对尚无辩护人的被诉人指定辩护人。① 意大利实行强制辩护制度，如果被告人没有委托律师或坚持不指派律师的，要由法院或检察官指派的律师予以协助，被指派的律师从事先拟定的名单中挑选。② 每一位选择适用简易程序的被告人都能得到辩护律师的帮助。美国宪法第六修正案规定，被告人享有律师为其辩护的权利。在司法实践中，这一保障被理解为在刑事诉讼的每一个重要阶段被告人都可以由其律师代表。如果被告人因贫穷无钱聘请律师，法院有义务为其指定律师，费用由政府方开支。③ 简易程序也不例外，辩诉交易中被告人同样能够得到律师的帮助。获得律师帮助是被告人的宪法权利。而且，由于重罪中重要的权利都被有罪答辩所放弃，所以被告人在提审时享有律师帮助的权利。

（四）被告人在选择适用简易程序时获得明确的处理上的利益

为了让更多的被告人选择简易程序，就必须给予被告人一定处理上的利益。这些处理上的利益可以看做是奖励被告人放弃抗辩而给国家、社会带来的利益，也可以看做是被告人放弃抗辩而给自己带来的量刑上的不利益的补偿。因为，毫无疑问，被告人对指控进行正当、有力的抗辩会使法官倾向于判处更轻的刑罚。

这种利益首先表现为量刑上的利益。德国的处罚令程序由于需要被告人的同意，所以检察官在制作刑事处罚令时必然给予被告人一定的量刑优惠。意大利简易审判程序被告人可获得"考虑到一切情节后所确定的刑罚应当减少三分之一"的量刑优惠。辩诉交

---

① 《德国刑事诉讼法典》，李昌珂译，中国政法大学出版社 1995 年版，第 154—158 页。

② 汪建成、黄伟明：《欧盟成员国刑事诉讼概论》，中国人民大学出版社 2000 年版，第 284 页。

③ 《美国联邦刑事诉讼规则和证据规则》，卞建林译，中国政法大学出版社 1998 年版，第 5 页。

易程序中，法官"应当按照当事人提议的种类和标准适用替代性刑罚或减轻三分之一的财产刑，或者适用监禁刑，但根据具体情节并在减少三分之一后该监禁刑不超过单处或与财产刑并处的两年有期徒刑或拘役"。处罚令程序中公诉人提出要求时，可以要求适用相对于法定刑减轻直至一半的刑罚。美国的辩诉交易建立在控辩双方协商的基础上，被告人具有不受强迫自我归罪的权利，享有沉默权。检察官要获得被告人的有罪答辩，就必须给予被告人一定的处理上的利益。如放弃一部分指控，降低指控，减轻量刑等。被告人只有在明确地获得了处理上的利益才会作出有罪答辩，辩诉交易才能达成。

但是，被告人可能获得的利益，并不限于量刑上的利益，意大利设计了多种方式来使被告人获得处理上的利益，如规定一定期限的刑事处罚记录消灭制度。意大利的辩诉交易中，如果判决涉及的是重罪并且被告人在 5 年的期限未实施重罪，或者判决涉及的是违警罪并且被告人在 2 年内未实施相同性质的犯罪，犯罪消灭。再如，在意大利处罚令程序中允许有条件地暂缓执行刑罚，许可不在根据私人要求出具的刑事证明书中提及处罚之事。

更为重要的是，被告人选择适用简易程序所能获得的优惠都在被告人选择适用简易程序之时已经确定。主要有三种方式：其一，美国的辩诉交易中，辩方与控方通过平等协商的方式在明确被告人所能获得的利益后，被告人再决定是否作有罪答辩。其二，德国和意大利的处罚令程序，控方单方提出一定的处刑命令，被告人所能获得的利益隐含在处刑命令中，由被告人决定是否接受。其三，意大利的简易审判程序和辩诉交易程序，被告人一旦选择或同意适用该程序，能获得固定的量刑上的利益。如选择简易审判程序可获得固定的"考虑到一切情节后所确定的刑罚应当减少三分之一"的量刑优惠。被告人所能获得的处理上的利益在被告人选择该程序之时明确，对于保障被告人程序选择权行使的明智性具有重要意义。被告人得以对利弊得失进行权衡，以作出自愿、明智的选择。而如果该处理上的利益处于不确定的状态，被告人更倾向于选择权利保障更为充分的普通程序。

（五）检察官发挥积极作用

虽然说，各国检察官发挥作用的大小和方式不同，但是各国的检察官都在简易程序中发挥着非常重要和积极的作用，有的甚至起着决定性的作用。在德国的处罚令程序中，提出适用处罚令程序，制作相当于判决的处罚令都是由检察官单独完成的。实际上是完成了案件的所有程序，只缺被告人的同意和法官的确认。而其"简易程序"也需要检察官的申请。在美国的辩诉交易中，检察官一开始就积极向被告人提供案件的证据情况，积极地促成被告人作出有罪答辩，进行辩诉交易。检察官以降低量刑建议甚至降低指控、放弃一部分指控来换取被告人的有罪答辩。意大利的辩诉交易和处罚令程序也是如此。意大利的辩诉交易程序一般要先获得检察官的同意，并由检察官准备好案卷材料移送法院。意大利的快速审判可以基于检察官的单方决定而直接适用。如果检察官不能积极地促成被告人选择简易程序，则简易程序的适用比例难以提高。

第二节　我国简易程序改革的理念转型

近几十年来，由于犯罪案件迅速增加，导致国家有限的司法资源同沉重的案件负担之间的矛盾日益凸显，如何优化现有司法资源的配置，在实现司法公正的前提下，简化诉讼使其发挥更高效能，成为世界各国进行刑事司法改革的重要方面，其中采用简易程序处理部分刑事案件已成为一种世界性的实践。我国 1996 年修订刑事诉讼法时确立了简易程序，但从实施现状来看，效果并不理想。一方面，因为未能遵循最低公正的标准而受人诟病；另一方面，由于在确立简易程序时在理念上缺乏宏观的思考，拘泥于审理程序的简化，导致简易程序效率提升能力不高。在司法公正与效率成为改革主题的今天，从宏观的角度重新审视我国简易程序改革的方向，具有重大的理论价值与现实意义。

一、从单一化走向类型化

简易程序的类型化，是指在设计简易程序制度时，根据案件的不同类型特征设置相应的简易程序。司法实践中，刑事案件并非千篇一律，而是千差万别。基于案件性质的多样性、被告人的认罪情况、证据的收集认定情况呈现出的不同状态，我们可以归纳出许多不同的案件类型。案件类型的多样性是类型化司法的事实基础。另一方面，现代民主社会里存在多元利益主体，同一主体又有多种的利益诉求，法律必须关照不同主体的多元利益诉求。利益的多元化导致价值呈现出一种多元化的趋向。在刑事诉讼中，较为突出的表现之一是正义和效率的矛盾。基于诉讼程序具有资源高消耗的特点，而诉讼资源又极其有限，各国必须在正义和效率之间寻求一种动态的平衡。所谓动态的平衡，一是国家必须区分重罪和轻罪，对于重罪更多地保障实现实体公正和程序公正，对于轻罪则更注重实现司法效率。二是因为正义和效率都是相对的抽象概念，不同种类的案件中的被告人对正义和效率的偏好是不同的，对案件进行类型化区分以适用不同的程序是保障被告人权利的必然途径。如果一个案件争议的标的十分小或者事实十分清楚、证据也非常充分，被告人更愿意选择效率价值，不争辩而更早地结束诉讼。相反，一些重大案件中被告人的利益将可能受到很大的影响，因此其倾向于选择更加符合正当程序标准的诉讼程序。这为类型化司法提供了价值基础。

正如日本学者田宫裕所言："一般来说，刑事程序必须是严密的程序。但应当坦率地讲，现行国家制度中的司法制度受人力、物力和时间等方面因素的严重制约，所有案件一律都按照严格的程序处理是不大可能的。所以不如确立这样一种程序，按犯罪的性质、轻重等情况区别对待，与之相应地适用既简略迅速又能保持公正的程序。对于轻微的犯罪没有必要适用与重罪相同的严密程序。"①
因此，基于案件性质、特征的多样性，被告人的认罪情况，证据的
收集认定情况呈现状态的不同，单一的简易程序显然不能满足繁简
分流的需要。有必要针对司法实践中出现的几类较为常见的情况而
设计出与之相对应的不同简易程序，以满足多元化的利益诉求，在
效率与公正之间求得最大的平衡。

简易程序的内涵是非常宽广的。综观国外刑事诉讼法的规定，
并不限于单一化的简易程序，往往设置多种类型的简易程序，以分
别适应不同案件多层次的价值需要和追求审判效率的进一步提高。
总的来看，有以下几种类型：一是处罚令程序。是指法官依照检察
官的请求，无须经过审判而直接发布处刑命令的程序。主要适用于
案件十分轻微且被告人对刑罚无异议的案件。如意大利处罚令程序
只适用于财产刑的案件或者替代监禁刑而科处财产刑的案件；德国
处罚令程序只得对被诉人处以罚金及不同的从刑、从属效果或者缓
期执行的自由刑。二是辩诉交易程序。即通过控辩双方交易，在被
告人认罪②的前提下，法官依法确认双方当事人通过协议确定的刑
罚，而案件无须经过审判的程序。包括意大利的"依当事人的要
求适用刑罚程序"、德国的协商性司法。三是审查起诉略式程序。
一般是在证据清楚或者被告人主动放弃审查起诉的情况下，案件不
经过审查起诉，而进入正规审判程序。如美国被告人有放弃预审听
证的权利；意大利的快速审判程序和立即审判程序。四是简易审判
程序。即在根据现有的证据材料能够定案的情况下，检察官或者被
告人可以要求法院不进行普通庭审程序，仅根据侦查案卷进行简易

① ［日］田宫裕："刑事程序的简易化"，载西原春夫主编：《日本刑事
法的形成与特色》，李海东等译，法律出版社、（日本）成文堂1997年联合出
版，第134页。
② 意大利式的辩诉交易与美国不同，当被告人通过请求适用协议的刑
罚而明确地接受有罪认定时，并不要求被告人公开作承认有罪的意思表示。
Stephen P. Freccero: An Introduction to the new Italian criminal Procedure, American Journal of Criminal Law, Spring, 1994.

审判的程序。但意大利的简易审判程序由被告人选择，德国的"简易程序"由检察官选择，并限制适用于一定的轻罪案件。

我国 1996 年确定了刑事简易程序，适用简易程序的案件范围是：其一，对依法可能判处 3 年以下有期徒刑、拘役、管制、单处罚金的公诉案件，事实清楚，证据充分，人民检察院建议或者同意适用简易程序的；其二，告诉才处理的案件；其三，被害人起诉的有证据证明的轻微刑事案件。同时要求被告人认罪。近年来，我国进行了普通程序简化审的改革，但严格来说，我国的普通程序简化审并不是一种简易程序。我国的简易程序和普通程序简化审与上述四种类型都有所不同，但更接近于简易审判程序。而且，我国程序简化的改革从最初的简易程序到最近的普通程序简化审，主要集中在审判程序中。可见，我国现行简易程序改革，仍是"一刀切"的立法体例，并未根据不同类型的案件设置不同的简易程序，导致司法实践中适用简易程序的案件相对较少，难以发挥简易程序高效、速决的优势。我国简易程序的单一化已经严重阻碍了我国效率提高的空间，简易程序的深入改革有必要从简化审判程序的单一化思路走向类型化。

我国简易程序的类型化，包括对诉讼程序不同阶段的简化，也包括简化方式从阶段简化到阶段省略的不同层次。从增加简易程序的种类来说，可考虑确立以下三种程序：其一，处罚令程序。在我国可考虑引入此程序，因为一些简单、轻微的刑事案件，经过公安、检察两道工序把关，基本上已真相大白，加上有被告人的认罪供述和愿意放弃开庭审理程序的表示，故使用书面审理方式，发生冤假错案的风险大为降低，再加上被告人对书面审理后的判决不服，可申请改用普通程序，故错案的风险几乎为零。① 其二，辩诉交易程序。该程序以美国为代表，有拓展到世界各国的趋势，我国也应当确立此程序。但通过交易而处理案件的理念与我国认同的司

---

① 柯葛壮："刑事简易程序的改革和完善"，载《上海社会科学院学术季刊》1999 年第 2 期。

法公正相悖，如何使之本土化是一个值得研究的课题，比如可以考虑限制交易的范围、强化交易的审查、限制交易的效力等。其三，公诉审查略式程序。这在下文中将会着重论述。结合现有简易程序的进一步改革，可将我国现有的简易程序分解。在其适用范围上，选择刑罚非常轻的案件，比如只适用财产刑的案件建立"处罚令程序"；另一些案件中，如果被告人不认罪但愿意选择简易审判的，可确立相应的"简易审判程序"；其他的案件中，如果被告人认罪，则与适用普通程序简化审的案件合并为新型的"认罪案件程序"，"认罪案件程序"与辩诉交易程序存在内在联系，需要考虑如何吸收辩诉交易合理内核的问题。

二、由职权推进式走向权利选择式

一般而言，简易程序的适用会导致被告人的诉讼权利受到较大限制，如被告人的辩护权、接受合议审判的权利等，并很可能剥夺被告人获得无罪判决的机会。特别是在陪审团审判中，尽管事实清楚、证据确实、充分，陪审团在一定条件下也可以否决依法应当适用的定罪，如在美国，陪审团曾经否决了许多由于违反美国禁酒令而本应被定罪的被告人，由于简易程序涉及刑事诉讼中被告人权利的重大削弱，因此简易程序的设计不能任意为之，而必须遵循一定的公正标准。其中最为重要的是被告人具有选择适用简易程序的权利。刑事简易程序选择权属于当事人主体性诉讼权利，直接源于程序主体性原则。[①] 被告人由客体地位向主体地位的转变，是刑事诉讼科学化、民主化的一个重要标志。被告人作为刑事诉讼中的主体，具有选择、参与程序的权利。这是诉讼主体地位所具有的重要内涵。同时，程序参与原则的核心思想是，那些权益可能受到刑事裁判或诉讼结局直接影响的主体应当有充分的机会富有意义地参与

---

① 於恒强、张品泽："试论刑事审判简易程序选择权"，载《政法论坛（中国政法大学学报）》1999 年第 3 期。

刑事裁判的制作过程，并对裁判结果的形成发挥其有效的影响和作用。① 这也是最低公正标准的重要组成部分。只要被告人对诉讼程序的选择是自主、自愿的，被告人具有影响诉讼过程和裁判结果的基本参与机会，就满足了最低限度公正要求。当前，两大法系主要国家的简易程序都是建立在被告人选择的基础上。如各国的辩诉交易制度、意大利的简易审判程序都赋予被告人选择权，被告人也可以选择放弃预审的权利；处罚令程序中，如果被告人对程序提出异议，将导致正式的审判程序。

在刑事诉讼中，公诉人代表国家要求打击犯罪、维护社会秩序的权力主张和被告人权利话语之间存在矛盾。因此，刑事简易程序可能是国家为了提高诉讼效率而依国家权力推进，也可能是为了保障被告人要求迅速审判的权利而由被告人选择。两者之间看似协调却存在矛盾和本质的差异。目前我国适用简易程序的案件中，是否适用简易程序由检察机关建议或同意，并由法院决定，被告人对此没有选择权。而且，我国在简易程序中，总是以被告人主体的特殊身份来限制简易程序的适用。如规定被告人系盲、聋、哑人的案件不适用简化方式审理，没有把适用简易审理程序作为被告人的一种权利，而是作为国家的一种权力，因为盲、聋、哑人同样有意愿选择简易程序。可见，我国的刑事简易程序主要是由国家以职权推进的，是一种"职权式"模式。被告人被排斥于这个过程之外，适用简易程序成了控裁双方的协议，这对被告人的权利保障是非常不利的，也是与程序正义和诉讼主体理论相矛盾的。仅仅以诉讼效率的名义以职权的方式推进简易程序是违背程序公正的基本要求的，其正当性不足。

因此，由"职权式"发动简易程序走向被告人自主选择的"权利式"，是解决权力与权利、公正与效率之间的价值冲突所采取的必要且有益的措施，也是我国简易程序改革的一个重要的方向。今后，我国简易程序的改革必须响应被告人诉讼主体地位和程

① 陈瑞华：《刑事审判原理论》，北京大学出版社 1997 年版，第 61 页。

序参与理论的要求，从"职权式"向被告人"权利式"转型，将简易程序建立在被告人选择的基础上，加大利益激励的力度，通过利益机制促使更多的被告人选择简易程序。同时，为了保障被告人选择的自愿性和明智性，必须规定严格的权利告知制度、证据知悉权、保障被告人获得律师辩护的权利，从而在实现公正的前提下，扩大简易程序的适用范围。

三、由审判阶段走向审查起诉阶段

目前，我国诉讼程序的简化，主要寄托于案件审判阶段程序的简化，审判阶段程序的简化又主要体现为审理程序的简化，这是改革的一个重大的误区。现代的刑事诉讼采审判中心主义。审判中心论的要旨是，只有审判阶段才具有最典型的诉讼形态，才能对诉讼参与人的合法权益提供充分的保护，才能为被追诉人提供充分的辩驳机会，因此只有在审判阶段才是诉讼的中心，必须遵循较高的程序公正的标准，才能作出涉及被追诉人自由、财产和其他权利的最终决定。相反，审前阶段是审判的准备程序，其不必遵循审理程序一样高的正当程序标准，具有较大的程序简化的空间。从我国的司法现状来看，并没有确立审判的中心地位。强化审判在整个诉讼程序中的地位，是我国刑事诉讼进一步改革的方向，也就是说我国还面临着审理程序的正当化的问题。当然，在审理程序正当化的同时，也可以根据不同的案件进行审理的简易化。但是，因为审判是刑事诉讼程序的中心，所以庭审简化的空间必定有限，而且一些最低的程序公正标准也不应突破。将诉讼效率的提高完全寄托于审判改革的思路无疑存在问题。

从审查起诉的功能上说，审查起诉是为了保障被告人权，防止在没有合法依据的情况下将被告人提交审判。如果案件事实已经十分清楚，证据也确实、充分，那么还按照普通的审查起诉程序审查案件的做法值得质疑。因为任何程序的设计都承载着一定的功能，如果在一定的条件下，该程序的功能已经实现，那么该程序的存在就没有意义。同时，申请对公诉进行审查是被告人的权利，被告人可以放弃该权利。省略审查起诉阶段，有利于防止被告人长期待审，保障被告人获得迅速审判的权利。这对于处于审前羁押状态的被告人而言具有重要的意义，而我国恰恰是大多数被告人处于审前羁押状态。

事实上，许多国家规定了简化审查起诉制度的简易程序。在美国，被告人也可以放弃预审的权利而使案件直接进入审判程序。德国的"简易程序"无须经过相当于审查起诉的中间程序，直接进入审判。在法国，就检察官提起追诉的案件而言，只有大约10%的案件进行了预审。① 我国澳门特区的简易程序，不仅简化了审判程序，并且影响到起诉甚至侦查阶段，如其刑事诉讼法规定，适用简易程序时，拘留机关所作的笔录，即可以代替正式的起诉书，检察机关也无须审查起诉和制作起诉书等。② 意大利的刑事诉讼分为初步审查、初步庭审和正式审判三个阶段，功能上相当于我国的侦查、起诉、审判三个阶段。快速审判程序和立即审判程序在侦查和审判阶段与普通程序相同，却唯独省略了案件的初步庭审程序，相当于案件不经过审查起诉直接进入审判程序。其中，立即审判程序，是指当调查已经表明有清楚的证据证明被告人有罪，并且被告人已经被讯问并作了供述，检察官可要求免除初步庭审而立即审判，被告人也可以主动放弃初步庭审的权利，要求立即审判，如果法官决定适用该程序，将省略初步庭审直接按照普通庭审程序进行审理的程序。快速审判程序规定，如果某人在犯罪时被当场逮捕并且公诉人认为应当予以追诉，可以直接将处于逮捕状态的人提交法官，以便在自逮捕之后的48小时内获得对逮捕的认可并使该人同时受到快速审判。对于在讯问过程中作出坦白的人，公诉人也可以

① ［法］卡斯东·斯特法尼等：《法国刑事诉讼法精义》，罗结珍译，中国政法大学出版社1998年版，第518页。
② 柯葛壮："我国大陆与港澳台地区刑事简易程序比较研究"，载陈光中、江伟主编：《诉讼法论丛》（第2卷），法律出版社1998年版，第194页。

实行快速审判。① 可见，在意大利，对于证据清楚的案件、被告人被当场逮捕的案件、被告人作出坦白的案件，符合一定条件下，可以省略审查起诉程序，直接进入对抗式的正式审判。

繁简分流应当在整个诉讼程序中实现，而不能仅仅着眼于审理程序。目前，我国任何公诉案件适用同样的审查起诉程序，即使是适用简易程序的案件，审查起诉程序也没有任何的简化。而对于应当适用简易程序的案件，很多事实都非常简单，证据也很明确。连审判程序都可以简化，那么审判的准备程序——审查起诉的程序更应当可以简化。正如有学者所言，要从整体上大幅度降低诉讼成本，提高诉讼效率，必须将简易程序从审判阶段向前延伸到侦查、审判阶段。我国刑事诉讼周期的大部分时间花在侦查、审查起诉阶段上，审查起诉阶段的简化具有非常大的空间和重要的意义。

所以，我国也应当在考虑将简易程序的改革从只关注审判程序的简化走向同时关注审查起诉程序的简化，特别是规定对一定类型的案件的审查起诉程序进行简化甚至省略，使案件直接、迅速地进入审判程序。这样才能大大拓展程序简化的空间，提高诉讼效率。笔者认为，可以将适用简易程序的案件与上述改革结合起来。对于依法可能判处 3 年以下有期徒刑、拘役、管制或者单处罚金的案件，如果证据确实充分且犯罪嫌疑人同意简化公诉审查程序的，经过检察机关同意可以省略审查起诉程序。但在特定情况下，不需要犯罪嫌疑人同意就可以省略审查起诉程序，如在我国即为符合《刑事诉讼法》第 61 条第（一）项至第（三）项规定的拘留对象②，当场拘留的现行犯或重大嫌疑分子，并且到案后作出认罪供述的，可省略审查起诉程序。

---

① 参见《意大利刑事诉讼法典》，黄风译，中国政法大学出版社 1994 年版，第 161—163 页。

② 包括：（1）正在预备犯罪、实行犯罪或者犯罪后即时被发觉的；（2）被害人或者在场亲眼看见的人指认他犯罪的；（3）在身边或者住处发现有犯罪证据的。

四、由程序简化式走向诉讼阶段省略式

根据简化的程度不同，可以将各国简易程序立法分为程序简化式和诉讼阶段省略式。前者强调诉讼阶段中诉讼程序的微调，比如我国简易程序中，主要集中对庭审中宣读起诉书、讯问被告人、出示证据的细微简化等，但侦查、起诉、审理作为诉讼阶段却不能省略。而诉讼阶段省略式则采取从更加宏观的角度上思考问题，简化的重点不在于某个独立诉讼阶段中诉讼程序的简化，而是力求在确保司法公正的基础上，省略一些诉讼阶段。

从程序功能的角度，参加预审、审判都是被告人的权利，如果被告人放弃这些权利，为了保障这些权利的诉讼阶段就不具有存在的意义。当然，不同的诉讼阶段，进行省略的前提条件是不同的。侦查是起诉和审判的前提条件，只有经过侦查阶段，才能将案件的事实和证据情况查明，而侦查阶段所查实的事实清楚与否，证据充分与否，是确实以后简化甚至省略诉讼阶段的基础，所以侦查阶段不应省略。但起诉阶段不同，如果案件事实清楚、证据充分，被告人已经认罪的，就可以不用审查起诉直接进入审判，其理由在上一部分已经进行了论述。同时，现代刑事诉讼制度，特别是当事人主义的审判模式往往建立在对抗主义的理念上。如果被告人认罪，则对抗式的庭审显得不必要，因此可赋予省略庭审。而且，省略诉讼阶段成为简化程序的主要手段，体现了最大化节约诉讼成本的价值诉求。审判中心主义理念下的正式庭审是当事人权利与义务集中展示的场域，该程序显得非常复杂，要投入巨大的司法资源。美国选择陪审团的过程非常复杂，经常要持续数个月，正式庭审中几乎每个证人都要到庭接受非常复杂的交叉询问。号称"世纪审判"的美国辛普森案件的审理就经过一年零四个多月，耗费上千万美元。正因为此，各国纷纷省略诉讼正式庭审阶段实现程序的简化。

事实上，在各国不同模式的简易程序之中，大多数都具有一种省略开庭审理而结案的程序，而且将省略式的简化模式延伸到审查起诉阶段。省略诉讼阶段已经成为世界各国普遍采用的程序简化模

式。如意大利的刑事诉讼分为初步审查、初步庭审和正式审判三个阶段。其简易审判程序省略了案件的正式审理，刑罚的作出依赖于书面的初步庭审中的讨论程序。快速审判程序和立即审判程序都省略了案件的初步庭审程序。辩诉交易程序和处罚令程序也完全省略了案件的审理程序。德国的处罚令程序也是如此。在美国，只要被告人放弃预审的权利就可以越过预审，直接进入审判程序。在美国的辩诉交易中，被告人必须作出有罪答辩。而有罪答辩意味着被告人供认罪行和放弃陪审团审判及其他所有的审判权利。

我国仅仅将简易程序限于简化诉讼程序，而不能省略诉讼阶段的做法，不符合诉讼的客观规律，不利于提高我国的刑事诉讼效率。今后，我国简化程序的改革必须在小打小闹的程序简化式的基础上进行大刀阔斧的省略诉讼阶段的改革。但是省略诉讼阶段将导致被告人放弃更多的诉讼权利，因此，必须注意保障被告人的合法权益，否则会导致公正性的整体丧失。

第三节 公诉审查程序简化初论

公诉审查程序指刑事案件经侦查终结后拟提起公诉时，在法院正式开庭审理前需要对案件进行初步审查，以确定起诉是否符合公诉条件，是否有必要开庭审判的法律程序。除日本外，当今世界主要发达国家都设置了一定的程序对公诉意见进行审查。在我国，检察机关的审查起诉程序实质上具有公诉审查的功能。但与其他各国不同的是，各国在具备一定的条件下可以省略公诉审查程序，以加快诉讼程序，提高诉讼效率。而我国的审查起诉程序是案件进入审判程序的必经程序，不可省略。在公正与效率成为当今司法改革的主要价值取向的话语背景下，如何借鉴其他各国在省略公诉审查程序方面的经验，对我国的审查起诉程序进行简化改革是本部分要思考的问题。

一、公诉审查的功能及其可省略性

提起公诉是国家公诉机关向法院提出控告，要求追究犯罪嫌疑人刑事责任的活动。其后果是犯罪嫌疑人将面临法院的审判，并可能遭受限制自由甚至剥夺生命的严厉制裁，因此直接关系到公民的人身权利和其他合法权益。而且，在刑事诉讼中，"提起公诉，对被告而言是非常重大的不利益处分，首先，被告为了应付审判程序的'诉累'，必须付出相当的时间精力。其次，单单起诉的歧视效应，就足以对被告人的人身、家庭及名誉产生重大影响，被告往往因被起诉而在社会评价上被认为至少'涉嫌'犯罪，无罪推定原则可不是社会上大多数人看待被告人的态度，纵使被告最后获得无罪判决，公众对其印象也未必改观。最后，只要一被起诉，被告便暴露于被判处乃至于被误判有罪的风险。当然，只要存在刑事诉讼程序，被告承担因起诉而带来的不利益，几乎是不可避免之事。然而，从起诉法定原则来看，只有已经超过法定起诉门槛的案件，才有让被告承担这些不利益的正当理由。这是立法者权衡之后的结果。"① 由此可见，公诉行为如果不加控制将会严重侵害被告人的权利。

刑事诉讼程序以打击犯罪、保障人权为其双重目标，而现代刑事诉讼更选择保障人权作为其核心价值理念。由于公诉权滥用将会严重损害犯罪嫌疑人的权利，而不利于刑事诉讼保障人权的价值理念的实现，所以要求公诉必须具有一定条件，防止无根据的追诉和审判。尽管各国规定的公诉条件不一样，但都要求必须有足够的证据证明犯罪嫌疑人在审判中极有可能被定罪。所以，公诉审查程序的功能主要有二：

其一，审查检察官是否有充分的理由将犯罪嫌疑人移送法院审判，以及时过滤掉那些不符合起诉条件的案件，防止公民受到无理

---

① 王兆鹏："起诉审查——与美国相关制度之比较"，载（台湾）《月旦法学》2002 年第 9 卷，第 51—68 页。

由、无根据的起诉和审判，从而保护犯罪嫌疑人的人权。公诉审查的任务，不是预先解决犯罪嫌疑人是否有罪的问题，而是根据事实和法律审查对犯罪嫌疑人的刑事指控是否存在合理的根据，以便确定是否将犯罪嫌疑人交付审判。在美国，预审主要针对重罪案件，"预审的主要目的是审查是否存在合理根据以支持对犯罪嫌疑人提出的指控，以确定是否交付审判"。在英国，"预审是审查证据是否充分，起诉是否有理由，是否符合起诉的条件，而不是确定被告人是否有罪"。在德国，法院在检察院提起公诉后，启动一个决定是否开庭的程序——裁判是否开始审判程序，以避免不必要的开庭审理。在法国，刑事审查庭负责审查对被审查人的控告是否有足够的证据，诉讼程序是否合法。①

其二，防止国家公诉权滥用。任何权力都应当受到制约，因为不受监督的权力必然被滥用，而成为公众权利的吞噬者。公诉权由于可能给犯罪嫌疑人带来极大的不利影响，所以必须加以监督、制约。而且各国公诉权的行使者往往承担着指挥侦查的职能，如大陆法系的"侦检一体化"，是否提起公诉是侦查结果的自然延伸。如果由引导侦查的机关，甚至侦查机关本身直接提起公诉，则由于过于介入侦查而不能保持客观性。所以，各国普遍规定公诉审查程序由中立的第三方对案件是否符合公诉条件进行审查。

但必须指出的是，公诉审查程序是对国家公诉权的制约，不能仅仅理解为对检察机关公诉权的制约。当前各国一般都是由检察机关指导侦查并由其提起公诉，所以公诉审查一般都是针对检察机关拟提起公诉的行为。同时，除少数实行大陪审团制度的国家外，各国普遍将公诉审查的权利赋予法院。但我们不能简单地认为，从审判与起诉的关系来看，公诉审查是法院运用国家赋予的审判权对检

① 肖念华："我国公诉审查制度之现状及其重构"，载《政法论丛》1998 年第 3 期，第 9 页。

察机关公诉权的监督和制约。① 因为，在世界范围内，检察机关并非唯一的公诉机关，有些国家的警官等官员或人员对某些犯罪也依法有权进行公诉。② 例如，英国在 1985 年以前并没有建立统一的检察机关，一些案件由警察负责提起公诉，这时候也需要进行公诉审查。

任何制度、程序都不可能十全十美，都必须在不同的价值取向之间进行权衡、取舍。公诉审查程序也有一定的弊端，这些弊端决定了在设计公诉审查程序时不能将其绝对化，应当规定在一定的情形下可以省略该程序。

在现代民主社会里，允许各种不同利益主体的存在，强调多种利益民主交涉达至共赢。而且同一主体也有多种的利益诉求并存，法律必须关照不同的利益诉求。利益的多元化导致价值呈现出一种多元化的趋向。刑事诉讼的价值不仅包括司法公正、保障人权，而且包括对诉讼效率的追求。公诉审查程序在公诉与审判之间设置了一道审查程序，无疑是以追求司法公正为其目标，但是显然会带来审前时间上的延长。而且公诉审查程序为防止不当起诉，对案件的证据和事实进行全面的评估，必然要耗费巨大的司法资源。由于国家的司法资源是极其有限的，而公诉审查程序又是一个极其耗费国家资源的程序，所以必须进行限制。有学者在比较近年来各国预审制度的改革后指出："几乎所有的欧洲国家都不同程度地面临着严重的刑事案件积压的问题，解决诉讼拖延已成为各国立法亟待解决的重要课题。英国为此彻底简化了存在多年的预审制度，法国也积极地简化预审程序、提高诉讼效率，对诉讼效率这一积重难返的问

---

① 姚莉、卞建林："公诉审查制度研究"，载《政法论坛（中国政法大学学报）》1998 年第 3 期，第 71 页。
② 王以真主编：《外国刑事诉讼法》，中国政法大学出版社 2000 年版，第 12 页。

题痛下决心进行了改革。"①

同时，因为正义和效率都是相对的抽象概念，不同种类的案件中的犯罪嫌疑人对正义和效率的偏好是不同的。一个案件事实十分清楚，证据也非常充分，犯罪嫌疑人更愿意选择效率。而重大案件中犯罪嫌疑人的利益将可能受到更大的影响，因此其倾向于选择更加符合正当程序标准的诉讼程序。如果争议的标的十分小，则犯罪嫌疑人可能不愿争辩而宁愿更早地结束诉讼，如德国的处罚令程序。而且，公诉审查程序是为了防止不当起诉，如果出现了明显的、强有力的证据证明指控的犯罪，那么还进行公诉审查是不必要的。这是因为，任何程序的设计都承载着一定的功能，如果在一定的条件下，该程序的功能已经实现，那么该程序的存在就已经不必要，如果公诉审查程序的功能能够在某种情况下直接实现，那么公诉程序就可以省略。因此，由于案件的事实和证据情况不同，犯罪嫌疑人对正义和效率的需求呈现出一种层次性。根据案件性质、特征的多样性，犯罪嫌疑人的认罪情况，证据的收集、认定情况的不同状态，应当针对不同类型的案件适用不同的公诉审查程序。反映在公诉审查程序上，就是对一些情节轻微、量刑将不会很重的轻罪案件，或者证据十分清楚的案件，避开公诉审查程序，直接进入审判程序。

现代刑事诉讼中，大多数国家都认可被告人具有获得迅速审判的权利。美国宪法第六修正案规定："在所有刑事指控中，被告人享有公正的陪审团进行迅速审判的权利。"这就是美国刑事诉讼中被告人获得迅速审判的权利。1972年美国联邦最高法院在巴科诉温果案（Barker v. Wingo）中，鲍威尔（Powell）大法官在陈述联邦最高法院的裁决意见时指出，迅速审判权所保护的被告人利益主要包括：（1）防止强迫性的审前羁押；（2）使被告人的焦虑和担心降到最小化；（3）限制被告方力量被削弱的可能性。为等待审

---

① 刘妙香、白恒晶、任嵘英："英法意三国预审制度比较研究"，载《北京市政法管理干部学院学报》2002年第2期，第46页。

判而采取的审前羁押对嫌疑人具有广泛的消极影响，经常意味着失去工作、打乱正常的家庭生活秩序，嫌疑人在狱中也会无所事事、虚度光阴，没有任何意义。即使被告人被保释出去，但是由于社会的怀疑和自己的焦虑，被告人也很难过上正常人的生活。而且由于诉讼迟延，一些对被告人有利的证据可能会被削弱，如辩方证人记忆的丧失等，因此诉讼迟延可能对被告人极为不利。而且提供迅速审判的权利还服务于重要的社会利益。如果法院不能提供迅速审判，将导致案件的大量积压，使得被告人不得不作出有效的有罪答辩，导致被告人在保释期间还有可能实施其他犯罪，导致被告人弃保潜逃的可能性增大，对于被告人的重新社会化也会造成损害。①公诉审查程序延长了审前的期间，这对于保障被告人获得迅速审判的权利是十分不利的。特别是当案件中的犯罪嫌疑人处于审前羁押状态时，审前的时间越长，对犯罪嫌疑人的负面影响就越大。这时候犯罪嫌疑人可能急切地希望案件能够进入正式的审判程序，早日得到确定的量刑。为了保障犯罪嫌疑人获得迅速审判的权利，规定在一定的条件下可以省略公诉审判程序也是必要的。

而且，在一些国家的司法理念中，公诉审查程序是为了保障犯罪嫌疑人的权利，它本身是犯罪嫌疑人的一种权利。而站在犯罪嫌疑人的角度上，权利是可以放弃的，其为了使案件迅速得到审理，要求放弃公诉审查的权利，在法理上是完全可以的。在犯罪嫌疑人主张放弃自己权利的情况下还进行公诉审查程序，无疑是对犯罪嫌疑人获得迅速审判权利的侵害。

二、公诉审查略式程序的比较法考察

由于公诉审查程序的省略考察的是进入审判程序而无须进行公诉审查的程序，所以不进入审判程序的辩诉交易和刑事处罚令程序不属于公诉审查的省略，不是本部分考察的对象。同时，所谓公诉

———————

① 参见李学军主编：《美国刑事诉讼规则》，中国检察出版社2003年版，第326—333页。

审查的省略必须建立在该国具有公诉审查程序的基础上，而日本因为没有公诉审查程序，所以谈不上公诉审查程序的省略。

（一）美国

在美国，由大陪审团和预审程序实现公诉审查的功能。除非放弃，所有的重罪案件都要通过大陪审团或预审听证，有时两者联合进行正式审查。轻罪案件可能被大陪审团或预审听证审查，但经常在初次到庭之后不受任何审查。要求的证据标准是一种"可能性的根据"：无论何时由具有合理警觉的人进行审查，根据一个人所接受的培训和具有的经历，证据能使这个人得出事实可能存在的结论。①

但是实践中，大陪审团程序成了检察官的签盖图章，被指责浪费了纳税人的钱。为了减少与大陪审团相关的费用，一些管辖区现在已允许被告人放弃大陪审团听审。②"到1930年时，24个州已经放弃了大陪审团程序，几乎所有的刑事案件都是以检察官的告发书的形式起诉。"③这些案件如果是重罪则被告人有预审的权利。

预审对被控的重罪被告人而言是一项权利，但并非刑事诉讼中的必经阶段，被告人可以放弃预审而直接进入审判阶段。研究表明，很大一部分被告人放弃了这项权利。一些管辖区1/4至1/3享有预审听证权利的被告人放弃了预审听证的权利，另一些管辖区被指控重罪的被告人则有半数之多放弃了这项权利。被告人放弃预审听证最常见的原因是表示合作。如果被告人打算作有罪答辩，或已经与检察官谈判答辩协议，预审听证就没有什么作用。事实清楚的案件，预审听证可能只会增加媒体的注意力，产生对被告人的歧

---

① ［美］爱伦·豪切斯泰勒·斯黛丽、南希·弗兰克：《美国刑事法院诉讼程序》，陈卫东、徐美君译，中国人民大学出版社2002年版，第387页。
② 同上，第394页。
③ ［美］琼·雅各比：《美国检察官研究》，周叶谦等译，中国检察出版社1990年版，第41页。

视。所以，为避免任何不利的宣传，被告方可能放弃预审听证。①

(二) 英国

按照英国法律规定，凡是按正式起诉程序由刑事法院审理的案件，除法律有明确规定的以外，先要经过治安法院预审，故又称"起诉审"（committal proceeding）。20 世纪 30 年代以前，预审由大陪审团负责。1933 年大陪审团被取消后，这一任务便由治安法院承担。负责预审的治安法官被称为预审法官（examining justice）。在 20 世纪 80 年代，英国对预审程序进行了一系列改革：1987 年颁布的刑事审判法设立"移交告知"制度，对于重大复杂、明显没有必要进行审查的欺诈案件，为避免无谓的拖延，控诉方可直接将案件提交刑事法院进行审理，而只需告知治安法院即可。1991 年的刑事审判法又将告知的范围扩大到针对儿童的严重伤害或性侵犯。② 而且对于简易罪和可以适用简易程序的可起诉罪可以由治安法院依照简易程序审理，这类案件无须预审。但治安法院对按照简易程序审判的案件作出判决时所判处的刑罚最多不得超过 6 个月的监禁。③ 据统计资料表明，在英国按简易审判程序审理的案件，占全部刑事案件的 97%。④

(三) 法国

在法国，刑事案件一般要经过预审，由预审法庭对案件进行审查，认为案件的证据充分时才能移送审判法院进行审判。对于重罪

---

① ［美］爱伦·豪切斯泰勒·斯黛丽、南希·弗兰克：《美国刑事法院诉讼程序》，陈卫东、徐美君译，中国人民大学出版社 2002 年版，第 401 页。

② 刘妙香、白恒晶、任嵘英："英法意三国预审制度比较研究"，载《北京市政法管理干部学院学报》2002 年第 2 期，第 43—44 页。

③ 高一飞：《刑事简易程序》，中国方正出版社 2002 年版，第 89 页。对于适用该程序的有关罪名的详细资料可见该书。

④ 陈开欣："英国刑事司法制度概况——赴英考察报告"，中国政法大学《刑事诉讼制度改革研究》课题组编印。转引自瓮怡洁："论公诉案件的诉讼分流"，载《国家检察官学院学报》2002 年第 5 期，第 65 页。

案件，由预审法官和上诉法院起诉审查庭两级预审，预审具有强制性，对于轻罪案件预审法庭的参加仅为任意性质。① 对于违警罪，只有在检察官认为有必要进行正式侦查的条件下才进行预审。在一些特定情况下，可以不经过预审进入审判程序。任何轻罪案件，如果当处之刑罚最高刑至少为 2 年但不超过 7 年监禁，在共和国检察官认为证据充分，并且案件已经备妥，能够进行审判时，则可以将被告人立即提交法庭审判。如果犯罪是现行犯罪，并且当处之最高刑法至少为 1 年但不超过 7 年时，也可以使用这种立即出庭程序。立即出庭程序必须由被告人同意才能进行。法国法律还规定有另一种形式的加快程序，这就是被称为"以笔录为传唤通知"的程序。不论是因现行犯罪，还是当事人受到拘留（即使是在司法警察进行初步调查过程中受到的拘留），也不论当处之轻罪监禁刑的刑期如何，凡提交共和国检察官处理的任何人，都可以适用这一程序。共和国检察官采用"以笔录为传唤通知"的方式提请法院受理案件，责令当事人于确定的期日前往轻罪法院出庭接受审判，出庭的期限为 10 日至 2 个月的期限不等。②

（四）德国

在德国，检察官提起公诉后，案件进入审判之前，必须通过中间程序，由法院审查被告人是否有充分的犯罪嫌疑，即是否极有可能定罪，而决定起诉是否正当，为一应否开启审判程序的裁决。中间程序承担了公诉审查的功能。但由刑事法官、参审法院所审判之案件，如果案情简单或证据情况极明了，适宜立即之审理者，并且所处之刑罚为 1 年以下之自由刑者，当检察官提出申请时，得进行简易程序。此类案件无须为开启审判程序之裁定，即省略全部的中间程序。③

① ［法］卡斯东·斯特法尼等：《法国刑事诉讼法精义》，罗结珍译，中国政法大学出版社 1999 年版，第 381 页。
② 同上，第 722—723 页。
③ 参见［德］克劳思·罗科信：《刑事诉讼法》，吴丽琪译，法律出版社 2003 年版，第 568 页。

（五）意大利

意大利的刑事诉讼分为初步侦查、初步庭审和审判三个阶段。初步庭审的任务是审查检察官收集的证据是否有充分的理由认为应对嫌疑人提起公诉，以防止不当的起诉，① 承担了公诉审查的功能。1988 年意大利修改刑事诉讼法时确立了快速审判程序和立即审判程序。两程序在初步侦查和审判阶段与普通程序相同，却唯独省略了案件的初步庭审程序，相当于案件不经过公诉庭审程序而直接进入案件的审判阶段。

根据意大利刑事诉讼法第 449 条的规定，适用快速审判程序的情况和方式有：（1）如果某人在犯罪时被当场逮捕并且公诉人认为应当予以追诉，可以直接将处于逮捕状态的人提交法官，以便在自逮捕之后的 48 小时内获得对逮捕的认可并使该人同时受到审判。如果逮捕获得认可，则立即开始进行审判。（2）如果逮捕未获得认可，法官将文书退还公诉人，但当被告人和公诉人同意实行快速审判时，法官也可以决定实行该程序。（3）如果当场逮捕已经得到认可，但要求对当场逮捕进行认可的时候并没有提出适用快速审判程序，那么公诉人可以要求实行快速审判。在这种情况下，被告人在自逮捕后的 14 日内提交给法庭。（4）对于在讯问过程中作出坦白的人，公诉人也可以实行快速审判，但被告人在自登记犯罪消息后的 14 日内被传唤出庭受审，因受追诉行为而处于预防性羁押状态的被告人在同一期限内被提交给法庭。立即审判程序与快速审判程序一样，也适用于一切刑期的案件，只要符合法定的情形。立即审判程序主要有两种适用情形：一是当证据清楚时，公诉人在预先讯问被告人后可以要求实行立即审判；二是被告人可以放弃参加初步庭审的权利而进行立即审判。但是立即审判程序必须在登记犯罪消息的 90 日内提出。

---

① 程味秋："《意大利刑事诉讼法》简介"，载《意大利刑事诉讼法典》，黄风译，中国政法大学出版社 1994 年版，第 5 页。

可见，各国都不同程度上存在着公诉审查程序的省略，并不是所有的案件都必须经过公诉审查程序才能进入审判。而省略的理由可以是以下几种：（1）犯罪嫌疑人放弃预审，放弃公诉审查的权利。如美国的预审和意大利上述审判程序中的一种，这与把公诉审查看成是犯罪嫌疑人的一项权利的理念有关。（2）对于较轻的案件不需要公诉审查，这是为了在公正与效率之间寻求平衡。上述各国都存在这种省略公诉审查程序的立法，但各自确定的刑期是不同的。但值得一提的是，意大利所有的案件都可以不经过公诉审查进入审判程序，这与该国严重的案件积压有关系。（3）还可以基于特定的事由，而这些特定事由表明案件"明显没有审查"的必要。如英国近年改革的"移交告知"制度。再如意大利快速审判程序中"当场逮捕"、"坦白"的规定，法国立即出庭程序中"现行犯罪"的规定。

三、简化审查起诉程序——对我国简易程序改革的一种新思考

当前，有一种看法认为，我国的审查起诉程序并不具备公诉审查程序的功能。因为公诉审查程序是由法院对检察机关的公诉请求进行审查，而我国是由检察机关对侦查机关的起诉意见进行审查，如果认为符合起诉条件就直接起诉发动审判程序。那么我国的审查起诉程序到底是不是一种公诉审查程序？笔者认为，上述观点是机械的，只简单地进行了主体对比，而没有看到我国侦查权力和检察机关审查起诉权力在实质上与上述各国的不同。公诉审查程序的实质是在审判与公诉意见之间设置一道程序，由一定中立的机关来审查公诉意见，确定案件是否应当进入审判程序。而不一定必然是法院对检察机关起诉意见的审查。在诸多的解释方法中，功能解释无疑是一种应用最广泛的且是最为有效的解释方法，甚至被称为社会

学上的全方位透视方法。① 从功能主义的角度上说，我国的审查起诉程序仍然承担着公诉审查的功能，也应当列入公诉审查程序的范畴。但长期来看，我国的这种公诉审查方式需要进一步改进。

在大陆法系和英美法系的主要国家，警察机关并没有独立的、完整的侦查权，侦查都是在检察官的领导下进行，警察机关没有权利终结诉讼，提起公诉或公诉意见。侦查终结认为应当起诉的，也是检察官作出的。也就是说，由于检察机关自始至终介入、指导侦查，在侦查终结后并不需要独立的审查阶段，检察机关就能作出是否起诉的决定。是否提起公诉是侦查终结的一种结果，相当于我国侦查机关在侦查终结后，提起公诉意见。但由于检察机关行使侦查指挥权，导致其难以站在客观的基础上作出是否公诉的决定，所以必须对公诉进行审查，以防止检察机关因介入侦查一线，关系密切而带来的主观偏见、滥用职权。

而我国的诉讼分为三个阶段：侦查、审查起诉和审判阶段。侦查阶段是由侦查机关主导的，检察机关审查起诉部门并不承担侦查职能。检察机关与侦查机关保持着一定的距离，并不能直接指挥侦查，领导、调动侦查人员。② 当侦查机关侦查终结，认为犯罪事实清楚、证据确实充分时便提交审查起诉，这相当于上述各国由检察机关提起的公诉。而且我国侦查机关提出公诉意见的证明标准，与我国提起公诉、作出判决的证明标准是一致的。也就是说，侦查机关在考虑是否将案件移送审查起诉时，遵循的是案件是否应当起诉，并获得有罪判决。除了作出主体不同导致的效力不同外，其不低于西方国家检察机关提起公诉的证明标准，甚至更高。而审查起诉是一个独立的阶段。公诉部门审查起诉的重要职能在于审查案件是否符合公诉条件，是否应当提交审判，其实质上是履行了预审法

---

① ［英］罗杰·科特威尔：《法律社会学导论》，潘大松等译，华夏出版社 1989 年版，第 107 页。

② 但目前一些地方正在进行检察引导侦查的改革，这给我国的公诉审查程序带来极大的冲击。

官的公诉审查职能。审查起诉人员更像"法官之前的法官"。① 但是，由于我国提起公诉意见的是侦查机关，其效力应当受到更大的限制，所以在我国把检察机关被定位为履行法律监督职能的司法机关，承担着客观公正的义务，对侦查权进行制约。这一特点也为我国公诉机关成为公诉审查的主体提供了条件。

目前，我国面临着诉讼资源紧缺，需要大幅度提高诉讼效率的困境。但总的说来，我国将诉讼程序的简化，主要寄托于案件审理程序的简化。按简易程序审判只是走个过场，十几分钟就能审结一个案件，而被告人却可能被判处近 3 年的有期徒刑，这对被告人的权利保障非常不利。这是改革的一个重大的误区。

但是，由于我国检察机关公诉部门未能介入侦查而对证据不熟悉，决定了我国的审查起诉在承担公诉审查职能的同时，还承担了公诉准备的重要职能。在案件不经过公诉审查程序直接进入审判程序时，由于检察机关公诉部门没有介入案件的侦查，而又承担着案件的公诉任务，审查起诉是审判的公诉准备阶段。如何确保检察机关对案件情况的知悉，保障其很好地履行公诉职能是必须考虑的问题。由于重罪案件往往相对来说较为复杂，对犯罪嫌疑人权利、社会秩序的影响较大，省略公诉审查程序如果导致无罪的犯罪嫌疑人面临重罪的审判，或者因缺乏公诉准备而公诉失败都是我们不愿意看到的。而且由于我国未实行检警一体化，检察机关对侦查机关的制约不足，侦查权过于强大，可能对犯罪嫌疑人形成不利的影响。

---

①　这也许成为法律发展的一种趋势。德国早在20世纪70年代，犯罪学的研究即已证明：检察机关几乎已经不再充当立法者赋予它的"侦查程序的主宰"这一角色。与立法者将检察机构设计为侦查主管机关的初衷相悖，检察机关已经演变成一个审级，其工作重点是在终止刑事诉讼程序和起诉两者之间作出决定。而进一步的发展则引起了更加不同的意见，如今天的检察官已经变成"法官之前的法官"，而检察机关则成为"立法者之前的立法者"。[德] 汉斯－耶尔格·阿尔布莱希特："刑事诉讼中的变通政策以及检察官在法庭审理开始前的作用"，赵阳译，赵又芳校，载陈光中、江伟主编：《诉讼法论丛》（第3卷），法律出版社1999年版，第204页。

基于上述两点，笔者不主张在我国对于重罪的案件也可以省略公诉审查程序。事实上，对于重罪，法国、德国都必须进行公诉审查。美国的大陪审团进行的重罪的公诉审查，同样也是必须进行的程序。

但在我国没有重罪和轻罪的区分，这对于上述改革的实施是一个重大的障碍。但我国有专门的简易程序。笔者认为，可以将适用简易程序的案件与上述改革结合起来。对于依法可能判处 3 年以下有期徒刑、拘役、管制或者单处罚金的案件，如果证据确实充分且犯罪嫌疑人同意简化公诉审查程序的，经过检察机关同意可以省略审查起诉程序。但特定情况下，可不需要犯罪嫌疑人同意就省略审查起诉程序。当犯罪嫌疑人提出放弃公诉审查权时，公诉人可以在直接听取犯罪嫌疑人意见后，简化案件的审查起诉程序，省略内部审查程序，5 日内决定是否适用直接起诉。公诉机关的审查主要是审查案件能否在起诉后胜利完成案件的公诉准备。这就必须改革侦查机关起诉意见书的制作。侦查机关在制作起诉意见书时必须注明能够证明犯罪嫌疑人犯罪证据的所在页码，并摘要其中的重要内容。这样公诉机关才能更加迅速地作出决定。

将公诉审查程序的放弃建立在犯罪嫌疑人同意的基础上，有助于保障犯罪嫌疑人的权利，因为公诉审查的主要功能在于防止犯罪嫌疑人的权利受到公诉权滥用的侵害。犯罪嫌疑人的同意显然给省略公诉审查程序带来了正当性，但必须注意如何确保犯罪嫌疑人的同意，是其自愿作出的。而需要检察机关的同意，是因为检察机关承担了公诉准备的职能，如果案件非常复杂，省略公诉审查程序无法完成公诉准备，则不能适用该程序，所以赋予检察机关同意权。但不需要犯罪嫌疑人认罪，因为公诉审查程序并不解决定罪问题，而是解决是否适合审判的问题。

在特殊情况下，可以不经过犯罪嫌疑人同意而省略审查起诉程序，是因为出现了特定的事由使公诉的正当性显而易见。在意大利，如果被告被当场逮捕获得认可就可以省略公诉审查程序，直接进入审判。当场逮捕的案件具有有力的人证或者物证，所以一旦当场逮捕被认可，则认为案件具备了提起公诉的证据标准。我国也可以考虑借鉴有关的上述规定。对现行犯采取速决程序。

但是在我国，犯罪嫌疑人在讯问中作出供述的不能省略公诉审查程序。而意大利规定犯罪嫌疑人在讯问中作出坦白时省略初步庭审程序则是对供述自愿性的特别保障。在意大利，被告人无论是接受司法警察还是公诉人的讯问时，被告人都可以获得一个自选辩护人，如果被调查人没有自选辩护人，有权获得国家为其指派的一名辩护人的帮助，没有辩护人的在场，不能对被调查人进行讯问，即使是根据具体的地点和紧急情况，在辩护人未出席的情况下讯问了被调查人，该材料也不得纳入档案并且禁止加以使用。而且意大利刑事诉讼中，在开始讯问前，应当告知被讯问者其有权不回答问题，并且即便他不回答提问，诉讼也将继续进行。也就是被调查人在讯问过程中享有沉默权。① 在沉默权和辩护人律师在场权得到充分保障的前提下，被调查人的坦白具有特别强的证明力，因此可以作为一个证据清楚的认定标准而启动快速审判程序。而我国一方面被告人没有沉默权，被告人在接受讯问时没有辩护律师在场；另一方面，我国侦查机关的侦查权利过于强大，受到较少的司法制约，其可能对犯罪嫌疑人形成巨大的精神及肉体压力。而且犯罪嫌疑人在审前多处于羁押状态，犯罪嫌疑人被关押在看守所，对其心理造成了极大的压力。这些情形决定了对犯罪嫌疑人的坦白，必须慎重对待，不应当赋予非常高的证明力，将其作为省略公诉审查程序的事由。

第四节　认罪案件审查起诉程序的简化②

随着我国刑事诉讼案件数量的增多，司法机关的工作压力越来越大，刑事案件数量的持续攀升与司法资源的捉襟见肘形成了极大

---

① 《意大利刑事诉讼法典》，黄风译，中国政法大学出版社1994年版，第26、37页。

② 该节系与肖宁合著。

的反差。但是，我国的简易程序改革片面以简化审理程序为中心。就认罪案件而言，可以适用我国 1996 年确立的"简易程序"，或者 2003 年颁布的《关于适用普通程序审理"被告人认罪案件"的若干意见（试行）》中确立的"普通程序简化审"。无论"简易程序"或"普通程序简化审"都只能简化案件的审理程序，审查起诉程序并不能简化，适用与非认罪案件完全相同的审查程序。目前，我国简化审理程序的改革已经导致纠问化的倾向，简易程序改革正面临着许多正当性的质疑，似乎已经走入困境。

可喜的是，最高人民检察院 2006 年颁布了《关于依法快速办理轻微刑事案件的意见》（以下简称《意见》），要求"对轻微刑事案件在侦查、批捕、起诉、审判各个诉讼环节依法快速办理"，更在《认罪轻案办理程序实验方案》（以下简称《实验方案》）中提出了一些简化审查起诉程序的基本思路，并进行了实验试点。但是，审查起诉程序简化改革仍处于探索之中，许多制度仍不完善，也缺乏理论上足够论证①和实证调查的支撑。在公正与效率一并成为当今司法改革的主要价值取向的话语背景下，研究认罪案件审查起诉程序的简化具有重大的理论意义与实践价值。

一、我国简易程序改革的困境——审判中心主义下的迷失

我国简易程序改革奉行简化庭审程序的单一化思路，已经出现了"瓶颈"现象。1996 年之前，我国的审判程序属于强职权主义，庭审走过场，毫无简化的必要。1996 年刑事诉讼法修改之后，我国审判程序引入对抗式诉讼制度。即使这样，我国普通程序并未实行陪审团审判，证人普遍不出庭，被告人的辩护权保障不足，辩护

---

① 对简化审查起诉程序进行专题研究的论文仅有：谢小剑："公诉审查略式程序研究——简略我国审查起诉程序的思考"，载《法学论坛》2005 年第 2 期；柯葛壮、杜文俊："论认罪案件处理程序之简易化"，载《政治与法律》2003 年第 2 期。

律师参与缺位，庭审对抗性不足，审理程序表现出非常高效率的特点。适用普通程序的案件通常也就 3 小时以内，案件复杂时，除极个别案件以外，也不过耗费 1 天的时间。

修改后的刑事诉讼法在审判程序引入对抗式的同时，设立了刑事简易程序。一般而言，域外审理程序简化主要通过证人不出庭和放弃陪审团审判来实现，因为证人的交叉询问和陪审团选择将耗费庭审的主要时间。但是，我国普通程序中已经实现了这种简化。在普通程序如此简化之程序背景下，如何再实现程序简化呢？于是，我国在构建简易程序时，剥夺了被告人的程序选择权；规定公诉人可以不出庭，实践中几乎所有的案件都没有公诉人出庭，支持公诉的职能由法官来完成；不仅不强制辩护，甚至辩护律师也可以不出庭，只需出具书面辩护意见；起诉书只宣读事实部分；出示证据不宣读证据内容，只说明证据要证明的事实；法庭辩护也简化。简易程序庭审几分钟结束，重现"走过场"的现象。① 而 2003 年颁布的《关于适用普通程序审理"被告人认罪案件"的若干意见（试行）》，基本上采取的也是同一思路。

于是，许多学者群起而攻之，认为我国的简易程序对被告人权利保障不足，甚至因为公诉人不出庭，简易程序被批评为纠问式的诉讼程序，应当加强对被告人权利的保障。这就出现了悖论：一方面，简易程序改革即使纠问化，仍未有效提高诉讼效率；另一方面，由于强调被告人权利保障，我国的简易程序和普通程序必然"复杂化"。我国简易程序改革似乎已经"山穷水尽"。如何才能"柳暗花明又一村"呢？我国的简易程序改革的思路是否存在"路径依赖"而不自觉呢？程序简化是否可以从审判阶段走向审前阶段——特别是审查起诉阶段呢？

无论是英美法系还是大陆法系，奉行的都是审判中心主义。案件的正式庭审是当事人权利与义务集中展示的场域，遵循正当程序

---

① 关于我国简易程序改革中实证调查的情况，参见左卫民等：《简易刑事程序研究》，法律出版社 2005 年版。

标准，程序非常复杂，要投入巨大的司法资源。如美国选择陪审团的过程通常要持续数个月；证据交换制度复杂；英美法系的传闻规则、大陆法系的言词原则，导致正式庭审中大多数证人都要到庭接受非常复杂的交叉询问或质证；审判程序没有审限限制。简易审判与正式审判所需费用相差巨大。在英国，按简易程序审判的案件平均每件花费 500—1500 英镑，而按正式审判程序审理的案件则每件要花费 13500 英镑。①

相反，由于受到迅速审判原则的限制，审前程序通常是短暂的。美国 1974 年制定的《联邦迅速审判法》规定，某一大陪审团起诉或者检察机关起诉应当在相对人被捕或以与指控有关的事由被传唤之日 30 日内完成。但在某一重罪案件中，如果在这一期间大陪审团没有就位，那么该期间可再延长 30 日。② 英国《1987 年犯罪追诉（羁押期限）规章》规定，犯罪嫌疑人在治安法院初次出庭到治安法院开庭审理的期限不能超过 70 天，到刑事法院开庭审理不能超过 112 天。③ 大陆法系同样要求遵循迅速审判原则，法国经常在犯罪嫌疑人被确认之后几个星期内起诉。④

可见，在审判中心主义理念下，诉讼资源，包括成本、时间和周期都集中在审判程序。正因为此，域外各国纷纷以简化正式庭审的方式来实现诉讼经济。一般来说，审前程序虽有所简化，却没有"独立"的简化程序。我国的简易程序改革，严格来说是在比较法基础上借鉴而成的。但是，我国刑事简易程序改革照搬了审判中心

---

① 程味秋：《外国刑事诉讼法概论》，中国政法大学出版社 1994 年版，第 28 页。

② ［美］伟恩·R. 拉费弗等：《刑事诉讼法》（下），卞建林、沙丽金等译，中国政法大学出版社 2005 年版，第 932 页。

③ 孙长永：《侦查程序与人权》，中国方正出版社 2000 年版，第 235 页。

④ Richard S. Frase, Comparative Criminal Justice as a Guide to American Law Reform: How Do the French Do It, How Can We Find Out, and Why Should We Care? California Law Review, May, 1990.

主义下的简化思路，而忽视了我国在诉讼结构、诉讼文化上与之的巨大区别，缺少系统论的视野，犯了"拿来主义"的错误，造成了我国简易程序改革的困境。

从我国的司法理念来看，并没有确立审判的中心地位。[①] 根据我国《刑事诉讼法》第 168 条的规定，审判期限为 1 个月，至迟不得超过一个半月。相反，为了保障事实真相的查明，我国没有确立迅速审判原则，刑事诉讼的重心在审前。这是因为，刑事诉讼周期的大部分时间耗费在侦查、审查起诉阶段上。据计算，犯罪嫌疑人在侦查阶段从刑事拘留转为逮捕再到移送审查起诉，其羁押时间就可能长达 247 天，而从审查起诉到移送起诉，其审查起诉期限长达 195 天（包括二次退回补充侦查）。[②]

如果审判不是刑事诉讼程序的中心，诉讼期限的分布不集中于庭审而是庭前，则将诉讼效率的提高完全寄托于审判的改革思路无疑存在问题。我国诉讼程序的简化，主要寄托于案件审判阶段程序的简化，审判阶段程序的简化又主要体现为审理程序的简化[③]，这是改革的一个重大的误区。我国简易程序的困境，正是照搬审判中心主义理念下简化程序思路的恶果，要从整体上大幅度降低诉讼成本，提高诉讼效率，必须将简易程序从审判阶段向前延伸到侦查、起诉阶段。

二、我国简化审查起诉程序之理论论证

认罪案件简化审查起诉程序的理论基础首先在于实现诉讼经济。诉讼经济是刑事诉讼制度之基本价值。[④] 反映在认罪案件上，可简化审查起诉程序。审查起诉程序的功能在于确保起诉的合理根

---

① 当然，我国应当采取审判中心主义，还是采取日本的"精密司法"，是值得进一步研究的。

② 柯葛壮、杜文俊："论认罪案件处理程序之简易化"，载《政治与法律》2003 年第 2 期，第 53 页。

③ 庭审时间同整个审理期限相比也是极为短暂的。

④ 林俊益：《程序正义与诉讼经济——刑事诉讼法专题研究》，（台湾）月旦出版社 2000 年版，第 91 页。

据，防止滥用公诉权。① 如果出现了明显的、强有力的证据证明起诉的犯罪事实，那么进行详细的公诉审查则是不必要的。这是因为，任何程序的设计都承载着一定的功能，如果在一定的条件下，该程序的功能已经实现就可简化程序。毫无疑问，犯罪嫌疑人认罪的供述就是非常有力的证据，在任何正常人眼里，起诉一个承认有罪者，显然是有正当根据的，因此审查起诉程序就可以简化。否则，既是程序浪费，又违反了诉讼经济。再者，对刑事案件实行繁简分流，也体现了对犯罪实行宽严相济的政策精神。

认罪案件简化审查起诉程序的理论基础还在于保障犯罪嫌疑人权利。审查起诉程序的功能可解释为保障犯罪嫌疑人免受不当起诉，则获得检察机关的审查起诉就是犯罪嫌疑人的一种权利，正如英美法系将预审理解为犯罪嫌疑人的一种权利一样。现代刑事诉讼以保障犯罪嫌疑人权利为中心，程序正义更强调犯罪嫌疑人的主体地位。站在犯罪嫌疑人的角度上，作为权利主体的犯罪嫌疑人，为了使案件得到迅速的审理，应当有权放弃审查起诉程序，这在法理上是完全合理的。在犯罪嫌疑人主动放弃自己权利的情况下，仍然进行审查起诉无疑是对犯罪嫌疑人获得迅速审判权利的侵害。

在阐明简易程序的改革应当从庭审走向审查起诉阶段以及审查起诉程序简化的理论基础之后，有必要论证"我国"审查起诉阶段程序简化的可行性。这是从我国当前的司法现状出发，而非从应然性的角度展开。

（一）案件情况的多样性为简化审查起诉程序提供了事实基础

司法实践中，刑事案件并非千篇一律，而是千差万别的。正是刑事个案本身的多样性决定了审查起诉程序的多样性，应当针对繁简不同的案件设计不同的审查起诉程序。日本学者田宫裕认为，应

---

① 在我国，审查起诉相当于域外防止公诉权滥用的功能，采取的是权力的自我约束型模式，比较功能上相当于域外的预审程序或中间程序，当然也有所不同。

当"按犯罪的性质、轻重等情况区别对待，与之相应地适用既简略迅速又能保持公正的程序。对于轻微的犯罪没有必要适用与重罪相同的严密程序"①。

我国在审查起诉阶段即有大量的认罪案件。司法实践表明，被告人已在侦查和审查起诉阶段认罪是非常常见的。笔者对江西省的5个基层院2005年至2007年办理认罪案件的数据进行了调查，所调查的4个基层院侦查阶段认罪率、起诉阶段认罪率平均达92.34%、87.93%。在认罪案件中，因为有犯罪嫌疑人供述，使案件的审查起诉工作变得相对简单。但我国任何公诉案件适用同样的审查起诉程序，即使是适用简易程序的案件，审查起诉程序也没有任何简化。无论从司法实践的客观需求看，还是从整个诉讼程序中实现繁简分流的要求看，我国都应当考虑将认罪案件的审查起诉程序予以简化，以大大拓展程序简化的空间，提高诉讼效率。

（二）我国司法实践中审查起诉程序期限较长，简化空间大

现代的刑事诉讼采审判中心主义。庭审简化的空间极其有限，一些最低的程序公正标准也不应突破。相反，审前阶段是审判的准备程序，不必遵循与审理程序一般高的正当程序标准，所以具有较大的程序简化的空间。比如，我们可以从犯罪嫌疑人认罪这一事实，推出其放弃了审查起诉这一程序性权利。

根据我国刑事诉讼法的规定，审查起诉程序是一个独立的阶段，程序相对复杂，要审阅案卷材料，讯问犯罪嫌疑人，听取被害人和犯罪嫌疑人、委托人的意见，制作书面的审查意见书，审查意见要报检察长或检察委员会决定。实践表明，审查起诉人员在审查案件时，一般都将案件的审查期限用足，也就是说绝大多数案件的审查起诉都要花费1个月，有的甚至长达两三个月。但是，在笔者

---

① ［日］田宫裕："刑事程序的简易化"，载西原春夫主编：《日本刑事法的形成与特色》，李海东等译，法律出版社、（日本）成文堂1997年联合出版，第134页。

了解的基层院中，认罪和非认罪案件没有区别，都以法定期限为准。而事实上，是否起诉的判断在阅卷完结后即可迅速作出。正是因为在我国司法实践中，审查起诉程序不分难易，一味地"复杂化"、"长时间化"，使得审查起诉程序具有较大的简化空间。

（三）我国犯罪嫌疑人具有选择迅速审判的强烈意愿①

正义和效率都是犯罪嫌疑人希望的目标。不同种类的案件中，犯罪嫌疑人对正义和效率的偏好是不同的。要求所有的案件都必须经过同样的审查起诉程序，无疑不利于保障偏爱效率的犯罪嫌疑人的利益。事实上，认罪案件中，几乎所有的犯罪嫌疑人都试图选择放弃对抗而求得迅速裁判。

根据实证调查，我国审前羁押的比率高达90%，② 犯罪嫌疑人普遍处于审前羁押状态。而且，我国对犯罪嫌疑人的羁押期限往往与办案机关的审理期限相同，审查起诉的时间越长，对犯罪嫌疑人的羁押越久。为了防止串供和地方财政的困难，我国审前羁押场所——看守所的条件非常有限，远低于监狱的条件。审前的时间越长，对犯罪嫌疑人的负面影响就越大。这时候犯罪嫌疑人可能急切地希望案件能够进入正式的审判程序，早日得到确定的量刑。根据Landes（1971）经验研究表明，被告人被逮捕而没有被保释的情况

---

① 值得一提的是，检察官是否具有选择简化审查起诉的愿望，也是改革能否推进的重要原因。意大利刑事司法没有促使检察官积极适用简易程序是其改革失败的重要原因。（Elisabetta Grande：Italian Criminal Justice：Borrowing and Resistance，American Journal of Comparative Law，spring，2000.）而在我国，该改革是检察机关推动的，显然具有更大的可行性。

② 我国有关羁押的现状可参见陈瑞华主编：《未决羁押制度的实证研究》，北京大学出版社2004年版。

下，更倾向于在审前解决案件。① 实际上，根据笔者调查，很多犯罪嫌疑人都有迅速裁判的强调意愿。所以，正是大量的犯罪嫌疑人具有迅速裁判的意愿，认罪案件简化审查起诉程序、提高诉讼经济才有可能。

（四）简化审查起诉制度之可行已为许多国家和我国司法实践所证明

在美国，犯罪嫌疑人可以放弃预审的权利而使案件直接进入审判程序。在德国，如果案情简单或证据情况极明了，适宜立即之审理者，并且所处之刑罚为 1 年以下之自由刑者，当检察官提出申请时，得进行简易程序。此类案件无须为开启审判程序之裁定，即省略全部的中间程序。② 在法国，任何轻罪案件，如果当处之刑罚最高刑至少为 2 年但不超过 7 年监禁，在共和国检察官认为证据充分，并且案件已经备妥，能够进行审判时，在犯罪嫌疑人同意下，可以不经过预审，将犯罪嫌疑人立即提交法庭审判。③ 而事实上，如果案件中有犯罪嫌疑人供述，都符合大陆法系各国简略"审查起诉程序"对证据充分之要求。

意大利刑事诉讼法第 449 条规定，快速审判程序中，对于在讯问过程中作出坦白的人，公诉人也可以实行快速审判。假如被告人在正式讯问时作出坦白，检察官可以立即要求法官对其适用快速审

---

① Nicola Boari: On the Efficiency of Penal Systems: Several Lessons From the Italian, International Review of Law and Economics, Match, 1997. 该作者认为，意大利简易程序改革未取得预期效果的原因之一，在于意大利 1995 年 8 月 3 日进行的改革严格限制了检察官适用预防性羁押制度，不利于辩诉交易和简易审判程序的进行，因为被告人大多被保释在外，而没有选择适用简易程序的积极性。

② ［德］克劳思·罗科信：《刑事诉讼法》，吴丽琪译，法律出版社 2003 年版，第 568 页。

③ ［法］卡斯东·斯特法尼等：《法国刑事诉讼法精义》，罗结珍译，中国政法大学出版社 1999 年版，第 722—723 页。

判程序进行听证。① 被告人在自登记犯罪消息后的 14 日内被传唤出庭受审。可见，意大利对于认罪案件，无论案件轻重，都可以省略相当于我国审查起诉的初步审判程序，直接进入对抗式的正式审判。

我国有些地方检察院已经在进行认罪案件简化审查起诉程序改革试点。试点表明，简化审查起诉程序不仅可能，而且效果很好。例如，重庆市渝北区公、检、法机关对 79 起轻微刑事案件适用快速办案机制后，侦查、审查批捕、起诉、审判四个环节，平均每起案件仅用 21 天，比以前缩短了 92 天。② 2007 年 4 月，横县法院公诉部门开始启动轻微刑事案件快速办理机制，到 6 月底，快速办理轻微刑事案件共 18 件 20 人，平均办结时间为 3.1 天，快速办理机制初见成效。③

三、认罪案件审查起诉程序的简化方式

（一）扩大简化审查起诉程序的认罪案件范围

根据我国《意见》的规定，我国简化审查起诉程序的认罪案件，基本上只限于认罪轻案——"可能判处三年以下有期徒刑、拘役、管制或者单处罚金"。但是，《关于适用普通程序审理"被告人认罪案件"的若干意见（试行）》第 2 条规定，我国适用普通程序简化审的认罪案件，包括了量刑上除死刑以外的一切案件。笔者认为，对于认罪案件，连审判程序都可以简化，那么审判的准备程序——审查起诉程序更应当可以简化。同时，审查起诉程序简化

---

① Stephen P. Freccero: An Introduction to the new Italian criminal Procedure, American Journal of Criminal Law, Spring, 1994.

② 黄海龙、张建忠："《关于依法快速办理轻微刑事案件的意见》解读"，载《人民检察》2007 年第 7 期。

③ "横县院快速审查起诉轻微刑事案件取得成效"，载 http: // ga. nanning. gov. cn/3096/2007＿10＿22/3096＿235688＿1193019982843. html, 2008 年 5 月 10 日。

后，仍有审判程序保障犯罪嫌疑人的权利，因此无须过多限制简化的案件范围。而且，简化审查起诉程序不必遵循简化审理程序一样高的正当程序标准。因此，笔者认为，针对认罪案件，简化审查起诉程序的案件范围适用于可能判处死刑之外的一切刑事案件。当然，如果犯罪嫌疑人只承认部分犯罪事实的，仅对该承认的犯罪事实进行审查起诉程序。

（二）由专门人员专门办理"认罪案件"

由专门人员办理认罪案件是我国简化审查起诉程序的重要手段。《意见》第 10 条规定："要根据案情的繁简程度，对刑事案件实行繁简分流，分工办理，指定人员专门办理轻微刑事案件，具备条件的可以在侦查监督部门和公诉部门成立相应的办案组。"《实验方案》也提出要建立"认罪轻案组"，并要由 1 名副检察长兼专案组组长，认罪轻案组人员直接向该组长报告工作和请示。

经济学大师亚当·斯密的研究表明，分工会带来专业化水平以及劳动生产率的提高。通过分工提高效率是各行各业普遍采取的手段。从各地实践来看，通过成立专门办案组的方法确实提高了诉讼效率，达到了较好的效果。这主要是由于案件压力大，检察官同时办理许多案件，往往将精力用于办理疑难案件，对认罪案件并不重视。这类案件往往由于其他原因被耽搁而无法迅速审查起诉，比如有时为了集中力量办理重大、复杂案件而不得不暂时搁置轻微刑事案件，等到法定期限即将届满时再予以办理。

（三）简化内部审批

我国公诉权是赋予检察院而不是单个的承办检察官行使。在我国检察院内部，承办检察官并没有独立行使公诉权的资格。《人民检察院刑事诉讼规则》第 261 条规定："办案人员对案件进行审查后，应当制作案件审查意见书，提出起诉或者不起诉以及是否需要提起附带民事诉讼的意见，经审查起诉部门负责人审核，报请检察长或者检察委员会决定。"为了实现这种内部制约，对于是否起诉，检察院内部通过会议讨论的方式实现。

根据笔者的调查，由于各检察院审查起诉的案件压力不同，案件讨论的范围和规模也有所差异。对于案件压力较小的检察院，多采取公诉部门全体人员参加案件讨论的制度，而案件压力较大的检察院则采取只有承办人、部门负责人、分管副检察长参加的案件讨论制度。在案件压力较小的检察院，每个案件都要经过讨论；而在案件压力较大的检察院，讨论的案件范围大大缩小，只限于疑难、复杂或重大案件。

毫无疑问，这种内部控制导致我国审查起诉期限的延长。我国实行了主诉检察官改革，但由于种种原因，改革的效果有限。但是，对于认罪案件的审查起诉，笔者认为可借鉴主诉检察官制度改革，强化办案检察官的个人权责，减少内部审批程序，"案件可以由主办或者主诉检察官审查，报检察长决定，不需经过部门负责人审核或者集体讨论。"① 这样可以较大程度上提高诉讼效率，缩短审查起诉的时间。

（四）简化法律文书的制作

根据实践调查来看，2003 年我国"审查起诉终结报告"的制作在改革后更加复杂，不仅要详细阐明案件的事实、可能存在的疑问，更要求摘录证据，而且还要形成打印稿。一些检察官还不具备熟练打字的能力，导致制作审查起诉终结报告需要耗费大量的审查起诉时间。

《意见》第 7 条规定："对于适用快速办理机制的轻微刑事案件，应当简化制作审查逮捕意见书和审查起诉终结报告。认定事实与侦查机关一致的，应当予以简要说明，不必重复叙述；可以简单列明证据的出处及其所能证明的案件事实，不必详细抄录；应当重点阐述认定犯罪事实的理由和处理意见。"《意见》提出的简化方法是有针对性的，能提高诉讼效率。但是，笔者认为，审查起诉终

---

① 黄海龙、张建忠："《关于依法快速办理轻微刑事案件的意见》解读"，载《人民检察》2007 年第 7 期。

结报告制度的内在逻辑是为了实现内部控制，对于认罪案件，应当弱化内部控制，赋予办案检察官决定是否起诉的权力，因此完全可以省略审查起诉终结报告的制作。同时，必须改革侦查机关起诉意见书的制作。① 侦查机关在制作起诉意见书时，必须注明能够证明犯罪嫌疑人犯罪证据的所在页码，这样公诉机关才能更加迅速地作出决定。

特别值得关注的是，我国澳门特区刑事诉讼法规定，适用简易程序时进行拘留机关所作的笔录，即可以代替正式的起诉书，检察机关也无须审查起诉和制作起诉书等。② 在我国，是否可以以公安机关的意见书替代公诉书值得考虑。或者，可以考虑直接省略侦查机关侦查终结报告的制作。

（五）缩短审查起诉办案期限

《意见》第 6 条规定："审查起诉时，应当在二十日内作出是否提起公诉的决定；办案任务重、案多人少矛盾突出的，应当在三十日内作出决定，不得延长办理期限。"《实验方案》要求 3—5 天内作出公诉决定，因为并不是所有的公诉案件都要花费相同的审查起诉和公诉准备时间。犯罪嫌疑人越少，案情越简单，争议越少，所耗费的公诉准备时间也就越少。犯罪嫌疑人的认罪会使案件更加简单，从而可以在很短的时间内完成公诉准备工作。

由于我国未区分不同类型案件的审查起诉期限，受到将期限用足的"工作习惯"影响，往往会导致认罪案件的办理时间一再拖延，即使认罪案件审查起诉工作结束，也可能将案件搁置下来，等到审查期限即将结束再移送起诉。从心理学角度看，缩短审查起诉的办理期限能够使检察官产生心理预期压力，增强紧迫感，督促其

---

① 此外，笔者认为应当简化提审笔录，对在侦查环节如实交代自己犯罪事实并认罪的犯罪嫌疑人，在审查起诉环节依然认罪的，提审笔录对其认罪的犯罪事实不重复记录，只予以简要说明。

② 柯葛壮："我国大陆与港澳台地区刑事简易程序比较研究"，载陈光中、江伟主编：《诉讼法论丛》（第 2 卷），法律出版社 1998 年版，第 194 页。

迅速完成审查起诉，达到提高诉讼效率的目的。

（六）降低公诉证据标准

《意见》及《实验方案》都要求，认罪案件适用简化审查起诉程序要求"事实清楚、证据确实充分"。但是，笔者认为，对于认罪案件，因为有犯罪嫌疑人的供述保障起诉的合理性，不应当以事实清楚、证据确实充分作为起诉标准。对于此类案件，可以适当降低公诉证据标准，比如以"两个基本"，即基本事实清楚、基本证据充分作为起诉的证据标准，甚至可以更大程度地降低此类案件的公诉证据标准，以是否有合理的根据为标准。因为审查起诉并不是为了确定被告人是否有罪，而是审查确定对被告人的起诉是否有合理的根据。只要确保被告人认罪的自愿性，公诉权滥用的可能性很小，就可降低证明标准。

（七）提前介入认罪案件，审查起诉工作前置化①

由于我国未采取检警一体化，检察机关公诉部门一般未在侦查阶段介入侦查。公诉人对案件并不熟悉，决定了我国的审查起诉在承担公诉审查职能的同时，还承担了公诉准备的重要职能。认罪案件需要简化审查起诉程序，但是必须给予公诉人一定时间熟悉案情，以便完成公诉准备的任务。

根据刑事诉讼法，我国检察机关可以提前介入侦查，有的地方还在进行"检察引导侦查"改革。对于认罪案件，为了在简化审查起诉程序的同时保障审判的公诉准备，应当采取提前介入制度，将审查起诉程序前置，在侦查阶段即介入侦查熟悉案情。这样，通过提前介入，密切了侦查、起诉的程序距离，检察官在案件处于侦查时就可以熟悉案情，这样才能提前完成案件准备，提高诉讼效率，而不需要在审查起诉阶段熟悉案情。

---

① 《意见》没有采取这种方式，第8条要求批捕部门对可适用快速起诉的案件，填写《快速移送审查起诉建议书》，建议侦查机关及时移送审查起诉。

四、认罪案件简化审查起诉程序的制度保障

(一) 多元主体共同决定

现代刑事诉讼中，被追诉者成为刑事诉讼的主体，因此在诉讼程序中获得了程序参与选择权，这是正当程序的重要内容。因此，公诉审查程序的简化应当建立在犯罪嫌疑人选择同意的基础上，这有助于保障犯罪嫌疑人的权利，犯罪嫌疑人的同意显然也给简化公诉审查程序带来了正当性。审查起诉的简化还需要检察机关的同意。因为检察机关承担了公诉准备的职能，案件非常复杂，简化公诉审查程序无法迅速完成公诉准备的，不能适用该程序，所以赋予检察机关决定权。

为了保证参与审查起诉的各方当事人的正当权利，在审查起诉过程中，检察官、犯罪嫌疑人均有提起适用审查起诉简化程序的权利。在犯罪嫌疑人、检察官一致同意的基础上，决定是否简化审查起诉程序。而且，审查起诉的简化要告之受害人，听取被害人意见。被害人的意见是检察机关决定是否适用简化程序的重要参考，但是其意见并不具有决定性的作用。

(二) "认罪"效力及其确认程序

简化审查起诉程序并不是要否定客观真实在诉讼中的价值，并不认可犯罪嫌疑人在无事实根据基础上的"认罪"。"认罪"意味着犯罪嫌疑人应当承认犯罪事实并作出供述，而不像美国仅仅只承认有罪，无须就犯罪事实作供述。[1] 而且，其认罪是符合客观事实的，并不是认罪就一定要简化审查起诉程序，而是要获得检察机关

---

① 意大利甚至规定，被告人通过请求适用协议的刑罚而明确地接受有罪认定时，并不要求被告人公开作承认有罪的意思表示。因为意大利新刑事诉讼法典的起草者担心，以承认有罪为前提会损害意大利宪法保障对所有被告人实行无罪推定这一原则。(Stephen P. Freccero: An Introduction to the new Italian criminal Procedure, American Journal of Criminal Law, Spring, 1994.)

的审查同意，检察机关仍然有义务审查犯罪事实是否存在。

但是，如果犯罪嫌疑人仅仅承认指控的犯罪事实，而不承认指控罪名的，甚至不认为该事实构成犯罪时，是否简化审查起诉程序值得探讨。笔者认为仍应当简化审查起诉程序。因为该异议仅仅针对罪名等法律问题，而非事实问题，对法律问题的判断应当属于检察机关的职权，且可迅速作出判断。

犯罪嫌疑人在审查起诉阶段的认罪具有独立的程序意义。犯罪嫌疑人一旦作出认罪，就要承担简化审查起诉程序的法律后果。但是，在案件向法院起诉之前，犯罪嫌疑人有正当理由时可撤回认罪，这是实体上的权利。在起诉后，犯罪嫌疑人对已经认罪的犯罪事实反悔的，并不影响简化审查起诉程序后起诉的法律效力，[①] 只是导致案件不再适用"普通程序简化审"程序，检察机关因其认罪所提出的量刑建议也不再适用。

简化审查起诉程序的核心，是简化审查过程中具抗辩性的内容及环节，所以认罪案件审查起诉简化的基本前提当为犯罪嫌疑人对刑事指控自愿、真实、理性的承认。保障认罪的真实性和自愿性是程序简化的关键前提。我国没有设立单独的认罪确认程序，对认罪的确认既不具体也不完善，有必要单设认罪确认程序。审查起诉的检察官必须详细讯问及审查犯罪嫌疑人认罪的自愿性和真实性，制作格式化的书面的专门文书[②]。

（三）保障犯罪嫌疑人的选择权

犯罪嫌疑人认罪即是选择适用简化审查起诉程序的意思表示。但是，必须注意确保犯罪嫌疑人的认罪、选择是其自愿作出。1989年在维也纳召开的第14届世界刑法学会代表大会，通过了有关刑事诉讼中的简易程序的决议。该决议建议各国立法部门对简单的案

---

① 　但是，是否需要按照《实验方案》转为普通侦查程序是值得商榷的。因为，简化审查起诉并不是建立在不充分侦查的基础上的，被告人认罪的案件，侦查机关在侦查阶段仍然应当收集符合"两个基本"的证据。

② 　可考虑要求犯罪嫌疑人自行书写犯罪事实。

件，可以采取，也应当采取简易程序，但是应确保犯罪嫌疑人享有获知被控内容和有罪证据的权利，享有获得法庭审判的权利，包括提供证据的权利和聘请律师为其辩护的权利。在我国的审查起诉程序简化改革中，应当注意以下几个问题：

其一，保障犯罪嫌疑人的律师帮助权。相对普通程序而言，简化程序导致犯罪嫌疑人放弃了许多重要的权利，犯罪嫌疑人的辩护权受到了空前的削弱。而律师的参与，能避免犯罪嫌疑人被胁迫或诱骗作出认罪，表达自己的真实意愿，保证认罪的自愿性。在审查起诉阶段的认罪确认程序中，律师经过和控方的证据展示，用法律专业知识和办案经验对犯罪嫌疑人和犯罪嫌疑人的认罪后果进行分析判断，帮助犯罪嫌疑人趋利避害，作出是否认罪的决定，则其就会在信息更加充分的情形下作出选择，保证认罪的明智性。而且，在辩护律师在场权得到充分保障的前提下，犯罪嫌疑人的坦白具有特别强的证明力，因此可以作为一个标准而启动快速审判程序。

其二，权利告知制度。告知制度能够保障犯罪嫌疑人在刑事诉讼中的参与权和知情权。在充分肯定认罪对审查起诉的程序价值后，为了确认犯罪嫌疑人的认罪在法律上的价值，有必要在审查起诉的诉讼环节上设置权利告知制度。告知内容应包括所涉罪名、放弃权利和法律后果的知情权，具体包括：（1）犯罪嫌疑人有选择适用认罪案件审查起诉简化程序的权利；（2）认罪从轻的法律后果；（3）公诉机关量刑建议的内容；（4）认罪后简化审查起诉所要放弃的权利。检察人员告知后，经征求犯罪嫌疑人和辩护律师意见，可用格式文书进行确认，一经确认即生法律效果。

其三，诉前证据展示制度。审查起诉过程中，犯罪嫌疑人认罪权的实现，依赖于对案件事实的了解。经过控辩双方的证据展示，犯罪嫌疑人在律师的帮助下，对控方证据进行全面评价和权衡利弊，作出判断和选择。犯罪嫌疑人在对证据认知的基础上，经过内心判断自愿作出承认，使认罪更具自愿性和稳定性。因此，赋予犯罪嫌疑人证据知悉权是认罪自愿性的前提保证。

（四）建立检察机关量刑建议制度，建议从轻量刑，鼓励认罪

量刑建议实质上是认罪的对价。由于犯罪嫌疑人认罪，其主观恶性已相应降低，加上程序简化节省了国家司法资源，为鼓励犯罪嫌疑人认罪，在听取被害人意见的情况下，有必要对认罪的犯罪嫌疑人在量刑上予以从轻处罚进行补偿。

认罪对价实现的程度，直接影响犯罪嫌疑人的权利选择，进而影响整个刑事诉讼程序的效果和进程。目前国际司法界比较通行的做法是对犯罪嫌疑人在刑事处罚上从轻。在我国，对认罪案件而言，检察机关量刑建议有助于犯罪嫌疑人认罪的稳定性。检察机关在审查起诉阶段根据犯罪嫌疑人的认罪情况，提出具体的量刑建议，并作为告知的一项内容，可以使犯罪嫌疑人心理期望合理化、现实化，从而避免任意翻供的现象，也能有效避免因审判决断决定与认罪人的期望差距过大，引起认罪人不服判决提出二审，重新展开对抗，增加诉累的情况。

第五节　现行犯之速决程序

我国历来重视打击现行犯，早在 1964 年，最高人民法院、最高人民检察院、公安部就出台了《关于必须及时地有力地打击现行犯的通知》。我国还经常开展以现行犯罪为对象的专项行动。比如，2007 年河北省开展"天鹰"行动打击现行犯罪，7 天时间破获刑事案件 9921 起，抓获疑犯 4594 名，其中抓获大量的现行犯。① 而且，随着 110 迅速出警机制的建立，警方能在数分钟赶到犯罪现场，抓获现行犯，导致大量嫌疑人以现行犯身份进入诉讼程序。所以，"我国侦查实践中，现行犯、准现行犯和其他紧急情形

---

① 张树永："'天鹰'行动直指现行犯罪"，载《河北法制报》2007 年 2 月 6 日，第 1 版。

并非罕见，甚至可能成为侦查机关发现犯罪嫌疑人的主要途径。"
"有统计表明，在 2004 年度 J 区法院 80 起案件的 112 名被告人中，
被现行抓获的就有 32 人，另有部分属于准现行犯与紧急情形。"①
正是因为诉讼中出现了如此多的现行犯案件，对现行犯采取特殊的
程序显得更加有必要。但是，我国学术研究并不关注现行犯程序，
因此对其研究具有重大意义。

一、现行犯的界定

在我国的法律规范中，涉及现行犯界定的是《刑事诉讼法》
第 61 条。该条规定："公安机关对于现行犯或者重大嫌疑分子，
如果有下列情形之一的，可以先行拘留：（一）正在预备犯罪、实
行犯罪或者在犯罪后即时被发觉的；（二）被害人或者在场亲眼看
见的指认他犯罪的；（三）在身边或者住处发现有犯罪证据的；
（四）犯罪后企图自杀、逃跑或者在逃的；（五）有毁灭、伪造证
据或者串供可能的；（六）不讲真实姓名、住址，身份不明的；
（七）有流窜作案、多次作案、结伙作案重大嫌疑的。"有学者认
为该条的第（一）项至第（五）项属于现行犯，② 并以此展开论
述。但是，从法律解释的立场，笔者认为该条并未确立独立的现行
犯界定标准。

一方面，该条将现行犯与重大嫌疑分子并列，意味着该条包括
了对重大嫌疑分子的紧急拘留与现行犯拘留两种情形，七种情形并
非都用来界定现行犯，由于未分别加以规范，导致无法区分七种情
形中哪些属于现行犯。另一方面，从逻辑关系角度上，所列的七种
情形只是现行犯中的部分特定情形，对这些符合特定情形的现行犯
方"可以先行拘留"。这样来看，七种情形不足以涵盖现行犯的内

---

① 左卫民等：《中国刑事诉讼运行机制实证研究》，法律出版社 2007 年
版，第 11 页。
② 耿连海："关于对现行犯适用先行拘留的思考"，载《政法学刊》
2004 年第 6 期，第 35 页。

涵。那么，我国现行犯该如何界定呢？

英美法系并无明确的现行犯条文，现行犯的内涵在法国、日本、德国、意大利等大陆法系国家规定得最为明确。法国新修订的《刑事诉讼法典》第 53 条规定："正在实行或刚刚实行的重罪或轻罪，称之为现行重罪或现行轻罪。在实行犯罪活动之后的极短时间内，涉嫌犯罪的人因公众呼喊而受到追捕，或者发现其持有赃物或带有犯罪痕迹或线索，据此可以认为其参与了重罪或轻罪的情形，亦称为现行重罪或现行轻罪。"① 德国的现行犯是指"行为人在犯罪实施中被发觉或实施后实时被发觉而被追缉者"。② 日本刑事诉讼法第 212 条规定："正在实施犯罪或刚实施完犯罪的，是现行犯。符合下列情形之一，而可以明显地认为是实施犯罪终了后间隔不久的，视为现行犯：一、被追呼为犯罪人时；二、持有赃物或者持有可以明显地认为是曾经供犯罪使用的凶器或其他物品时；三、身体或者衣服有犯罪的显著痕迹时；四、受盘问准备逃跑时。"根据意大利刑事诉讼法第 382 条的规定，现行犯要求"当场发现"，而当场发现是指，在实施犯罪时被发现，在实施犯罪后立即受到司法警察、被害人或其他人追踪以及根据物品或痕迹被认为刚刚实施了犯罪，或者对于持续犯罪，在持续状态终止之前均可构成当场发现。③

从各国的立法比较来看，我国《刑事诉讼法》第 61 条规定的情形与各国通行的现行犯差异较大，难以实现对现行犯准确界定的功能。因此，有必要重新思考我国现行犯的界定标准。值得注意的是，现行犯的界定涉及警察权的范围、公民自由权利的保障。现行

---

① 《法国刑事诉讼法》，罗结珍译，中国法制出版社 2006 年版，第 49 页。

② ［德］克劳思·罗科信：《刑事诉讼法》，吴丽琪译，法律出版社 2003 年版，第 302 页。

③ 《意大利刑事诉讼法典》，黄风译，中国政法大学出版社 1994 年版，第 136 页。

犯的独特性在于案件往往具有紧急性，需要警察部门迅速收集犯罪现场的证据，迅速采取强制措施限制现行犯的人身自由。因此，现行犯案件与其他案件具有非常不同的特点，可以采取特殊的诉讼程序比如无证逮捕等迅速有效地处理犯罪。这预示着国家权力的扩张。所以，应当严格限定现行犯的范围，否则会不当地扩大警察权，侵害公民自由。所以，法国刑事诉讼法在修订前的刑事诉讼法典第 53 条第 2 款规定："任何在屋内实施的重罪或轻罪，即使不具备前款规定的情况（现行犯的条件，笔者注），只要屋主要求共和国检察官或者司法警官查证认定的，应视为现行重罪或轻罪。"但修订后废除了此款，缩小了现行犯罪的范围。笔者认为结合我国《刑事诉讼法》第 61 条规定的情形，应当从以下几个方面确立我国的现行犯内涵。

首先，严格来说，狭义的现行犯仅指在实施犯罪时或刚刚实施完犯罪时被发觉的犯罪嫌疑人。所谓"刚刚"是指"犯罪实施或实施后之当时而言"。而"实施"是指"已着手于犯罪之实行。亦即犯罪必须已至着手阶段，而犯人须具备未遂犯之可罚性，如仅在预备阶段，不能谓犯罪实施中"。① 这是因为实施犯罪后才会留下明显的犯罪证据，才凸显现实的危险性和制止的紧迫性，才能称之为现行。因此，犯罪预备并不符合现行犯的标准。我国《刑法》第 22 条规定，"为了犯罪，准备工具、制造条件的，是犯罪预备。"为杀人而购买刀子，或自制利刃、火器等，为盗窃准备撬压工具、攀登工具等，为投毒购买毒药等，均属为犯罪准备工具。为犯罪创造条件，是指除为犯罪准备工具以外的其他全部准备活动，如踩点、跟踪、了解、掌握犯罪对象的规律，确定最佳地点和最佳时间，筹集资金，学习攀登、搏斗、诱骗等技巧，均属为犯罪创造条件。而对于这些行为不能当成现行犯采取先行拘留措施，我国《刑事诉讼法》第 61 条对预备犯也可先行拘留的规定有所缺陷。

---

① 蔡墩铭：《刑事诉讼法论》，（台湾）五南图书出版有限公司 2002 年版，第 172 页。

其次，许多国家扩大了现行犯的范围，规定了准现行犯的情形。法国按照法典的定义，所谓的"现行犯罪"，不仅包括"当时正在实行"的犯罪，还包括刚刚实行的犯罪，而且包括过去的法律所规定的"被视为现行"的犯罪。也就是说，在实行犯罪之后很短的时间内，犯罪嫌疑人因公众呼喊而受到追捕，或者犯罪嫌疑人持有作案之物，或者带有犯罪迹象或痕迹，据此可以认为其参加了某种犯罪的情形，亦属于现行犯。① 从各国立法来看，准现行犯主要包括两种情形：一是犯罪后立即受到追呼。犯罪后立即受到追呼并不仅限于被害人的追呼，包括任何即时发现犯罪行为的人的追呼；二是犯罪嫌疑人具有"明显"可以认定其参与犯罪的物品或痕迹，主要包括持有与犯罪有关的物品或者身体、衣服有犯罪的显著痕迹。物品或痕迹须具有引起认定实施犯罪终了后不久的"显著"特征，而不能是关系不大的联系。

值得一提的是，我国《刑事诉讼法》第61条规定，在身边或者住处发现有"犯罪证据"的可先行拘留。但是从各国来看，准现行犯都不限于发现"犯罪证据"，而采用扩大的界定，只要有显而易见的"犯罪痕迹或线索"，可认为其参与了重罪或轻罪的情形，就可以认定为准现行犯。我国民国时期的刑事诉讼法第88条规定："有下列情形之一者，以现行犯论：一、被追呼为犯罪人者；二、因持有凶器、赃物或其他物件，或于身体、衣服等处露有犯罪痕迹，显可疑为犯罪人者"。对于什么是"其他物件"，夏勤先生解释道："本条中所谓的'其他物件'，无有限制。苟可推知其与犯罪有关之物件，持有之即可认定其为犯罪之人者，皆包括之。如形同乞丐之人，持有公文书一束或黄金千两，即其例也。"② 可见，很多痕迹或线索未必成为证据，但是可以认定为准现行犯，

① ［法］卡斯东·斯特法尼等：《法国刑事诉讼法精义》，罗结珍译，中国政法大学出版社1999年版，第338页。
② 夏勤：《刑事诉讼法释疑》（第6版），任超、黄敏勘校，中国方正出版社2005年版，第69页。

比如衣服非常零乱地出现在打架斗殴的犯罪现场。

最后，准现行犯要求，推定为现行犯的情形必须与犯罪时间间隔不久。比如，法国准现行犯情形要求在"实行犯罪活动之后的极短时间内"。日本要求"实施犯罪终了后间隔不久"，而所谓是否"不久"只得根据具体案件判断，一般认为最大限度为数小时以内，对于犯罪后1小时至1小时40分后实施逮捕，认为相当于"不久"。① 如果不能理解现行犯的这个特点，则无法发现我国《刑事诉讼法》第61条的缺陷。因为该条列举的情形都没有对此加以限制，事实上这可能成为立法上最大的败笔。比如"犯罪后企图自杀、逃跑或者在逃的"可刑拘，如果并不需要符合现行犯的时间间隔要求，则任何犯罪嫌疑人都可能企图自杀、逃跑，这样侦查机关就可以对所有的犯罪嫌疑人采取拘留措施。正因为如此，我国的刑事拘留措施在实践中由应付紧急情况下适用的临时手段演变成常规适用的日常工具，大大扩大了警察权。

二、现行犯案件中的特殊程序

（一）无证逮捕制度

逮捕是审前限制公民人身自由的最激烈的强制措施，为了防止警察机关错误逮捕或滥用权力限制公民自由，西方许多国家对于逮捕实行司法令状制度，要求在逮捕犯罪嫌疑人前，必须获得由法官签发的逮捕令状。但是，现行犯由于距离犯罪行为的时间和空间相对接近，犯罪现场或犯罪嫌疑人控制的范围内极可能留有可用于指控犯罪的证据或侦破案件的线索，比如准现行犯的构成要求持有赃物、犯罪痕迹、凶器等，现行犯急于破坏或者消灭此类证据或线索。所以，对于现行犯必须立即采取强制措施，限制其人身自由，以收集相应的证据和线索。而且，对于现行犯，警察机关滥权的可

---

① ［日］田口守一：《刑事诉讼法》，刘迪等译，法律出版社2000年版，第51页。

能性很小，这是因为现行犯往往具有非常充分的证据。"现行犯因为嫌疑明确，即使不实施司法性抑制，也很少发生错误逮捕。"①所以，无论是英美法系国家还是大陆法系国家，都允许警察对现行犯立即无证逮捕。但是，在无证逮捕后必须迅速送至司法官面前接受事后审查。

而且，对于现行犯，并不仅仅限于警察可以无证逮捕、限制犯罪嫌疑人的人身自由，任何公民都可以采取限制其人身自由的强制措施。法国刑事诉讼法第 73 条规定，如为现行重罪或者可判监禁刑的现行轻罪，任何人均有资格将行为人扭送至最邻近的司法警官处。日本刑事诉讼法第 213 条规定，任何人都可以没有逮捕证而逮捕现行犯。但是，在德国，对于现行犯并不是任何人都可以"无条件地"加以暂时逮捕。德国刑事诉讼法第 127 条规定，对于现行犯，如果他有"逃跑嫌疑或者身份不能立即确定时"，任何人都有权即使无法官的命令也将他暂时逮捕。

但是，在轻微案件中逮捕现行犯受到限制。日本刑事诉讼法第 217 条规定，对所犯系相当于 30 万元以下罚金、拘留或者罚款之罪的现行犯，"以犯人的住居或姓名不明或者犯人可能逃亡的情形为限"，任何人才可以没有逮捕证逮捕。因为轻微案件所能进行的刑事处罚有限，如果该罪名只能进行一定的罚金刑，则对其进行审前羁押则是不必要的。逮捕的前提条件一般要求可判处徒刑以上刑罚。可见，轻微案件中逮捕现行犯仍受到比例原则的限制，只有特别有逮捕必要性的案件，才可以无证逮捕。

（二）无须预审

预审程序也称为公诉审查程序，是指刑事案件提起公诉时，在法院正式开庭审理前需要对案件进行初步审查，以确定起诉是否符合公诉条件，是否有必要开庭审判的法律程序。除日本外，当今世

---

① ［日］田口守一：《刑事诉讼法》，刘迪等译，法律出版社 2000 年版，第 50 页。

界主要发达国家都设置了一定的程序对公诉进行审查。在我国，检察机关的审查起诉程序实质上具有公诉审查的功能。

预审程序是为了防止不当起诉，及时过滤掉那些不符合起诉条件的案件，防止公民受到无理由、无根据的起诉和审判，从而保护犯罪嫌疑人的人权。但是，如果出现了明显的、强有力的证据证明起诉的犯罪事实，那么公诉审查是不必要的。而现行犯案件正有此特点。现行犯案件往往有许多直接证据指控犯罪，比如受到被害人即时的追呼、现场证人的指证、作案凶器等。所以，现行犯案件都有有力的人证或者物证，起诉明显是有理由和有根据的，案件具备了提起公诉的证据标准，进行预审并无必要。

现行犯案件的上述特点在历史早期的诉讼程序中就有所体现。中古后期，僧俗与当局争夺案件管辖权。法兰克之教士须先由教会法院审理，如果被告经审判发现有罪，则由教会法院宣示剥去僧服，以示被夺其僧籍，然后再移送普通法院，以俗人之资格而审判之，教会取得预审追诉权。但凡教士在"行为中"当场被捕者，则不适用前述诸规则，概由普通法院审判。在此种情行之下，即为主教之身份者，亦受同等之处遇，视为其已经自白犯罪。此时，该主教一切防御抗辩之权概被剥夺，须直接受普通法院之定罪，无须预经教会黜职之手续。① 可见，对于现行犯实际被剥夺了教会的预审追诉权。

意大利刑事诉讼法第 449 条规定了快速审判程序。如果某人在犯罪时被当场逮捕并且公诉人认为应当予以追诉，可以直接将处于逮捕状态的人提交法官，以便在自逮捕之后的 48 小时内获得对逮捕的认可并使该人同时受到审判。如果逮捕获得认可，则立即开始进行审判。如果逮捕未获得认可，法官将文书退还公诉人，但当被告人和公诉人同意实行快速审判时，法官也可以决定实行该程序。如果当场逮捕已经得到认可，但要求对当场逮捕进行认可的时候并

① ［美］孟罗·斯密：《欧陆法律发达史》，姚梅镇译，中国政法大学出版社 1999 年版，第 187 页。

没有提出适用快速审判程序，那么公诉人还是可以要求实行快速审判。在这种情况下，被告人在自逮捕后的 14 日内提交给法庭。

在法国，刑事案件一般要经过预审，由预审法官对案件进行审查，认为案件的证据充分时才能移送审判法院进行审判。对于重罪案件，由预审法官和上诉法院起诉审查庭两级预审。预审具有强制性，但对于轻罪案件，预审法庭的参加仅为任意性质。根据法国刑事诉讼法第 395 条的规定，如果犯罪是现行犯罪，并且当处之最高刑法至少为 6 个月但不超过 7 年时，被告人同意后，可以适用立即出庭程序。在共和国检察官认为各项材料证明被告人可以立即出庭时，可立即将被告移送法院庭审判，从而使案件不再经过预审。

（三）审判程序的简略

在早期的欧洲审判制度中，对于现行犯可由法官直接作出裁判，而不需要进行审判。比如在法兰克帝国，"凡犯罪行为人当场被捕，或为人呼追而终为所捕时，非有抗拒之情形，不得就地将之杀死，必缚送于皇室官吏之前，德侯处断。此时被捕者既不容有所审讯，又不能有何证明其无罪之机会。程序上唯一所必要者，仅对于逮捕应负责之人应照律偕同其宣誓辅助人，当官吏之前宣誓，谓该犯人确系于其公然犯罪行为中当场被捕者；于是皇室裁判官遂可据此而自己下一判决。"① 而且，即使不能对现行犯立即作出裁判，也可以成为刑讯的理由。"如果某个人在实施犯罪时被抓获，法官不需要告发或事先得到信息，就可以而且应当判处被告人刑罚。如果被告人否认犯罪事实，但此事实又较容易被证实，法官或检察官就应当提出证据证明；如果证据并不充足，由于是现行犯，所以对被告人就应当施以刑讯。"②

但是，当代法治国家，获得独立、公正的法庭迅速、公开地审

---

① ［美］孟罗·斯密：《欧陆法律发达史》，姚梅镇译，中国政法大学出版社 1999 年版，第 143 页。

② 汪海燕：《刑事诉讼模式的演进》，中国人民公安大学出版社 2004 年版，第 86 页。

判是刑事诉讼中被追诉人的基本权利，很多国家甚至将其上升为宪法权利，成为正当程序的重要组成部分。因此，除非被追诉人放弃，任何国家权力都不能剥夺该权利，立法也不能规定对现行犯不进行审判而直接作出裁判，剥夺公民权利的制度。但是，大陆法系对于一些十分轻微的刑事案件，在被追诉人认罪的情况下，可通过处罚令程序，由被告人放弃审判权利。奉行当事人主义的英美法系国家，出于对当事人权利的尊重，任何犯罪都允许被追诉人放弃审判的权利，通过辩诉交易，选择有罪答辩而越过审判程序，直接进入量刑程序。但是，并无专门针对现行犯省略审判程序的诉讼制度。

美国对于现行犯可无证逮捕，无证逮捕后必须迅速带至治安法官面前接受首次聆讯。对于轻罪，犯罪嫌疑人可以在首次聆讯时通过有罪答辩迅速终结程序。对于重罪，由于预审是犯罪嫌疑人的基本权利，法律未规定对于现行犯可直接剥夺该权利，但是犯罪嫌疑人可以放弃预审的权利，从而直接进入审判。更为重要的是，英美法系的预审并不耗时，相当简单甚至有些形式化，省略或者简化的动力不足。事实上，英美法系的辩诉交易制度能充分有效地推动诉讼的进程。现行犯案件因为有重要的、证明力非常高的指控证据，犯罪嫌疑人通常会选择认罪，通过辩诉交易而避免审判程序。也就是说，对于现行犯，英美法系由于辩诉交易制度等内在机制，在诉讼程序上也能实现简化审查起诉程序、省略审判程序的功能，所以未确立独立的针对现行犯案件的迅速起诉、审判程序。

三、我国现行犯速决程序之确立

我国对于现行犯规定三种特殊程序：其一，我国刑事诉讼法规定对于现行犯符合我国《刑事诉讼法》第 61 条规定的七种情形之一的，可以先行拘留，先行拘留相当于其他国家的无证逮捕。我国并未规定对任何现行犯都可以先行拘留，而必须符合七种情形之一。但是，在任何其他国家，对于现行犯都赋予了警察采取强制措施的权力。事实上，这反映了我国立法技术上的缺陷。其二，对身份属于人大代表的现行犯刑事拘留，只要向该代表所属的人民代表大会主席团或者常务委员会报告，而不需要经过该机构批准。其三，扭送制度。对现行犯，任何公民有权扭送。《刑事诉讼法》第63条明确规定："对于有下列情形的人，任何公民都可以立即扭送公安机关、人民检察院或者人民法院处理：（一）正在实行犯罪或者在犯罪后即时被发觉的；（二）通缉在案的；（三）越狱逃跑的；（四）正在被追捕的。"除此之外，我国对于现行犯没有任何特殊的处理程序，现行犯和其他犯罪一样，经过复杂的侦查程序、审查起诉程序。

现行犯程序，严格来说属于司法技术的范畴，价值层面的含量并不多，在现行犯程序上并无太多的意识形态上的障碍，通过比较的方法借鉴国外现行犯的特殊程序从方法上并无问题。因此，从完善现有制度层面来说，应当完善我国《刑事诉讼法》第61条的规定，明确界定现行犯的范畴，这已经在上文中予以阐述。并且，我国应当直接规定，任何人包括侦查人员对现行犯都可无证逮捕或无证拘留。但是，在拘留之后，必须迅速履行相应的事后法律审查手续。出于对最低限度正义的保障和我国尴尬的司法现状，不应确立专门对现行犯审判程序的省略。但是，由于现行犯往往存在指控犯罪的有力证据，在被告人认罪的情况下，可适用认罪程序，依"普通程序简化审"审理案件。

此外，对于现行犯，可在审查起诉程序上简化，这非常必要。对于现行犯，由于现行犯的界定本身意味着侦查机关掌握了大量的有力证据，比如受到目击证人追呼，发现持有作案凶器，衣服上有血迹等，对于这些证据十分清楚的案件，再审查提起公诉的正当性并不必要。因此，可设置特殊程序，使现行犯案件避开公诉审查，直接进入审判程序。

我国应当规定，对于现行犯，一定条件下，可不经过审查起诉程序而直接将案件提起公诉。但是，程序上有两个问题值得关注：其一，法国限制了适用迅速起诉程序的案件范围，为"当处之最高刑法至少为6个月但不超过7年"，而在意大利任何现行犯无证逮捕的案件都可以适用。笔者认为，基于我国仍存在死刑，侦查机关侦查水平仍有所不足，出于保障案件事实认定准确、保障犯罪嫌疑人权利的目的，应当将无须审查起诉的案件限定为一定的量刑幅度范围的案件。其二，现行犯无须审查起诉是否需要犯罪嫌疑人同意。笔者认为现行犯可以直接启动审判程序，关键在于域外各国公诉证据标准低于定罪标准，现行犯案件的事实和证据，足以支持公诉的正当性。但是，我国与其他各国不同，我国以定罪作为公诉证据标准，显然高于其他各国。长期来看，针对现行犯这一特定案件类型确立不同的公诉证据标准并非不可。此外，笔者认为，对现行犯直接启动审判程序，应当取得犯罪嫌疑人的同意或者犯罪嫌疑人的认罪，以促进程序的正当性。

第六节　从双重审查起诉到单重审查起诉

在我国，案件在侦查终结后，提起公诉前必须经过审查起诉程序，由检察机关审查决定是否提起公诉。审查起诉程序对于正确、及时地实现国家刑事追诉权，保障案件的公诉质量，保障犯罪嫌疑人权利发挥了重要的作用。笔者通过调查发现，市、县两级检察机关管辖案件的审查起诉程序有着重大的差异，市级检察院普遍存在双重审查起诉的现象。"双重审查起诉"是笔者创造的一个新词，这不是为了标新立异，而是因为笔者所研究的对象，无论在理论界还是在实务界都缺乏基本的关注，无法找到一个理论界已有的术语来界定。由于是一个新的名词，所以界定其含义是十分必要的。双重审查起诉，是指下级检察院受理同级侦查机关移送的案件，要先审查起诉，进行实体审查，认为应由上级检察院公诉时，移送上级检察院审查起诉，导致两级检察院对同一案件重复审查起诉。与之相对应的是某一检察院的单级审查起诉，如县级检察院对其管辖案件的审查起诉。这是学界所熟知的常态的审查起诉程序。那么，双重审查起诉制度在实践中的运行现状、效果如何，如有不足应当如何改革，则是本部分所要考察的问题。为此，笔者采取了实证调查的方法，深入检察机关，在观察、阅卷、访谈、做调查问卷的基础上得出了一些有益的启示。

一、双重审查起诉的实践现状

笔者所调查的 C 市检察院①位于江西省西北部，下辖 10 个县级行政区域，对应 10 个县级检察院。C 市总面积 1.87 万平方公里，总人口 520 万。2003 年，全市实现国内生产总值 249.5 亿元，城镇居民人均可支配收入 6516 元，农村居民人均纯收入 2689.53 元。

C 市检察院公诉部门共 9 名检察官，其中，1 名抽调从事其他工作，1 名为书记员。近年来，该院审查起诉的案件数量并不多，2003 年审查起诉案件共 56 件，2004 年审查起诉案件共 61 件。案件来源绝大多数是县级检察院，以 2004 年审查起诉的案件为例。2004 年审查起诉的案件中，同级公安机关移送的有 4 件，本院侦查部门移送的有 1 件，而由县级检察院在审查后移送的则达 56 件，占审查起诉案件总数的 91.8%。事实上，这 56 件案件都采取了双重审查起诉的方式。

双重审查起诉制度得以界定的一个重要标准是因为县级检察院对案件进行实体审查。本部分的实体审查，是指县级检察院不仅要确定案件的管辖归属，而且必须通过阅卷、提审、退补来发现问题，查明事实真相。从调查来看，县级检察院都进行了实体审查。调查问卷②的第一道题问，双重审查起诉制度中，"县级检察院对案件的审查程序与市级检察院对案件的审查程序是否相同？" 7 名被调查人都选择了 "基本相同" 这个选项。换言之，对于最终由

①　之所以选择市级检察院的审查起诉程序作为调查对象，是因为省检察院和最高人民检察院基本上很少受理审查起诉案件，其主要职责是指导下级检察院工作。

②　此次问卷调查的调查对象是该院公诉部门的 8 名办案检察官。共收回 7 份调查问卷，俱为有效的调查问卷。

市级检察院管辖的案件，县、市两级检察院采取了基本同样的审查起诉程序。县级检察院受案后，要审阅侦查案卷，提审犯罪嫌疑人，听取犯罪嫌疑人的供述和辩解，制作审查报告。县级检察院要认真审查每一份证据，并对证据进行评估。也正是阅卷耗费了大量的时间和精力。县级检察院审查后，如果认为事实不清或者证据不足，应当退补；如果事实清楚，证据确实、充分，则依法决定不诉或者在确定管辖之后决定是由自己提起公诉还是移送市级检察院审查起诉。市级检察院公诉部门受理县级检察院报送审查起诉的案件后，同样要审阅侦查案卷中的每一份证据，提审犯罪嫌疑人，根据自己的审查情况制作审查报告，审查后决定补充侦查、不诉或者提起公诉。

笔者抽查了 2003 年的 15 个案件和 2004 年的 15 个案件的案卷材料，基本上每 4 个案件抽查一个样本。阅卷结果显示了案件分别在县级检察院和市级检察院审查所耗费的时间和退补情况。据表一，2003 年，15 个案件在县级检察院审查起诉的时间共 632 天，平均每个案件审查 42.13 天；15 个案件在市级检察院审查起诉的时间共 543 天，平均每个案件审查 36.2 天。15 个案件中，共有 3 个案件在县级检察院退补，1 个案件在市级检察院退补。

表一：2003 年，15 个案件审查起诉所用时间（单位：天）

| A① | 27 | 29 | 29 | 53 | 64 | 28 | 78 | 58 | 50 | 49 | 79 | 13 | 10 | 40 | 25 |
| B | 26 | 37 | 30 | 28 | 28 | 43 | 30 | 41 | 26 | 90 | 44 | 30 | 38 | 25 | 27 |

据表二，2004 年，15 个案件在县级检察院审查起诉的时间共 483 天，平均每个案件审查 32.2 天；15 个案件在市级检察院审查起诉的时间共 579 天，平均每个案件审查 38.6 天。15 个案件中，共有 2 个案件在县级检察院退补，3 个案件在市级检察院退补。可

---

① A 代表案件在县级检察院的审查起诉时间，B 代表案件在市级检察院的审查起诉时间，下同。

见，案件在县级检察院审查的时间要长于在市级检察院审查的
时间。

表二：2004 年，15 个案件审查起诉所用时间（单位：天）

| A | 26 | 11 | 24 | 6 | 30 | 74 | 24 | 30 | 26 | 28 | 35 | 70 | 30 | 39 | 30 |
| B | 99 | 28 | 15 | 22 | 21 | 26 | 39 | 26 | 19 | 21 | 30 | 87 | 23 | 29 | 94 |

县级检察院移送市级检察院审查起诉时，除移送侦查案卷外，
只移送了其制作的报送审查报告，其提审犯罪嫌疑人的提审笔录并
不移送。审查报告是反映县级检察院审查成果的重要且唯一的载
体，因此对其详细调查是必要的。笔者抽查了下属 10 个检察院的
审查报告。令人惊奇的是，各县检察院的移送审查报告称呼五花八
门。比如，"报送案件意见书"、"移送审查报告"、"报送案件审查
报告"、"移送审查起诉报告"等。这反映了各县对此类案件的审
查起诉程序的非统一化。移送审查报告主要包括：犯罪嫌疑人基本
情况，案件侦破简要过程，认定的犯罪事实，认定事实的证据，审
查结论。其中能体现审查成果的主要是认定事实的证据和审查结
论。认定事实的证据有两种书写方式：一种是仅注明证据所在的页
码，另一种是摘要证据的主要内容。从调查来看，80% 的报送审查
报告仅注明证据所在的页码，未能摘要证据的内容。审查结论部分
只有犯罪嫌疑人触犯的罪名和依法移送上级检察院审查。绝大多数
案件都未能说明案件存在的问题，包括证据存在哪些缺陷，程序存
在哪些问题。这样一来，无法反映其审查起诉的工作成果。

责任的配置将严重影响主体的行为，其意义是十分重大的。根
据国家赔偿法，一般由作出公诉决定的单位承担赔偿责任。而此类
案件都是由市级检察院提起公诉，当然也由其独立承担国家赔偿责
任。同时，错案追究也很难追究县级检察院对案件的先行审查起诉
行为。因为即使市级检察院否定县级检察院的审查结论，后者都被
视为正常的意见分歧。

双重审查起诉制度主要取决于两大因素：一是对我国立法有关

规定的理解。根据《刑事诉讼法》第129条的规定，公安机关①侦查终结的案件，一律移送同级检察院审查，而不论该同级检察院是否具有起诉该案的管辖权。同时《人民检察院刑事诉讼规则》第248条第2款规定，人民检察院受理同级公安机关移送审查起诉的案件，经审查属于上级人民法院管辖的第一审案件时，应当写出审查报告，连同案卷材料报送上一级人民检察院。然后，再由上一级检察院审查起诉。如果检察机关将上述法条中的"经审查"理解为实体审查，则需要阅卷、提审；否则，则不需要。C市检察院正是将其理解为应当实体审查，依法履行职责，才形成了双重审查起诉制度。二是公安机关的侦查体制。如果可能判处无期以上重刑的案件或其他重大案件都由市级公安机关侦查，则不会形成双重审查起诉制度。事实上，C市的市公安局很少受案侦查，其主要职能是指导下级公安机关侦查，绝大多数市级检察院受理的案件都是由县级公安机关侦查的，这才导致了双重审查起诉。

二、双重审查起诉制度的运行效果

我国确立双重审查起诉制度的立法目的未见论述，笔者揣测认为，其原因主要包括如下几点：其一，保障犯罪嫌疑人权利，防止公诉权滥用。由于市级检察院审查起诉的案件都是以同级人民法院管辖的案件为准，即反革命案件、危害国家安全案件，可能判处无期徒刑、死刑的普通刑事案件，外国人犯罪的刑事案件，此类案件的性质严重、社会影响大，对犯罪嫌疑人权利的影响也更大，因此只有两级检察院都认为案件可以提起公诉时，才由市级检察院最终提起公诉。这有利于保障犯罪嫌疑人的权利，防止公诉权滥用。其二，保障案件的公诉质量。两级检察院对案件进行两次审查，必定

---

① 条文中，法律对下级检察院自侦案件的移送审查制度并未提及，但实践中也是遵循上述相同的双重审查起诉制度。由于阐述方便的需要，也因为县级检察院自侦案件向市级检察院移送审查起诉的案件非常少，本部分仅以公安机关移送审查起诉案件为分析对象。

能够发现更多事实和证据问题，经过进一步的补充调查之后可以提高案件的审查起诉质量。但从调查来看，实践的效果并不理想，基本上未能实现立法目的。

（一）双重审查起诉制度不利于保障犯罪嫌疑人权利，防止公诉权滥用

公正是司法权的灵魂，是司法权合法性的基础。现代刑事诉讼中保障犯罪嫌疑人的人权程度成为衡量司法公正的基本尺度之一。确立双重审查起诉制度的立法目的是为了保障犯罪嫌疑人的人权，但实践结果却相反。

保障犯罪嫌疑人的权利，防止公诉权滥用，体现为通过对案件进行审查，发现案件不符合起诉条件而作出不诉决定。要实现此功能，县级检察院在审查案件后，如果认为案件不符合公诉条件就应当对案件作不起诉决定。但通过笔者的调查，对于应当由上级检察院管辖的案件，县级检察院没有对任何一个案件作不起诉决定。访谈中，检察官称他们每年都要对县级检察院的不起诉案件进行全面审查，从来没有发现此类案件。也许对不起诉案件的调查不足以说明问题，因为为了降低案件的不起诉率，一些检察院会将案件撤回公安机关，由公安机关作撤案决定，尽管这一做法的合法性值得商榷。但调查表明，C 市辖区也不存在此类现象。2005 年的一个案例很能说明问题。包某某故意杀人案在县级检察院审查起诉后，承办人认为经过两次退补，仍然证据不足，应作存疑不诉，但最后县级检察院仍然因为"杀人案要慎重，移送市院审查起诉"。该案最终因为证据不足，未能起诉。县级检察院之所以不愿意将不符合起诉条件的案件不诉或者撤案，一个重要的原因在于其如果直接作不诉或者撤案，就将由其承担案件的责任，并承担社会压力。而将案件移送市级检察院后，责任将转移给市级检察院。

双重审查起诉制度有损于犯罪嫌疑人的权利。犯罪嫌疑人获得迅速审判的权利已经成为诉讼法理论学界的共识。而双重审查起诉制度重复审查必然要耗费更多的时间。从调查来看，平均每个案件

在县级检察院的审查时间达 38 天以上。不必要的重复审查对于犯罪嫌疑人实现这项权利是非常不利的。更为重要的一方面是，目前我国审查起诉阶段犯罪嫌疑人大多数被羁押。特别是由于市级检察院管辖的案件大多数是可能判处无期徒刑以上的严重案件，通过调阅 2003 年、2004 年的起诉书，笔者发现审查起诉阶段犯罪嫌疑人几乎无一例外地被审前羁押。只有在一些共同犯罪中，作用非常小的犯罪嫌疑人被取保候审，比如盗窃罪中少数几次的销赃者和包庇犯等。而我国审查起诉阶段的审查羁押期限与审查起诉期限相同。按照刑事诉讼法的规定，改变管辖后的人民检察院自收到案件之日起重新计算审查起诉期限。与之相对应，犯罪嫌疑人在审查起诉期间的羁押期限亦重新起算。这样一来，双重审查显然无端增加了犯罪嫌疑人的羁押期限。不必要的重复审查演绎了一幕合法的"超期羁押"，同时也为部分审查起诉人员超期审案，而"借"用原受理案件检察院的审查期限及侦查机关借退查为由变相延长犯罪嫌疑人羁押期限的现象①提供了条件。

（二）双重审查起诉制度未能很好地提高案件的审查起诉质量

在司法实务中，保障案件的审查起诉质量，是审查起诉工作的主要目标。审查起诉质量是指保障审查后认定的事实符合或更接近于客观事实。

虽然没有绝对的标准和规范的数据，但通过阅卷和与检察官交谈，我们发现大多数案件尽管性质较为严重，但案情都较为简单。从案件的退补率也能印证这种判断。2003 年 15 个案件有 4 个案件退补，2004 年 15 个案件有 5 个案件退补，退补率都不到 1/3。也就是说，有 2/3 的案件由于案情简单，根本无须两级检察院审查来确保案件的起诉质量。即使需要，也有三个事实值得分析。

第一个事实是，从调查来看，有一定比例的县级检察院的审查

---

① 陈卫东主编：《刑事诉讼法实施问题调查报告》，中国方正出版社 2001 年版，第 34 页。

起诉人员未能认真审查案件。实践中，存在审查起诉走过场现象，未能仔细阅卷、提审、写审查报告。① 从阅卷情况来看，县级检察院大多数都是按照公安机关认定的事实和罪名写审查报告。在2003年的15个案件中，有一个在市级检察院改变主从犯认定和定性，有一个改变罪名，甚至有一个案件因缺少现场勘查笔录而下达纠正违法通知书。而县级检察院都未能在审查起诉报告中指出这些情况。在与一个县级检察院公诉人的访谈中，其也承认确实存在此类现象，因为反正"案件需要移送上级审查，上级把关"。为此，该院公诉科科长还特别要求该院的公诉人认真审查案件。这恰恰从反面说明了问题的严重性。这与双重审查起诉制度中县级检察院审查起诉的功能定位立法不明、责任不明确有重大关系。

第二个事实是，县级检察院的审查起诉成果未能有效地传递给上级检察院。下级检察院的审查起诉成果主要体现在其审查报告中，但总的来说县级检察院的报送审查报告较为简单，无法体现其审查成果。而且，县级检察院的承办人不参与该案的支持公诉。

第三个事实是，县级检察院的审查起诉报告中的意见只是参考，作用并不明确，实践中对市级检察院审查起诉几乎不能产生实质性影响，市级检察院往往对案件完全重新审查。这可以从调查问卷中反映出来。在7份调查问卷中，有2个公诉人选择"会慎重考虑县级检察院的审查意见"，有5个公诉人选择"基本上不考虑检察院的审查起诉意见，只在少数案件中考虑了县级检察院的审查意见"。同时，对当县级检察院的审查意见和市级检察院的审查意见不一致时如何处理，法律并未规定。实践中以市级检察院的决定为公诉意见，市级检察院改变县级检察院的审查起诉意见并不需要征求后者的意见或作出任何说明。

这三个事实说明，县级检察院没有认真审查发现问题，即使认真审查了又缺乏很好的"沟通"载体，即使有载体也未能获得足够的重视。其导致的结果只能是，县级检察院的先行审查起诉行为

---

① 对四川德阳的调查也表明存在此种现象。

对于提高公诉质量其功能无法实现。

在调查问卷中，笔者设计了一道题："没有县级检察院对案件的审查，您认为对案件审查起诉的质量＿＿？A. 几乎没有影响。B. 会提高。C. 会降低。"在收回的 7 份调查问卷中，有 5 人选择 A，有 2 人选择 B。这说明大多数公诉人认为，县级检察院的审查起诉工作并不能提高市级检察院的审查起诉质量。但为什么有的公诉人会认为县级检察院的审查起诉反而降低案件的公诉质量呢？这主要因为：一是对同一案件所需要补查的证据，市级检察院的案件承办人与县级检察院的案件承办人的看法有所不同，基于级别的设置，前者往往更为正确，更何况存在县级检察院审查走过场的情形。而且，当市级检察院要求公安机关"补证"时，由于诉讼时间的拖延，导致证人记忆模糊化，有时也会因为忽视证据保全、证据灭失、证人外出难寻等情况，使得退补后的取证往往难尽如人意，退补变得毫无意义。二是我国刑事诉讼法明确规定退补以两次为限，若最初受案的县级检察院承办人已将案件退补两次，则最终承担案件审查起诉工作的市级检察院实际上已丧失退补权。2004年以前的几年出现了基层检察院将案件退补两次再将案件移送市级检察院审查起诉的情况，而市级检察院承办人在审查起诉后发现还有证据需要补充调查，而退补又不得超过两次，最后不得不在案件证据有缺陷的情况下提起公诉。而当案件证据不充分时，这对实现公诉职能无疑是灭顶之灾。对此，市院的公诉人意见较大。

（三）双重审查起诉制度有损诉讼效率

当前我国司法资源短缺，所推行的各项司法改革，其基本目标之一就是提高司法效率，要求更充分、合理地运用司法资源，简化诉讼程序，缩短诉讼周期。县级检察院的审查起诉只有在能发挥其功能的情形下才是必要的，否则只会浪费司法资源。而上述的调查似乎表明县级检察院的审查起诉无法实现其功能。由于双重审查起诉中市级检察院的审查起诉不是在县级检察院审查起诉的基础上作进一步的"深加工"，而是"走回头路"，重复与县级检察院同样的审查工作。双重审查起诉制度实际上导致了检察院对同一案件的重复审查，即重复阅卷、重复提审、重复制作文书等，而且两者工作内容、工作量几乎雷同。不仅繁化了诉讼程序，增加了文来文往的时间，拖延了诉讼期限，而且与县级检察院人手少、财力缺、任务重、时间紧的实际情况相背离，势必造成有限诉讼资源的浪费，提高诉讼成本，与追求司法效率的原则背道而驰。而且从调查来看，平均每个案件在县级检察院审查时间达 38 天以上。2003 年在县级检察院的审查时间超过了市级检察院的审查时间，占整个审查起诉时间的 53.79%。双重审查起诉对诉讼效率的负面影响是非常大的。

双重审查起诉制度也有其正功能：县级检察院审查后，尽管提出的问题有限，但客观上减轻了市级检察院审查起诉的负担。而且，由于我国地域辽阔，上下级检察院之间可能相隔甚远，以笔者所调查的检察院为例，距离最远的县需要 4 个小时的汽车车程。通过同级检察院先行审查，能更迅速地发现案件中存在的问题，补充证据，也能使检察机关更有效地实现对公安机关侦查取证的引导权。但与上述反功能比起来，其则显得"底气不足"。

三、改革的进路：实体审查改为程序审查

刑事诉讼中存在着司法公正与诉讼效率的冲突，诉讼程序应当在两者之间追求平衡。但在上述分析后，我们发现双重审查起诉既不利于实现司法公正又有损于诉讼效率，其症结在于县级检察院对案件进行实体审查。因此，笔者认为应当改革我国目前的双重审查起诉制度，废除县级检察院的实体审查权，县级检察院对案件只作形式审查，以确定案件管辖为目标，在确定案件管辖后直接向市级检察院移送审查起诉。县级检察院只通过审阅侦查机关的起诉意见书确定案件管辖，一旦认为案件应当由上级检察院管辖就直接将案件移送上级检察院，而无须阅卷、讯问犯罪嫌疑人、制作复杂的审查报告。这样做的理由如下：

（一）县级检察院能通过审阅起诉意见书确定案件的管辖

这是改革方案成立的一个最为重要的事实基础。根据笔者调查，2003 年该院审查起诉的 56 个案件中，故意杀人罪 29 件，抢劫罪 12 件，故意伤害罪 13 件，诈骗罪 4 件，贩毒罪 3 件，强奸罪 1 件，放火罪 1 件，受贿罪 1 件，虚开增值税发票罪 1 件，出售出入境证件罪 1 件。判断案件是否应当由市级院审查起诉，根据检察官的介绍，故意杀人罪和故意伤害罪主要依据被害人是否死亡；抢劫罪主要依据是否有《刑法》第 263 条第 2 款规定的 8 种情形之一；贩毒罪主要依据是否为 50 克以上；诈骗罪主要依据诈骗的数额是否特别巨大或者有其他特别严重情节，这主要是指《最高人民法院关于审理诈骗案件具体应用法律的若干问题的解释》中的格式化的情形，比如数额是否为 20 万元以上；强奸罪主要依据是否具有《刑法》第 236 条第 3 款规定的 5 种情形之一。这些情形都能在公安机关的起诉意见书上体现出来。而且这些判断标准是格式化、形式化、简单化的，无须阅卷、提审就能直接作出判断。

（二）改革的价值取向

首先，能迅速将案件移送至有管辖权的检察院，缩短了案件的审查起诉时间。被羁押的犯罪嫌疑人能获得程序迅速推进的利益，缩短羁押期限。这对于保障犯罪嫌疑人迅速审判的权利具有重要的意义。也许有人会提出异议，因为侦查机关的起诉意见书记载的判断管辖的事实未必是客观事实，比如公安机关认定贩毒达 50 克，而事实上并没有，但由于县级检察院未能进行实体审查而难以发现，就会出现县级检察院错误地将本应当由本院管辖的案件移送上级审查起诉；或者相反，将本来应当由上级检察院管辖的案件由自己审查起诉，在上级检察院实体审查发现后再将案件移送有管辖权的检察院审查，这同样会导致双重审查起诉。但这是任何程序所必须的矫正功能，改革并不会进一步损害犯罪嫌疑人的利益。更为重要的是，经验表明，检察院改变公安对事实的认定很少发生，所以上述情形必定是少数，大多数案件将改变由两级检察院重复审查的现象。其次，能使市级检察院更早地介入案件，确保案件的公诉质量。近年来，现代通信网络和交通网络的飞速发展使地域之间的联系越来越紧密，越来越迅速，不同地域、不同部门之间的沟通更方便、更迅捷，使得市级检察院有条件迅速介入案件。但引导侦查调查取证的职能是审查起诉前的工作，仍可以由县级检察院来完成。同时，这对于其对案件管辖作出正确的判断具有积极的意义。最后，能提高诉讼效率。由两级审查改为一级审查后，县级检察院的审查起诉行为带来的资源损耗能得以节省。但可以预见，由于缺乏县级检察院的审查，市级检察院的审查起诉工作会更复杂，但其必定极其有限。这有助于改变我国将程序简化片面集中于审判程序的情形，转而寻求审查起诉程序的简化。在整个诉讼阶段体现"节约型"司法具有重要意义。

（三）作为改革方案的案件移送制度已有司法实践的支持

由于法律对于双重审查起诉中基层检察院的审查程序并没有明确规定，可以说此项改革并未完全突破法律，而具有一定的现实合理性。① 事实上，我国有的检察院已经在这样进行司法实践。四川省双流县《人民检察院公诉工作流程（试行）》第2条规定："科长应先阅读《起诉意见书》，经审查认为属于上级法院管辖的第一审案件时，内勤应当填写《报送意见书》，连同案卷材料移送上一级人民检察院。"这种审查方式与笔者主张的审查方式基本相同，根据调查该程序实施效果较好。而且，"严打"中追求快速、准确地打击犯罪，双重审查起诉制度被突破。县级检察院往往根据公安机关的案情介绍，根据起诉意见书，确定管辖机关，直接移送市级

---

① 还有一种改良方案。基层公安机关侦查终结后，认为应当由中级人民法院管辖的案件，先移送上级公安机关，再由后者移送同级检察院审查起诉。据笔者调查，广东省中山市人民检察院有这种移送方式的雏形。但这种移送方式实际上是先由公安机关确定案件的管辖，违背了我国《刑事诉讼法》第129条的规定。而笔者主张尽量在法律现有的框架内改革，因此笔者不主张采取这种审查起诉的移送方式。

检察院，而不再进行实体审查，比如阅卷、提审、制作审查报告等。"严打"的功过是非笔者在此不想述评，但事实证明，这种审查起诉移送制度并未导致管辖错误，同时对于提高诉讼效率具有一定的效果。

最后，有必要论证此次调查的典型代表性。本部分援引了一篇针对某市的调查报告，那么调查报告的调查结论是否在全省乃至全国具有普遍意义呢？笔者通过进一步的调查了解到，整个江西省的检察系统都存在这种双重审查起诉的现象。在四川省绵阳市和德阳市进行的调查研究也发现了这种双重审查起诉制度。来自福建福清市人民检察院的检察官也认识到该院的双重审查起诉的制度带来的弊端。① 据此，笔者认为这种双重审查起诉制度在全国的许多地方都普遍存在。当前，我国面临刑事诉讼法全面修改的契机，目前来看，此项制度并未引起关注。双重审查起诉制度违背了正义与效率的双重诉求，无法实现其功能，迫切需要成为刑事诉讼法进一步修改的目标。

第七节　被告人缺席审判：正义与效率之间

我国目前面临着大量贪官携款潜逃，巨额资金无法追回的困境。2003 年我国签署的《反腐败公约》第 57 条第 3 款规定，缔约国请求返还与犯罪有关资产的，需要提供请求缔约国的生效判决。于是以追逃为问题意识，刑事缺席审判问题引起广大学人的广泛关注。缺席审判会给诉讼带来极大的效率性，但也可能导致诉讼正义的缺失，研究两者之间的平衡具有重要意义。一般来说，庭审的缺席可能包含公诉人、被告人、裁判者的缺席。但公诉人的缺席会导致庭审向纠问诉讼模式转化，裁判者的缺席则会导致庭审无法进行，所以各国通常不允许在公诉方和裁判者缺席的情形下进行庭

---

① 李林、余文宝："检察机关必须改变案件级别管辖的传统做法"，载《检察实践》2000 年第 2 期。

审。因此，本部分只关注被告人缺席导致的缺席审判制度。

一、刑事缺席审判之价值平衡

在刑事诉讼中，为了保障被告人权利，各国都规定了被告人有权出席庭审。《联合国公民权利和政治权利公约》第 14 条规定了被告人审判时的在场权。"被告人在场权的含义是被告人在审判过程中，有权亲自到场接受审判，法庭不得进行缺席审判。这一权利为被告人充分地行使辩护权、有效地参与法院裁判结论的形成过程提供了一个最基本的保障。缺席审判只能在非常必要的情况下才能进行，并且应被限制在最小的范围之内。"[①] 被告人在场权是被告人诉讼主体地位的最基本体现。所以，被告人的庭审在场权必然要求一般情况下，如果被告人没有出席庭审不得进行审判。但是，刑事诉讼的价值具有多元性，同一价值在不同的条件下具有多层次性，在特定条件下进行缺席审判也是必要的。缺席审判制度的基础恰恰在于平衡了价值冲突。

（一）在被告人放弃庭审在场权的前提下，缺席审判尊重了被告人的诉讼主体地位，不违反程序正义

在场权是被告人作为诉讼主体的权利，而权利是可以放弃的。在被告人主动放弃在场权的情形下进行审判并不违背程序正义。"从理论上，众所周知，任何权利都不是绝对的，权利本身亦具有可处分的性质。在刑事诉讼中，如果通过一定的方式，已经给予了犯罪嫌疑人、被告人行使出席法庭审判的机会，但当事人自己却执意不出席法庭审判，此即可视为当事人自愿放弃了其出席法庭审判的权利。在这种情况下，为了保护司法中其他正当的利益，进行刑事缺席审判并不为过。"而且，"根据《联合国公民权利和政治权利国际公约》的法定解释和监测机构——联合国人权事务委员会

[①] 岳礼玲、陈瑞华："刑事程序公正的国际标准与修正后的刑事诉讼法（上）"，载《政法论坛（中国政法大学学报）》1997 年第 3 期，第 50 页。

在'审理'有关'案件'中所发表的'意见',在被告人已经被给予一切必要的通知,包括告知审判时间和地点等,以及被要求出席法庭审判,但被告人自己却决定不出席审判的情况下,进行缺席审判并不违反《联合国公民权利和政治权利国际公约》第 14 条第 3 款(丁)项关于出席法庭审判权的规定。"[1] 而且,参与审判可能对被告人造成不利影响。在庭审中,被告人必须站在刑事被告席上,在社会公众面前展示自己"可能"不光彩的一面。这将给被告人造成巨大的心理压力,也有损被告人的人格尊严。此时,缺席审判尊重被告人不参加庭审的主观意愿,体现了对其诉讼主体地位的尊重。可见,在一定条件下,刑事缺席审判正是体现了对被告人人格尊严和主体地位的尊重,是程序正义的另一种表现。

(二)在被告人放弃庭审在场权的基础上,缺席审判对实现实体正义并无实质影响

如果违背被告人出席庭审的意愿,剥夺被告人参与庭审行使举证权、质证权、辩论权,必然不利于事实真相的发现。但被告人出席庭审并不能简单地理解为被告人的权利,同时其也是为了发现事实真相而赋予被告人的一种义务。德国刑事诉讼法第 236 条规定,在任何情况下,法院都有权命令被告人到庭,有权以拘传令或者逮捕令强制被告人亲自到庭。德国学者史丹(Stein)认为:"被告的到场义务本质上乃植基于国家为了预防裁判错误之故。"[2] 由于被告人往往亲身经历案件的发生经过,是案件的"第一证人",其一旦作出供述,必能全面反映案件的主观和客观情况。即使不是犯罪行为人,其所作的口供也有助于防止检察机关错误追诉,而有利于事实真相的查明。但事实的查明在于,法官可以通过观察被告人的

---

① 张毅:"《打击跨国有组织犯罪公约》和《反腐败公约》与我国刑事诉讼制度改革",载陈光中主编:《21世纪域外刑事诉讼立法最新发展》,中国政法大学出版社 2004 年版,第 77 页。

② [德]克劳思·罗科信:《刑事诉讼法》,吴丽琪译,法律出版社 2003 年版,第 403 页。

语言表达、行为表情，包括陈述的连贯性和陈述的信心而发现案件的真相。① 然而在现代刑事诉讼理念下，许多国家赋予被告人沉默权，其在庭审中可以一言不发，毫无表情。被告人既然选择放弃参与庭审，也就意味着被告人将在庭审中保持沉默，甚至破坏审判秩序。在这种情形下，被告人出席庭审对于事实真相的发现并无实质的帮助。所以，可以尊重被告人的意愿，通过一定的程序解除被告人到庭的义务。

（三）为了实现诉讼经济，有必要在一定案件中对被告人缺席审判

缺席审判制度并不是完全基于被告人放弃出庭权，对被告人缺席审判也是为了保护刑事诉讼其他价值的需要。一方面，出席庭审必然要求被告人为此付出一定的时间和财物，影响被告人的日常生活。因此被告人不出庭必然带来社会资源的节约。"某些轻微刑事案件，由于控辩双方在开庭审理前或者在开庭审理的初期已达成对罪刑认识的一致或者协调，某一方的缺席并不会构成对直接言词原则的违反。尤其是对于被告人而言，此时之出庭义务可视为一种额外的负担。从有利于被告人的诉讼原则出发，缺席审判是合法合理的。"② 另一方面，在被告人故意违反法庭秩序，致使庭审无法进行的情况下，如果不能缺席审判，则必然导致案件延期审理。更为严重的是，如果被告人可以通过拒绝参加庭审而阻挠庭审的进行，则拒绝参加庭审必然成为被告人拖延诉讼的一种诉讼策略。刑事诉讼将整体上丧失效率。而且，轻微犯罪对国家和被告人的影响都相对较小，正义和效率的价值矛盾中应当更向效率倾斜。"刑事诉讼活动必须追求以尽可能少的诉讼成本投入来产出尽可能多的诉讼效

---

① ［英］詹妮·麦克埃文：《现代证据法与对抗式程序》，蔡巍译，法律出版社 2006 年版，第 232 页。

② 欧卫安、汪筱文："我国刑事缺席审判制度构建思考"，载《人民检察》2004 年第 9 期，第 19 页。

益，即在解决个人和国家之间的纠纷问题上实现资源利用的最大化。"① 所以，为了提高诉讼效率，在符合底限正义的情况下，对被告人缺席审判是必要的。

可见，缺席审判的适用情形并不都基于相同的价值基础。缺席审判制度必须在庭审在场权的放弃与防止误判，司法公正与效率之间追求最佳的平衡点。所以，这决定了对席审判是常态，缺席审判只是一种例外。

二、刑事缺席审判制度的适用范围

我国 1996 年的刑事诉讼法并没有规定刑事缺席审判制度。最高人民法院《关于执行〈中华人民共和国刑事诉讼法〉若干问题的解释》第 117 条第（一）项规定："对于不属于本院管辖或者被告人不在案的，应当决定退回人民检察院。"第 181 条第 1 款规定："在审判过程中，自诉人或者被告人患精神病或者其他严重疾病，以及案件起诉到人民法院后被告人脱逃，致使案件在较长时间内无法继续审理的，人民法院应当裁定中止审理。"可见，我国法院受案时被告人必须到案，如果审判中出现被告人逃跑、丧失诉讼行为能力的缺席情形，应当中止审理，而不能缺席审判。这导致在一些特殊情况下，案件审理不得不中断。相反，大多数国家都不同程度地规定了刑事缺席审判制度。但由于缺席审判制度内在制度上的局限性，必须将缺席审判限制在法律明确规定的范围内适用。如美国联邦刑事诉讼规则规定，除本规则另有规定外，被告人均应当到庭。而且，尽管庭审在被告人缺席的情形下进行，但任何情况下，如果法庭认为有必要让被告人出庭以查明真相的，都可以要求被告人出庭。在比较各国刑事缺席审判制度的基础上，笔者认为我国适用缺席审判的主要范围应当包括以下五个方面。

（一）轻罪案件

因为轻罪案件对被告人权利影响较小，如果发生误判，错误成

---

① 左卫民等：《简易刑事程序研究》，法律出版社 2005 年版，第 4 页。

本并不高，依照经济分析的理论，在此类案件中应当追求审判成本的节约，强调诉讼效率，所以可以进行缺席审判。从各国来看主要包括两种情形：一是被告人主动放弃出庭权。如法国刑事诉讼法第411条规定，因可处罚金或二年以下监禁的罪行而受传唤的被告人，可以致函审判长要求缺席审判。① 德国刑事诉讼法第233条也有轻罪解除被告人的出庭义务的规定。美国联邦诉讼规则第43条规定，被控犯罪的法定刑是罚金或1年以下监禁或者两者并处，经被告人书面同意，法庭可以允许传讯、答辩、课刑在被告人缺席的情况下进行。② 二是被告人无正当理由不到庭。德国刑事诉讼法第232条规定，在对被告人已经依法传唤，在传票中已经言明可以对他缺席审判时，可以无被告人的审判，以可能仅是单处或者并罚6个月以下的自由刑、180个日额以下的罚金、保留处罚的警告、取消驾驶资格、追缴、没收、销毁或者废弃处分为限。③ 法国刑事诉讼法规定，轻罪审判程序中，如果传唤的条件均已符合，被告人无正当理由而不到庭，应当缺席审判。我国也应当对重罪和轻罪进行区别，对于重罪，限制适用缺席审判制度；对于轻罪，一方面，被告人可主动申请在其不到庭的情况下缺席审判；另一方面，可以在保障被告人获得合法的传唤和陈述权等权利的基础上，不经过被告人同意而缺席审判。

（二）被告人在出席庭审后擅自离去

在德国，已经到庭的被告人不允许中途离开审判。审判长可以采用适当的措施阻止被告人中途离开。当被告人在就公诉所为之讯问后擅自离去，而法院认为其亦无必要继续在场时，可以在他缺席

---

① 《法国刑事诉讼法》，余叔通、谢朝华译，中国政法大学出版社1998年版，第150页。以下法国制度介绍中的立法情况皆引自此书。

② 《美国联邦刑事诉讼规则和证据规则》，卞建林译，中国政法大学出版社1998年版，第84页。以下美国制度介绍中的立法情况皆引自此书。

③ 《德国刑事诉讼法典》，李昌珂译，中国政法大学出版社1995年版，第98页。以下德国制度介绍中的立法情况皆引自此书。

情形下将审判进行到底。但对何为擅自离去必须慎重界定。在德国，"当被告故意使自己成为无诉讼能力之状态者，此亦被视为擅自离去，但如果被告因不愿拖延诉讼，而希望籍由其自杀使诉讼终结者，则因该蓄意自杀所造成的不能到场，不算是擅自离去。或算错时间，睡迟了，或因审判长曾告诉他，其已不必要再到场，或当法院的行为令人觉得其对被告之不到场有所同意时，则被告于这些情形中在审判程序不到场时，不得视为擅自离去。如果因审判长之命令致使被告不到庭时，或因太累致使无诉讼能力时，或因突然生病以致被告人不到场者，在这些例子中则因缺少自主性之因素，因此不是擅自离去。"① 美国联邦刑事诉讼规则规定，被告人在审判开始后自愿缺席的情况应被视为被告人放弃继续到庭的权利。所以，如果被告人在出席庭审后擅自离去的，可进行缺席审判，但要求被告人具有离去的主观故意和自愿性。

（三）被告人因健康原因无法接受审判

如果被告人以自残身体的方式阻止审判进行的，为了维护正常的审判，可以进行缺席审判。德国刑事诉讼法第 231 条 a 款规定，被告人故意和有责任地把自己置入排除自己参加审理能力的状态，以此有意识地使得审判不能在他在场的情况下正常进行或者正常继续进行的时候，即使在此之前还未曾对他就公诉予以讯问，但只要法院认为他的在场并非是必要不可的，可以在他缺席情况下进行或者继续进行审判。法国刑事诉讼法第 416 条规定，轻罪案件中，如果被告人以健康状况为由不能到庭，而又有重大原因使案件的审判不能延期，法庭可以以附理由的专门决定，命令一名法官在一名书记员的陪同下到被告人的住所听取其陈述后，法庭也可缺席审判，但需要被告人提出缺席审判的申请。所以，如果被告人因为健康原因而无法接受审判的，以及被告人有责任使自己陷于无法接受审判

① ［德］克劳思·罗科信：《刑事诉讼法》，吴丽琪译，法律出版社 2003 年版，第 404—405 页。

的，一定条件下可以缺席审判。

（四）被告人违反法庭秩序，致使审判无法进行

法庭秩序是庭审正常进行，查明真相，解决争执的必要条件。被告人严重违反法庭秩序、妨碍庭审进行的，法院将剥夺其在场资格。如在意大利，如果被告人在受到警告后仍继续坚持自己的态度，以致可能妨碍庭审的正常进行时，庭长可裁定将其强制带离。被带离的被告人被视为在场，并且由辩护人代表。被带离的被告人可随时获准返回法庭。如果必须再次将被告人带离，法官可以在同一裁定中宣布将其驱逐出法庭，禁止他再参加法庭审理。① 德国刑事诉讼法第 231 条 b 款规定，因为违反秩序的行为，被告人被带离审庭或拘押的时候，如果法庭认为他的继续在场并非必要不可，他的在场对审判进程甚至有影响之虞，可以无被告人地审判。日本和美国都有类似的规定。我国也应当规定，无论案件轻重，如果被告人扰乱法庭秩序致使审判无法进行，可将被告人强制带离法庭，缺席审判。

（五）有被告人不在庭的必要

这主要包括三种情形。一是程序正义中的参与原则是指，被告人有权参与严重影响自己裁决的程序，而当审理与自己无关的事实部分时，其当然无参加的必要。德国刑事诉讼法典第 231 条 c 款规定，对数名被告人进行审判的时候，依申请法院可以以裁定允许个别的被告人，在强制辩护情况中也包括允许他们的辩护人，不参加不涉及他们的个别部分的审理活动。二是讯问共同被告人或者证人时，如果因为被告人在场而有不会据实陈述之虞时，法院可以命令被告人在讯问期间退出审判庭。德国刑事诉讼法典第 247 条，日本刑事诉讼法第 281 条都有类似规定。三是各国普遍规定，当被告人是法人时可对被告人缺席审判。如日本刑事诉讼法规定，被告人是

---

① 《意大利刑事诉讼法典》，黄风译，中国政法大学出版社 1994 年版，第 174 页。以下意大利制度介绍中的立法情况皆引自此书。

法人的，由其代理人到庭即可。因为被告人是法人时，由其诉讼代表人出庭代表被告。但由于诉讼代表人可能是既未参与犯罪又事先对案情不了解的人，其这一特征决定了他是否到庭参与诉讼对于查明案件事实不起关键作用，甚至不起任何作用。因此，诉讼代表人出庭与否，一般不会影响案件的正常审理。可见，我国构建缺席审判制度时，应规定对数名被告人的审判中，个别被告人在审理与自己无关的案件事实时可不出庭。为了保障证人作证，在严格限制的条件下可要求被告人退庭。被告人是法人时，其诉讼代表人可以不出庭。

三、刑事缺席审判制度的正当化

由于缺席审判是在被告人不在场的情况下进行审判，被告人的许多诉讼权利也相应地受到影响，这可能会对被告人的利益造成重大损害，所以必须对缺席审判程序进行规范、限制，予以正当化，防止恣意而为。由于缺席审判制度是一个处于多种价值紧张关系下的诉讼制度，如何通过程序设计保障其在公正与效率，在程序公正与实体公正之间取得平衡是至关重要的。各国都确立了一系列程序以保障缺席审判符合最低程序正义的标准。我国构建缺席审判也应借鉴其保障措施，促进缺席审判的正当化。

（一）被告人的选择权

这主要适用于轻微犯罪案件中被告人主动放弃在场权或者被告人由于健康原因而主动申请缺席审判。法国和德国的立法都作了相应的规定。在德国，案件有数名被告人，在审判期间个别被告人可不到庭，而进行的缺席审判必须基于被告人的申请。法国的轻犯罪中被告人放弃权利而导致的缺席审判，法庭必须两次传唤被告人后始得适用。另外，轻罪案件中，对被告人传唤后，被告人仍不出庭的，可推定其选择放弃在场权。但是，必须加以限制。比如法国对于轻罪案件中，被告人无正当理由不到庭而进行的缺席审判的情形，法国只有"经正当程序当面传唤"后始得适用。其特定情形下，将缺席审判建立在被告人选择放弃出庭的条件下，体现了被告人的程序参与权，保障了最低程序正义的实现。

（二）被告人的知情权

一方面，法庭在适用缺席审判前具有告知义务，告知在何种情况下可以缺席审判及其后果。德国刑事诉讼法第 232 条也规定，"对被告人已经依法传唤，在传票中已经言明可以对他缺席审判时"方可适用。德国被告人被解除审判时到庭义务的，必须由受命、受托法官告知缺席审判中准许判处的法律处分，问他是否维持解除审判时到庭义务的申请。另一方面，缺席审判之后，审理情况需告知被告人。因为对被告人缺席判决本身并不由此带上制裁性质，仍须保障被告人对庭审的知情权。比如德国规定，一旦准许被告人重新出庭，如果此时还尚未开始宣布判决的，审判长应当告知他缺席时进行审判的主要情况。法国规定，被驱逐出庭的被告人，由警察看管，直到审判结束时为止，然后交由法庭处理。在每次开庭后，重罪法庭书记员应当向被告人宣读其缺席的审判笔录，并且将检察院的要求和一切被告人可能不同意的法庭裁决送达被告人。

（三）被告人获得律师帮助

虽然对被告人缺席审判，但是如果有辩护人在庭为被告人辩护，则必然能够最大程度地限制缺席审判的负面影响。欧洲人权法院的判例表明，"如要求法庭作缺席审判，应承担证明被告人逃避审判的责任，并且辩护律师应出庭辩护。"[1] 意大利刑事诉讼法第 487 条第 2 款规定，当审判在被告人缺席的情况下进行时，辩护人在法庭审理中代表被告人。在德国，在被告人无能力接受审判的缺席审判中，对没有辩护人的被告人要指定辩护人。其他的情况下进行的缺席审判，并无指定辩护人的要求。但在缺席审判中，被告人有权让持有全权委托的辩护人作为他的代理人。我国在建立缺席审

---

[1] 熊秋红："解读公正审判权——从刑事司法角度的考察"，载《法学研究》2001 年第 6 期，第 33 页。

判制度时，应规定重罪案件一旦缺席审判，应当为被告人指定辩护人，代其出庭。

（四）向被告人提供向法庭就公诉表示意见的机会

"缺席"这一事实与不利判决之间没有必然的因果联系。缺席判决程序仍然是查明事实真相、发现实体真实的程序，而非制裁和惩罚程序。① 只有向被告人提供向法庭发表意见的机会和权利，才真正尊重了被告人的主体地位，也有利于发现事实真相。所以，德国被告人被解除审判时到庭的义务的，必须由受命、受托法官对他就公诉予以讯问。因被告人在庭审中擅自离去而进行的缺席审判，也必须是在对被告进行了讯问之后。"所谓就公诉所为之讯问乃只指被告得有机会对起诉之罪名加以陈述意见而言。"② 同时，德国因被告人故意或有责任地使自己无能力接受审判而进行的缺席审判，只有在审判程序开始后被告人得到过向法庭、受命法官就公诉表示意见的机会时，才可适用。因被告人违反法庭秩序而进行的缺席审判，在任何情况下，对被告人都要给予就公诉表示意见的机会。法国被告人因健康原因而缺席审判的案件，须有法官到被告人住所听取被告人的陈述才可进行。所以，我国建立缺席审判制度也要保障被告人向法庭陈述的权利，这既可以通过法官庭外讯问被告人来实现，也可以通过被告人重新到庭时向法庭陈述来实现。

（五）一定条件下可申请重新审理

这主要适用于被告人未到庭而推定被告人放弃庭审在场权的情形。德国刑事诉讼法第 235 条规定，轻罪案件中被告人不到庭而进行的缺席审判被告人可以申请回复原状。申请的理由在于非因为自己的过失受到妨碍而不能到庭，恢复原状后，判决失效。被告人如

---

① 万毅："刑事缺席判决制度引论"，载《当代法学》2004 年第 1 期，第 43 页。

② ［德］克劳思·罗科信：《刑事诉讼法》，吴丽琪译，法律出版社 2003 年版，第 404 页。

果未曾得知出庭参加审判的传唤的，可以在任何情况下要求回复原状。在法国，如果被告人本人受到传讯或知道自己受到传讯之后，能够提出可以不出庭的并得到承认的有效理由时，或者在传票不是送达被告人本人时，且不能确认被告人本人知道此项传票的情况下，可以经"对缺席判决（裁判）提出异议"之途径，对轻罪法庭或违警罪法庭的裁决提出异议。提出异议可导致中止和消灭执行缺席裁判决定的后果。① 所以，我国建立缺席审判时也应规定法庭进行缺席审判时的通知义务，"但是，如果被告人有证据证明上述通知是不充分的，或者上述通知没有直接向被告人本人提供，或者被告人不能按时出庭是因为其本人所不能控制的急迫的理由，那么被告人均有权申请法院重新进行审判。"②

有学者主张"案件事实清楚"是刑事缺席审判的基本原则："刑事缺席审判又是在辩方辩护力量极其薄弱的情况下进行的审判，故不论是简单轻微案件还是被告人潜逃的重大案件，都应以案件事实清楚成为其审判启动之必要前提。"③ 但是，笔者认为此说值得商榷。刑事缺席审判是对被告人是否有罪的审判程序，案件事实是否清楚需要法官审判后予以认定。至于检察官在起诉时是否应当规定"案件事实清楚"的限制条件，只不过是公诉条件的问题，而不应是刑事缺席审判的基本原则。如果以此作为原则，则被告人在庭审中无论如何违反法庭秩序，也无法进行缺席审判。

四、惩治外逃贪官与刑事缺席审判

目前，据有关方面的不完全统计，有超过 4000 名中国外逃贪

---

① ［法］卡斯东·斯特法尼等：《法国刑事诉讼法精义》（下），罗结珍译，中国政法大学出版社 1999 年版，第 810 页。

② 岳礼玲、陈瑞华："刑事程序公正的国际标准与修正后的刑事诉讼法（上）"，载《政法论坛（中国政法大学学报）》1997 年第 3 期，第 51 页。

③ 马贵翔、谢琼："论我国刑事缺席审判的制度构建"，载陈光中等主编：《诉讼法理论与实践——司法理念与三大诉讼法修改（2006 年卷）》，北京大学出版社 2006 年版，第 475 页。

官在海外"逍遥法外"，最保守的估计有 50 亿美元的资金被他们卷走。于是一些学者呼吁我国在刑事诉讼中建立缺席审判制度："有证据证明重大贪污贿赂犯罪案件的被告人确已逃亡国外的，人民法院可以进行缺席审判。"① 但笔者认为，刑事制度缺席审判能否承担惩治外逃贪官、追回卷走巨款的功能，值得进一步思考。

一些学者提出，建立缺席审判制度是为了引渡被告人。② 但引渡是为了在国内对被引渡人进行审判，如果先审判而后提出引渡似乎有本末倒置之嫌，而且其与引渡法的立法精神也是相悖的。最明显的例证是，我国《引渡法》第 8 条规定："外国向中华人民共和国提出的引渡请求，有下列情形之一的，应当拒绝引渡：……（八）请求国根据缺席判决提出引渡请求的，应当拒绝引渡。但请求国承诺在引渡后对被请求引渡人给予在其出庭的情况下进行重新审判机会的除外。"所以，刑事缺席审判作出的判决不应当成为引渡的理由。对外逃贪官缺席审判的判决并不能得到其他国家的承认。

一些学者在论证对外逃贪官进行缺席审判时，往往以国外、国际条约为例。实际上，这是片面解读并扩大了国外缺席审判制度的功能。笔者考察了德、美、法、日、意等国，都没有发现关于对外逃贪官缺席审判的直接规定。据英国的比较刑事司法专家理查德·沃格勒教授介绍，英国没有就重大经济犯罪设立刑事缺席审判制度。③ 从其他各国来看，只有两种情况有可能对外逃贪官进行缺席审判。一是轻罪案件被告人拒不到庭。但是，外逃贪官之所以逃往国外绝对不是因为轻罪，所以对外逃贪官无法适用此条。二是被告人在出庭庭审后擅自离开。但各国普遍对在审判开始前已经逃跑的

---

① 陈光中：《中华人民共和国刑事诉讼法再修改专家建议稿与论证》，中国法制出版社 2006 年版，第 180 页。

② 同上，第 597 页。

③ 王新清、卢文海："论刑事缺席审判"，载《中国司法》2006 年第 3 期，第 26 页。

被告人不能进行缺席审判。美国在迪亚兹诉合众国案中，宣称"如果被告人在场时审判已经开始，（他）主动缺席，这不会使所做的事无效或妨碍审判的完成"。这句话导致了一个概念的产生，即在审判之前逃跑的被告人不能被缺席审判。这个特点的理由是："司法制度更感兴趣的是继续进行已经开始做的事，而不是进行一个永远没有起步的审判。"① 在德国，如果被指控人凡住所不明或者逗留国外，认为不可能或者不适宜将他带送有管辖权的法院者，被视为缺席。对缺席人不得开庭审判。对缺席人启动的程序，其任务是为缺席人以后到案的情况保全证据。② 尽管在被告人到庭后擅自离庭可进行缺席审判，但是我国要追究的都是没有到庭、在侦查阶段就逃亡国外的贪官。所以，在这种情况下，我国对外逃贪官也无法适用缺席审判。

容易引起误解的是法国刑事诉讼法第 270 条在重罪庭前准备程序中规定："如果被告人未能捕获，或者未到庭，应该缺席审判。"似乎依据此条可以对外逃贪官进行缺席审判。但实际上，该条所谓的缺席审判指的是依抗传程序进行审理。对此，法国著名刑事诉讼法专家卡斯东·斯特法尼认为："在法国重罪法庭，如重罪被告人尚未被抓到，或者在向被告人的住所进行通知后 10 日内，重罪被告人不自行到庭，或者重罪被告人被抓捕后又逃跑，这些情形均构成被告人'不到庭'，进而构成抗传。重罪被告人不到庭，除非经重罪法院承认有合法理由，否则将按照抗传程序受到判决。"③ 但抗传程序在于发布命令，并非我们所探讨的审判程序。必须注意缺席判决（裁判）制度与缺席审判制度之间的区别，前者并不以解

---

① ［美］伟恩·R.拉费弗等：《刑事诉讼法》（下），卞建林、沙丽金等译，中国政法大学出版社 2005 年版，第 1202 页。
② ［德］克劳思·罗科信：《刑事诉讼法》，吴丽琪译，法律出版社 2003 年版，第 570 页。
③ ［法］卡斯东·斯特法尼等：《法国刑事诉讼法精义》（下），罗结珍译，中国政法大学出版社 1999 年版，第 810 页。

决被告人是否有罪的实体问题为目的，而后者的功能在于通过审判查明被告人是否有罪。法国刑事诉讼法第 627 条规定："抗传程序可宣布被告人违抗法律，停止其行使公民权利，在审查其拒传行为时扣押其财产，禁止其进行任何诉讼行为。如果被告人自行投案或者被告人在刑罚完成时效之前被逮捕，经抗传程序作出的判决自行消灭。"也就是说，在法国重罪案件中，被告人开庭前在逃的，不进行缺席审判。

那么，即使各国都不允许，我国能不能独创性地规定对外逃贪官建立缺席审判制度呢？笔者认为不可。从实行国家公诉以来，被告人并没有主动归案的义务，罪犯逃亡、国家追捕，历来如此，这是长期的历史进程中延续下来的社会行为规范。现代社会，国家对社会的控制能力更强，刑事诉讼更应当强调对被告人权利的保障，防止国家权力滥用，而不是强化国家的权力。刑事缺席审判会极大地诱发国家滥用司法权力，实现社会控制。缺席审判也可能诱发个别人出于非正当的目的，制造被告人外逃的假象，从而达到对被告人缺席审判进而定罪的目的。而且，刑事诉讼的一个重要价值在于保障被告人的人格尊严，尊重人性。因此，诉讼制度的设计不应违背人的基本天性。法律是底限的道德诉求，对被告人提出过高的道德要求混淆了法律与道德的社会功能。因此，任何人不得被强迫自证其罪成为刑事诉讼法的基本原则。而以法律的义务来要求犯罪嫌疑人等着警察来抓，甚至主动归案，显然有违人趋利避害的基本天性，违反了任何人不得被强迫自证其罪的精神实质。因此，笔者认为，我国不应对外逃贪官进行刑事缺席审判。而且，我国奉行客观事实的证明标准。如果被告人出逃在外，在被告人不出席庭审的情况下进行缺席审判，由于缺乏案件当事人的出庭，那么法庭认定的事实极有可能与案件实际发生的事实不相符合。这种情况下，则需要按照审判监督程序重新审判，这样将浪费国家大量的司法资源。

要追回外逃贪官卷走的巨款，并非只有通过对外逃贪官进行刑事缺席审判来实现。有学者也认为缺席审判制度在理论上有其不可克服的缺陷，对外逃贪官不应缺席审判。只有适当将物的处理与人的处理相分离，完善我国的刑事没收程序，才是当前解决相关问题的有效途径。① 所以，笔者赞同通过其他途径而不是通过刑事缺席审判追回外逃贪官卷走的巨款。

---

① 张小玲：“问题与误读：刑事缺席审判制度质疑”，载《政法论坛（中国政法大学学报）》2006 年第 3 期，第 150 页。

第五章
证据制度的实践省思

第一节 相互印证：我国证明模式解读

在我国刑事司法实践中，证据之间的相互印证已经成为查证证据是否属实、事实能否认定的最常用和基本的证明方法。它既是侦查机关用来侦破案件的有力举措，也是起诉部门审查起诉案件、证明诉讼主张的重要手段，更是法官认定事实的方法，相互印证已经成为我国刑事诉讼实务中最经常使用的字眼和证明方法。于是有学者认为，我国刑事司法实践中形成了相互印证的证明模式。[①] 但在我国，对该证明模式的研究只有寥寥数文。因此，对相互印证的证明模式的特点、形成机制、利弊及如何消除弊端的研究无疑具有重大的理论与实践意义。

一、透视我国刑事诉讼的证明模式——相互印证的证明模式

相互印证作为一种通常使用的证明方法，被世界各国所采用。

---

① 参见龙宗智："印证与自由心证——我国刑事诉讼证明模式"，载《法学研究》2004 年第 2 期，第 107 页。

但由于我国严重依赖该证明方法，甚至将整个刑事诉讼证明建立在其基础上，于是在我国刑事诉讼中形成了相互印证的证明模式。这种证明模式主要表现为以下几个特点。其一方面反映了我国刑事诉讼证明模式对相互印证证明方法的严重依赖，另一方面也是将我国刑事诉讼证明模式称为相互印证的证明模式的根据。

（一）忽视对单个证据的独立审查，强调证据之间的相互印证并作为审查证据的关键

这里所谓的"证据之间的相互印证"，是指案件的证据具有同向性，指向共同的犯罪构成要件事实和从重、从轻、减轻、免除刑事处罚理由的事实。对单个证据的独立审查，是指通过接触某一证据在事实判断者心中留下的印象与影响，或者通过补助证据来查明单个证据是否属实。

我国刑事诉讼中证明方法十分单一，忽视了对单个证据的独立审查，基本上都是通过寻找证据之间相互的共同点、差异点来查证证据，"证据查证属实才能成为定案的依据"转化为"证据相互印证才能成为定案的依据"。在我国这种以印证为最基本要求的证明模式中，证明的关键在于获得相互支持的其他证据。单一的证据是不足于证明的，必须获得更多的内含信息同一性的证据来对其进行支持。如证言必须有基本内容相同的口供支持，或者其他证言支持，或者物证、书证以及其他证据支持。过去曾经流传过"一人供听，二人供信，三人供定"的说法，即是这种证明要求的一种通俗表达。① 具体而言，比如在某一案件中有被告人供述、被害人陈述、现场勘查笔录、法医鉴定等。对被害人陈述的查证，只会通过查找其与被告人供述、现场勘查笔录、法医鉴定是否相互印证来查证被害人陈述是否属实，而不会通过要求被害人出庭作证、交叉询问被害人或调查被害人的相关情况如品格等来分析被害人陈述的

---

① 龙宗智："印证与自由心证——我国刑事诉讼证明模式"，载《法学研究》2004年第2期，第111页。

可信性，更不会通过调查被害人的感受能力、表达能力来查证其陈述的可信性。

公诉时，公诉人往往将几个证据组合在一起出示证据，而这一组证据又往往相互印证。随之对证据的质疑，也不是以对单个证据个体为对象，而是以对一组证据进行质证的方式进行。辩护人由于获得证据相关信息的能力有限，很难对单个证据展开质疑，只能通过指出与其他证据不能相互印证的方面，进而否定证据的真实性、可信性。而法官则重视综合认证而忽视单一认证。所谓单一认证，就是法官每次仅对一个证据进行的认证；所谓综合认证，即法官一次对多个证据进行的认证，包括对一组证据的认证和对全案证据的综合认证。判决书中采纳单个证据的理由并无具体的说明，只是说与其他证据相互印证所以采纳。

（二）突出被告人口供并作为印证机制的中心

相互印证的证明模式对口供极其依赖。在案件的侦查阶段，侦查机关将大量的精力用于获得被告人口供，形成"口供中心主义"。一般情况下，侦查机关在仅仅获得一些简单的外围间接证据之后就开始强化讯问犯罪嫌疑人，以期在获得被告人的口供之后，再根据被告人的口供去寻找其他证据来印证被告人的口供。同时，在讯问过程中又强调被告人的供述和已经掌握的证据相互印证。公诉时，公诉人举证同样以被告人的口供为中心。与日本等国要求被告人自白举证的最后化不同，我国公诉人举证往往将被告人的供述作为第一组证据出示，然后才出示其他证据，并细数其他证据与被告人口供在哪些地方相互印证。法官在采信证据时，追求客观真实，偏重被告人的供述，把证据之间是否印证作为查证证据是否属实的最主要的、基本的手段，忽视其他的查证方法，同样建立以被告人的供述为中心的印证认证机制。在没有被告人供述印证的情况下，许多他国可以定案的情形，在我国也不能定案。① 这样一来，从取证到举证到质证到认证，都是以被告人口供作为印证证明的中心。

（三）相互印证才敢定案

孤证不能定案的思想，是我国相互印证的证明模式在定案问题上的典型反映。虽说法律并没有规定所有的孤证都不能定案的原则，只是规定了只有被告人的供述、没有其他证据不能定案，然而有学者认为，证明力包括了可印证性，一个证据必须与其他证据相互印证，孤证不能定案。实践中，全案有一个直接证据（该直接证据可能是犯罪嫌疑人、被告人供述，也可能是其他直接证据，如目击证人的证言、被害人的陈述或是视听资料等），同时还有其他几个间接证据时，则要看全部证据相互之间能否互相印证，所有证据是否能够形成证据链，根据这个证据链得出的结论是否具有唯一性和排他性。如果以上条件均符合，则可以定案，反之，则不能定案。②

就低不就高是我国相互印证的证明模式的另一个典型的表现。相互印证是刑事诉讼中最基本也是最常用的证明方法，它以孤证不能定案的原则为基础，不仅要求证据的数量必须在两个以上，而且要求这些证据的内容必须相互印证，没有矛盾。以犯罪数额的认定为例，被告人供述的数额与其他言词证据能相互印证的，以相互印证的数额认定；被告人供述的数额与其他言词证据不一致的，以其中较低的数额认定。就低规则是以印证规则为基础的。③ 在实践

---

① 其他国家奉行自由心证的证据制度，法官完全可根据单个证据认定案件事实。详细的案例请参阅龙宗智："印证与自由心证——我国刑事诉讼证明模式"，载《法学研究》2004年第2期，第107页。

② 蒋秀兰："正确认识'孤证'提高诉讼效率"，载《新疆警官高等专科学校学报》2004年第1期，第49页。

③ 贺平凡："论刑事诉讼中的数量认定规则"，载《法学》2003年第2期，第104—105页。

中，如果被害人说被盗了 5000 元，而被告人说只盗了 4000 元，那么法院只能就低认定 4000 元；同样，即使被告人说盗窃 5000 元，而被害人说只遗失了 4000 元，法院也只能就低认定 4000 元，因为更高的部分证据无法相互印证。

再如在收受贿赂、强奸案件等证据"一对一"的案件中，实践中有的法院往往依据一个原则："一对一"的证据在受贿案件中不能定案，其他案件也觉得孤证难以定案。如果甲说把钱送给了乙，乙却说没有拿这个钱，形成一对一证据，如果没有其他相关证据可以佐证，这种一对一的证据是不应该认定的。[①] 必须要有行贿人供述与受贿人供述、被告人供述与强奸受害人陈述相互印证，否则就不敢定案。而在国外，只要能有补强证据补强行贿人、被害人的言词证据或者直接依据法官的自由心证，就能定案。

更有甚者，在我国相互印证甚至成了一种形式依赖，没有印证的形式形成内心确信就不敢定案，而有印证的形式没有形成心证也敢定案。比如，在杜培武冤案中，我们可以看到对相互印证的片面追求，法官也认为案件存在疑点，但有口供相互印证的证据就敢判。

二、相互印证的证明模式形成机制之解读

我国相互印证的证明模式的形成，受到诸多因素的综合影响，其主要的形成原因有如下四个，这些形成因素对该证明制度的评价及弊端的消解有着重要的意义，因此着重阐述。

（一）通过印证来实现对案件的内心确信，符合人类正常的认识心理

案件都是发生的过去的事实，对案件的认识是通过过去事实在人与物上留下的痕迹而回溯认定事实是否发生、如何发生的过程。这些痕迹就表现为证据。由于证据是对同一案件客观事实的反映，

---

① 张军、姜伟、田文昌：《刑事诉讼控辩审三人谈》，法律出版社 2001 年版，第 104—107 页。

必然表现出相互印证的特点。这也为相互印证的认识方法提供了客观基础。但证据的形成过程中有可能发生错误，因此证据必须查证属实才能成为定案的依据。

印证的证明方法具有以下特点：（1）具有证据的多数性。人类的认识心理上对一个单一的事实具有一种怀疑的态度，而印证证明方法证明同一事实的证据呈多数性，容易为人们所接受，并获得他人的认可。我国古代就有三人成虎的故事。（2）可重复检验的特性。不同的主体对两个事物之间的同一性的认识往往相同。（3）客观性。证据之间相互印证，更能体现出客观的表象。人们往往认为，一旦相互印证，证明案件客观真实的可能性更大，因此成为查证属实的一种重要方法。（4）稳定性。一旦证据获得了其他证据的支持，要更改就相对困难。并且由于证据之间相互印证而表现出较为稳定的特点，有助于消解言词证据的不稳定性，于是印证成为检验证据事实及案件事实的一种常用手段。这都为人类接受相互印证作为认定事实的方法提供了基础。

（二）追求客观真实对相互印证的证明模式具有全面影响

我国刑事诉讼中，以追求案件的客观真实作为诉讼的证明标准，对案件的证明方法自然也追求客观性，以查明事实真相为其目标。这种证明方法虽然不排除，事实上也无法排除法官主观因素在认定事实方面的作用，但极力限制法官在认定事实时的主观因素。而对单个证据的独立审查，往往表现为通过交叉询问、补助证据实现由法官对证据的可信性进行主观评价，这样便与追求客观真实的诉讼理念相悖。但相互印证的证明方法，却以证明证据的真实性为主要功能。同时，我国定罪的证明标准是事实清楚，证据确实、充分。一般认为，证据确实、充分就要求控诉证据之间能够相互印证,[①] 相互印证才能定案。这样我国便忽视对单个证据独立证明方

[①] 刘善春、毕玉谦、郑旭：《诉讼证据规则》，中国法制出版社 2001 年版，第 300 页。

法的采用，对单个证据的审查只表现为证明真或假，而不关注证据多大程度上可能为真，多大程度上可能为假，导致忽视对单个证据的可信性程度的证明，而只依赖相互印证作为认定证据真或者假的方法，从而形成一种相互印证的证明模式。

为了实现客观真实的证明标准，就要坚持"实事求是、有错必纠"的法律原则。在诉讼制度上，表现为判决的稳定性受到限制，只要发现判决有误，就要启动纠错程序。因此，我国规定了对事实和法律进行全面审理的二审程序，还有单纯立基于纠错（主要是实体错误）的审判监督程序，并赋予多种主体启动纠错程序，如被害人、被告人、检察机关，甚至中立的法院。但这样一来又面临一个问题，即不同认定主体对事实重复检验的问题。上述各程序都要由不同的主体对事实问题进行认定。基于诉讼资源的有限，更由于言词证据的可变性，上述程序不可能实行一审的对抗方式和直接、言词的审理原则。同时案件一旦被纠错，则意味着法官认定事实或程序有误，甚至是办了错案，极有可能要承担责任。而且，为了避免最高级别梯队的管理失灵，上级的审查必须集中在有限的几个要点上，它们最好是比较容易验证的东西。① 这体现了科层管理模式的特点。于是，在我国这样一个法官地位保障有限的制度下，法官必定会趋利避害，选择一种具有更少个体主观性而容易为大家所认同的证明方法，于是法官纷纷采用印证的证明方法。

此外，由于被告人往往亲身经历案件的发生经过，是案件的"第一证人"，其一旦作出供述，必能全面反映案件的主观和客观情况，即使不是犯罪行为人，其所作的口供也有助于防止检察机关错误追诉，而有利于事实真相的查明。因此，被告人口供成为最佳印证证据。对客观事实的追求，必然要求以被告人口供作为印证的中心，并将其作为发现事实真相的主要证明方法。

---

① ［美］达马斯卡：《司法和国家权力下的多种面孔》，郑戈译，中国政法大学出版社 2004 年版，第 30 页。

（三）缺乏对单个证据的独立查证方法，导致依赖印证的证明方法

1. 非直接、言词的证据审核方式。从具体的方法上说，法官内心确信的形成要凭借关于原因的直觉与推理。直觉即对于事物的直接把握和直接的观察。① 一个证人作证，无须证据间的相互印证，他或她本身的言谈举止就会给我们留下一个可信或不太可信的印象。② 但在我国，证据的出示呈书面化的形态，无论是证人证言，还是鉴定结论、勘验检查笔录，都以书面的形式提交法庭，证人、鉴定人、勘验、检查人、侦查人员一般都不出庭作证，这违背了直接、言词规则。不正常的举止，紧张和愤怒的表情，证言陈述中不情愿的停顿，提前背熟的流畅和急速表达，所有这些细微区别和难以描述的状况，③ 均无法在法官面前展现。法官任职所要求的丰富的经验与阅历，所产生的在认定单个证据可信性上的经验智慧之光，在这里隐退，而只能依靠相互印证来查明证据的真实、可信性。更有甚者，我国存在审理与判定的分离机制。作为案件非承办法官的院长庭长、审委会成员参与判定事实，甚至要向人大、政协汇报案情。这样审理与判定的分离必然要求证据间的印证，以弥补其审理时不在场而对具体证据提供的丰富信息不能把握的缺陷。④

2. 忽视对补助证据的应用。补助证据是相对于实质证据而言的，实质证据是证明主要事实及其间接事实的证据。补助证据是证

① 陈浩然：《证据学原理》，华东理工大学出版社 2002 年版，第 403 页。

② 龙宗智、衡静："直觉在证据判断中的作用"，载何家弘主编：《证据学论坛》（第 2 卷），中国检察出版社 2001 年版，第 399 页。

③ ［德］拉德布鲁赫：《法学导论》，米健等译，中国大百科全书出版社 2003 年版，第 125 页。

④ 龙宗智："印证与自由心证——我国刑事诉讼证明模式"，载《法学研究》2004 年第 2 期，第 113 页。

明补助事实的证据。而补助事实是推定实质证据的可信性的事实。例如，犯罪目击证言（直接证据，实质证据）的可信性，证明目击者的视力（补助证据）的诊断书（补助证据），等等。① 在我国证据制度中还未引入补助证据的概念，往往认为补助证据与案件无关联性，侦查机关在收集证据时并不注意对补助证据的收集，而律师收集证据的能力受到限制，同时也缺乏对上述证据的收集意识。以对言词证据的可信性进行质疑的补助证据——品格证据为例，我国根本就没有确立品格证据规则，在诉讼中排除品格证据的应用。再以英美国家对物证进行质证的主要手段——对物证的收集程序为例，其作为该物证的补助证据，辩护律师难以接触到该补助证据，而侦查人员又根本不出庭。由于缺乏这些补助证据，独立地对单个证据的查证属实非常困难，有时甚至是不可能，于是相互印证的证明方法便备受欢迎，对单个证据的证据能力、证明力的认证就强烈依赖实质证据之间的相互印证。

（四）缺乏依据间接证据定案的推理规则和主观故意方面的推定规则，导致对被告人口供的依赖

根据证据与案件的主要事实是否有直接证明关系，可以分为直接证据与间接证据。凡是必须与其他证据相结合，并经过推理才能证明案件主要事实的证据是间接证据。间接证据对案件主要事实的证明以推理的方式进行。任何一个间接证据，都不能肯定被告人是否有罪，只有把众多的间接证据相互衔接起来，根据经验规则和逻辑规律进行推断，在排除其他各种合理的可能性之后，才能得出确定的结论。② 在实践中，直接证据表现为目击证人证言、被害人陈述、被告人供述。但基于刑事案件隐蔽性的特点，有目击证人的十分少见，被害人对于案件的许多事实并不知情，或者被害人在犯罪

① ［日］田口守一：《刑事诉讼法》，刘迪等译，法律出版社 2000 年版，第 219 页。

② 樊崇义、锁正杰等："刑事证据前沿问题研究（续）"，载何家弘主编：《证据学论坛》（第 2 卷），中国检察出版社 2001 年版，第 184 页。

行为侵害下丧失作证能力，或者根本就没有受害人，没有被告人以外的直接证据的案件十分普遍。而我国又缺乏推定的一系列推理规则，凭间接证据又难以定案，其结果必然是要依靠被告人的供述来证明案件事实。

同时，主观故意方面的推定规则，在普通法上，有推定叛逆、推定知情、推定非法获取、推定欺诈、推定意图、推定恶意等。①我国实体法的犯罪构成要件中要求证明有故意或过失，这些主观方面难以用被告人以外的其他证据证实。而且被告人口供蕴涵了丰富的证据信息，也有利于用来印证其他证据。正因为此，我国大多数案件都是根据被告人的口供定罪的，偶尔有几个没有被告人口供的，就会成为没有被告人的供述而公诉成功的典型案例加以宣传报道，进行经验交流。

有学者认为，法官素质与相互印证的证明模式有关。凭借印证不充分的证据，一个明智的法官也可能得出正确的结论，但如果法官素质有亏，就必须依靠充分印证的证据。②但笔者认为，法官的素质并不是导致印证证明模式的原因。因为相互印证的证明模式指的是对事实问题的证明、认定，而不涉及法律问题，在英、美等实行陪审团审理案件的国家，陪审团审理事实问题，法官审理法律问题。而陪审员的选定奉行同阶陪审的理念，作为事实认定者的陪审员的素质并不比我国法官的素质高。即使是实行参审制的大陆法系，陪审员同时审理、决定事实问题与法律问题，其陪审员同样从普通民众中产生，其素质也同样不比我国法官的素质高。所以我国的法官也同样可以完成对事实的心证认定，法官的素质不应当是导致印证证明模式的原因。

---

① 参见邓子滨：《刑事法中的推定》，中国人民公安大学出版社 2003 年版，第 95—99 页。
② 龙宗智："印证与自由心证——我国刑事诉讼证明模式"，载《法学研究》2004 年第 2 期，第 113 页。

三、相互印证的证明模式之评价

（一）对查明事实真相的双重影响

从客观真实观对相互印证证明模式形成机制的影响来看，相互印证的证明模式至少是以追求客观真实作为其价值取向的，但我国在具体的制度设计中，这种理念却未必能够一定实现。

在单个证据真实的情况下，相互印证的证明方法有助于客观真实的发现。印证意味着对同一事实有更多的证据，而且这些证据之间有着相互对应的共同点，证据之间的矛盾也得到合理的排除。作为过去发生的同一犯罪客观事实的反映，在外在表象上应当具有许多的共同点才符合客观的规律。反过来说，如果证据之间相互印证则真实的可能更大。印证作为认定事实的一种基本方法，具有客观性、可重复检验性、稳定性的特点，无疑有其独到的价值。因此，历史上出现的法定证据制度与自由心证制度实际上都不排除印证的证明方法。只不过，对于客观真实的要求度越高，对于相互印证的证明方法的依赖性也就越强。

同时，以被告人为印证中心的做法确实有利于客观真实的发现。因为被告人是案件的第一证人，其最了解案件的发生经过，依其供述认定事实，无疑最能使认定的事实最符合客观事实。当然，必须强调这是以被告人供述属实为前提。但是，以被告人为印证中心同时会导致刑讯逼供等非法取证的发生，在这种情况下又难以实现事实的正确认定，也不利于程序公正诉讼价值的实现。

人们普遍认为，证据之间越相互印证，事实认定错误的可能性就越小，但人们往往忽视了该判断的前提条件，那就是作为印证主体的单个证据必须首先查证属实。因为在单个证据未查证属实的情况下，相互印证的证据越多，真实地发现出错的概率越高。如果某一事实的各个证据是相互依赖的，即依靠证据间的相互证实，那么援引的证据越多，该事实发生的盖然性就越小。因为可能使先头证据出现缺陷的偶然因素会使后头证据也出现缺陷。如果某一事件的各个证据都同样依赖于某一证据，那么事实发生的可能性并不因证据的多少而增加或减少，因为所有证据的价值都取决于它们唯一依赖的那个证据的价值。如果某一事件的各个证据是相互独立的，即各个嫌疑被单个地证实，那么援引的证据越多，该事实发生的盖然性就越大。因为，在该种情况下，一个证据的错误并不影响其他证据。这就是贝卡利亚运用于盖然性之上的"毒树之果"理论。① 间接证据定案就是第一种情形。而假如一个案件，有被告人供述、被害人陈述、凶器、现场勘查笔录、证人证言。但由于后四个证据都是通过印证被告人供述的方法来查证属实，那么所有的证据的价值都依赖于被告人供述的真实性。这是上述第二种情形。而一旦通过补助证据查证凶器的取证程序是否合法，被害人陈述的真实性，或证人证言的真实性如证人与被告人毫无关系、观察能力强、品格优秀等，在单个证据被证实后，后四个证据就有独立的证明价值，认定的被告人犯罪事实的真实性就会提高。

我国司法实践中，忽视对单个证据真实性的独立审查，而且以被告人口供为印证的中心，用现场情况、物证等间接证据印证被告人口供。但是，实际上正如上述分析，所有的证据的价值严重依赖被告人供述的价值，如果在非法取证的情况下，极有可能造成错案。因此，相互印证的证明模式并不一定就有助于事实的发现。要确保事实的发现，就必须重视单个证据的审查。

（二）不利于对被告人权利的保障

相互印证的证据模式，以被告人口供为中心，容易诱发刑讯逼供等非法取证现象，不利于被告人的人权保障。如前所述，相互印证的证明模式强烈要求以被告人的供述作为印证的中心，其他证据都与被告人的口供相互印证来实现证明标准。这就意味着被告人首先要供述有罪，这显然隐含着被告人有罪的假设，与现代程序正义的理念相违背；而且被告人一旦供述，就意味着被告人极可能被定

---

① ［斯］卜思天·M. 儒攀基奇：《刑法——刑罚理念批判》，何慧新等译，中国政法大学出版社 2004 年版，第 58 页。

罪、处罚。在绝大多数的情况下，特别是我国缺乏对被告人供述的激励机制，被告人都不愿意作有罪供述。但没有被告人的供述又难以定案，于是公安机关便采取屡见于报端的指供、诱供、刑讯逼供的手段来获取被告人的口供，这对被告人人权无疑是一种极大的侵害。这与纠问主义诉讼模式中刑讯逼供泛滥的现象有着相同的发生机制。比如，在我国扬志杰冤案中，其辩护律师将扬志杰的6次口供进行比较分析，发现扬志杰在一次一次的供述中不断"修正"自己的说法，并且口供前后矛盾，一次比一次更注重细节更正……为什么他的口供陆续出现细节补充更正呢？从这一次比一次详细的口供中，发现通过补充完善，口供与爆炸现场勘查情况一致了。[①] 正是由于相互印证的证据模式诱发了上述非法取证的现象。

同时，由于诉讼证据的有限性，又要强调证据之间的相互印证，这就必须让更多的证据进入诉讼当中，因此非法证据排除规则必定受到极大的限制而难以建立起来。而且，由于印证的证明模式，实质上拔高了证明的标准，当无法取得印证的证据时，当公安机关未能采取足够强大的侦查手段，突破被告人的口供，而仅靠其他非印证的证据起诉时，法院就面临两难境地，不敢判又不敢放，而导致超期羁押的发生。而且，在法庭审理中把被告人作为第一种证据方法进行调查，然后再以其他证据反驳或印证其陈述的内容，毫无疑问地会导致他们的心证朝有利于控方的方向形成。[②] 这都违背了保障人权、程序正义的理念，侵害了被告人的权利。

（三）对提高诉讼效率的影响

采用相互印证的证明方法，忽视了对单个证据的审查，只是根

[①] 林楚方、吴晨光："扬志杰案的产生与结局"，载《南方周末》2003年6月12日。

[②] Mirjan Damaska, Evidentiary Barriers to Conviction and Two Models of Criminal Procedure: A Comparative Study, 121 University of Pennsylvania Law Review 506, at 528 – 529, (1973). 转引自孙长永：《沉默权制度研究》，法律出版社2001年版，第74页。

据已经获取的证据之间的相互印证来证明案件，缩减了证明对象，提高了效率。同时，由于我国相互印证的证明模式强调证据之间的相互印证，不能依推定规则定案，拔高了诉讼的证明标准，又降低了效率。但是，一旦将证明建立在以被告人口供为中心的基础上，甚至可以采用一些"比较灵活"的手段来获取供述，又没有完善的证据排除规则，那么整个诉讼体制必然表现出十分高效的特点。这与我国诉讼制度效率的现状也是相契合的。

可见，相互印证作为一种查证的方法具有较大的价值，其以发现客观真实为目标，但我国的该证明模式中由于忽视对单个证据的独立审查，过于依赖被告人的口供而不利于被告人权利的保护，甚至影响对事实真相的发现能力。

四、相互印证的证明模式弊端之消解

目前，我国人权保障、程序正义的理念逐渐深入人心，建立沉默权呼声正日益高涨，一旦失去被告人的口供作为印证的中心，我国以印证为中心的证明模式，将何去何从？长远看来，证明模式的转型似乎必然，但诉讼模式的转型，绝非一日之功。而且印证作为审查证据的一种基本手段，在任何类型的诉讼制度中都不可或缺。只不过采取不同的诉讼理念，印证的证明方法所起的作用不同。因此，我们无论何时都不应完全否定印证的证明方法。当务之急是采用"相对合理主义"的视角，对我国相互印证的证明模式的弊端进行消解。

（一）正确认识客观真实的证明标准

1. 注意平衡追求客观真实与程序正义之间的关系。客观真实是诉讼的证明标准，但查明案件事实真相不应成为唯一的诉讼价值取向，诉讼程序必须同时以保障被告人、被害人等诉讼参与人的人权，实现程序正义为其价值追求，诉讼价值取向应多元化。因此，应坚持无罪推定的原则，改变"口供中心主义"的思想，降低被告人供述在诉讼证明中的中心地位。被告人的供述虽有助于事实的

发现，但必须建立在被告人供述自愿的基础上。同时，建立非法证据排除规则，不允许非法证据作为印证的对象和手段，否则有违程序正义。

2. 不应忽视主观性在客观真实的证明标准中的作用。客观真实的证明标准不可能离开主观认定。任何诉讼制度都离不开心证的作用，我们没必要视之为洪水猛兽，无论多大的盖然性，任何内心确信都是建立在对案件事实主观认定的基础上。诚如我国台湾地区学者杨建华所论："不论大陆学者如何解说，其判断证据方法实事求是，讳言自由心证主义，但在审查分析比较各个证据后所为之事实判断，在不采法定证据的情形下，仍须视各个法官之学识经验与智慧行之，最后仍落如自由心证主义之原则内，在非难自由心证之余，仍难免受自由心证之影响。"① 相互印证只是定案的一个判断方面，而不应成为定案或者认定事实的必要条件。单个证据在补助证据的证明下，可以认定。而且对案件的印证认定必须要求用来印证的单个证据被查证属实。孤证不能定案，只能适用于只有被告人供述的情形。在案件数额的认定上，也不应该是就低不就高，应赋予法官认定的自由裁量权。"一对一"证据的案件，也应赋予法官认定事实的自由裁量权。

（二）被告人供述自愿性保障机制和激励机制

相互印证的证明模式会诱发非法取证的现象，特别是对被告人非法取证甚至刑讯。这与程序公正的诉讼理念是难以共生的。如何在打击犯罪与保障人权之间寻求平衡是该制度首先要解决的难题。消除过于偏重被告人带来的负面影响，确保其供述自愿性是该制度改进的重要方面。因此，要强化被告人在侦查阶段的权利保障。是否确立沉默权，值得思考。但应赋予律师在第一次讯问时的在场权，建立被告人供述的同步录音、录像制度，建立非法证据排除规

---

① 杨建华：《大陆民事诉讼法比价与评析》，（台湾）三民书局1994年版，第63—64页。

则。还有其他制度的确立，但上述任何问题非本部分篇幅能予以阐明，也非仅因相互印证的证明模式而出现，涉及整个诉讼体制的转型。

（三）建立对单个证据的审查方法

1. 贯彻直接、言词原则。正如美国最高法院大法官霍姆斯所说：法律的生命不是逻辑，而是经验。一方面，让侦查人员、证人、被害人、鉴定人出庭并且以言词的方式作证，增强法官对人证的直观感知，让法官的经验能在认定事实上真正发挥作用。另一方面，院长庭长、审委会等参与、决定判决形成的人员和机构，在无法实现对言词证据直接接触的情况下，不应介入案件事实的认定。

2. 建立交叉询问制。由于我国庭审职权主义色彩还很浓厚，交叉询问难以发挥英美法系国家那么强大的作用，但在我国可以引进交叉询问的技术，而且交叉询问是针对单个人证展开的，可以较好地查证单个证据的真实性，消解人证不稳定性、不确定性的特点带来的弱点。

3. 重视补助证据的收集与应用。足以减损证言凭信性之事实，即影响证人信用性之原因，得大体为下列诸种。在英美法系国家作为弹劾证人之原因，我国台湾地区刑事诉讼法则作为补助事实。（1）证人能力之缺陷。包括证人之观察、记忆及报告之能力。（2）证人性格之缺陷。证人之恶劣性格，与其证言凭信性有关。（3）证人与本案有关之偏见。例如，证人被劝诱为伪证或被收买；证人与当事人间有深交恩怨、亲属、雇佣、诉讼或其他利害关系；证人与当事人系共犯或共同被告之关系；有关感情偏颇之行动或表示，如证人会将不利于该当事人之事实告人。（4）证人自己矛盾之陈述。① 在英美法系国家，证人证言的概念包含被告人、被害人、证人三者所作的证言。另外，对于物证、书证、勘验检查笔录

---

① 参见陈朴生：《刑事证据法》，（台湾）三民书局 1979 年版，第 408—415 页。

等，必须由证据收集人、制作人向法庭出庭作证证明收集程序的合法性，同时也要调取其收集程序合法性的其他有关证据，如相关法律文书等。

4. 举证制度改革。法庭调查阶段，改变组合证据的举证方法，以单个证据作为举证、质证、认证的对象。这样才能真正做到"一证一质"。只有到了法庭辩论阶段，发表公诉或辩护意见时，才可以进行证据组合，论证控、辩方主张的事实。笔者所在的法学院曾由美国司法界人士组织了一次美国式的模拟庭审，笔者观察到美国的举证阶段都是以单个证据作为举证、质证的对象。为排除可能由于强调被告人有罪供述而带来的对被告人不利的影响，有必要规定，在调查证据程序中，必须在犯罪事实等其他证据调查后才能进行被告人供述笔录的调查。

（四）依间接证据定案的推理规则和对犯罪主观构成要件的推定规则的确立

事实上，所谓证据之间形成锁链都是相对而言的，间接证据永远也无法完美地前后衔接，相互印证，证明案件事实。连接案件中作为证据事实证明各个环节，形成认定的案件事实的锁链，正式建立在经验、逻辑上的推理。同时，对于被告人主观方面的认定，也应有相应的推定规则。我们应建立和完善这方面的规则，这一方面能减少不必要的证明和避免难以完成的证明，另一方面也能够消解过于偏重被告人的供述而给被告人权利带来的危害。

第二节　提起公诉证据标准的程序机理

公诉权滥用可能对公民正常的生活造成十分巨大的破坏，而且可能使国家的政治秩序、社会秩序和经济秩序产生混乱。为了防止公诉权滥用，保障犯罪嫌疑人免予被不当起诉的权利，提起公诉必须具有足够的证据证明犯罪嫌疑人涉嫌指控的犯罪。"仅有嫌疑不足以授权国家超越自然权利干涉公民的生活，将他们送交审判。"①
这就提出了如何构建提起公诉的证据标准（以下简称"公诉证据
标准"）的问题。近年来，不少学者对我国公诉证据标准进行了深
刻而卓有见地的反思，学界对维持还是降低我国公诉证据标准的证
明程度存有争议。但当前对国外（特别是日本）的公诉证据标准
还存在误识，对各国形成公诉证据标准的影响因素缺乏基于刑事诉
讼体系的系统化考察。笔者试图能对此略有创新，并希望在充分解
释各国公诉证据标准成因的基础上，能水到渠成地论证我国公诉证
据标准的应然状态。

一、域外公诉证据标准及其解读

（一）域外公诉证据标准的比较考察

英国 1994 年《皇家检察官守则》第 5.2 条规定了公诉的证据
标准：皇家检察官必须确信有足够的证据证明对每一个被告人的每
一项指控都有"有罪判决的现实期待性"（realistic prospect of con-
viction）。"有罪判决的现实期待性"是一项客观的审查标准。它是
指在法律的正常适用下，陪审团或治安法官对被指控的被告人定罪
的可能性远远大于不定罪的可能性。英国《皇家检察官准则》释
义备忘录中明确指出该标准不能简单被视为是 51% 标准。皇家检
察官应始终避免使用那些能够使人觉得其决策程序是基于精确的数
学运算的表示。②

美国各州对检察官公诉证据标准与预审的证据标准基本相同，
一般而言得分"合理的根据"（probable cause，或译为"相当理

---

① ［英］麦高伟等主编：《英国刑事诉讼程序》，何家弘校，法律出版
社 2003 年版，第 39 页。
② 《皇家检察官准则》释义备忘录。王晋、刘生荣主编：《英国刑事审
判与检察制度》，中国方正出版社 1999 年版，第 253 页。

由")与"证据之形式上有罪"（prima facie）① 两大类型。美国审前阶段"合理的根据"标准的实践意义各管辖区不同，甚至在同一管辖区各法院之间也不同。在一些管辖区，这个标准被解释为强烈怀疑；另外一些管辖区，如果无须说明或没有矛盾，可能性根据就是具有保证被告人宣判有罪的证据。法官有时用其他术语，比如50%以上支持被告人有罪的证据来解释证据标准。可能性根据最简单的定义是："如果无论何时由具有合理警觉的人进行审查，根据一个人所接受的培训和具有的经历，证据能使这个人得出事实可能存在的结论"。②

"证据之形式上有罪"（prima facie）主要适用于大陪审团审查并提起公诉的证据标准。在 Rideout v. Superior Court 一案中，反对者指出其意为"就已存之证据，即令无须诠释，也足以担保有罪判决成立"。这是比相当理由更高程度的证明，也就是"就检察官所提出的证据，作最有利于检察官的解释，是否足以支持裁判者形成被告人有罪至毋庸置疑的心证"③。我国也有学者认为，"prima facie"即要求根据公诉方的单方面证据可以明确地得出该嫌疑人已然实施了所控犯罪行为的结论。④ 可见，"证据之形式上有罪"由于假定证据具有最高的证明力，实质上拔高了证据的证明力，但从

————————

① 在我国大陆通常将"prima facie"译为"表面证据"。我国台湾地区学者王兆鹏教授认为一些学者将"prima facie"译为"表面证据"是不妥的。因为"表面证据"非但不能表达其真实含义，也会使人误解为只要有"表面"的证据即可。因为在预审程序之意义，乃将检察官所提出之证据皆推定为真实，不质疑其证明力，审查是否符合构成要件，秉此意义，王兆鹏先生对"prima facie"以意译为"证据之形式上有罪"。参见王兆鹏：《美国刑事诉讼法》，北京大学出版社 2005 年版，第 467 页。

② ［美］爱伦·豪切斯泰勒·斯黛丽、南希·弗兰克：《美国刑事法院诉讼程序》，陈卫东、徐美君译，中国人民大学出版社 2002 年版，第 387 页。

③ Yale Kamisar, Wayne R. Lafave, Jerold H. Israel, and Nancy King, Modern Criminal Procedure, 942 – 944, (West Group, 9d, 1999).

④ 杨诚、单民：《中外刑事公诉制度》，法律出版社 2000 年版，第 112 页。

证明程度上基本上等同于定罪的证明标准。

德国刑事诉讼法典第 152 条第 2 款规定："除法律另有规定外，在有足够的事实根据时，检察官负有对所有的可予以追究的犯罪行为作出行动的义务。"据此，德国的公诉证据标准是有"足够的事实根据"。"足够的事实根据"在国内也被有的学者翻译成"充分理由"。德国有学者认为其证明程度需达到"极有可能被定罪"。① 也有学者认为，"如果被告人可能被定罪，那么理由就是充分的。因为法律没有对何为'充分理由'提供精确的标准，刑事诉讼法第 170 条允许检察官对案件的个人评断出现偏差，同时检察官也意识到被告人可能被无罪释放。"② 所以，德国公诉证据标准是一种定罪的可能性，低于"内心确信"这一定罪的证据标准。

法国检察官通过审查追诉的合法性和适当性来决定是否启动追诉程序，但这只是启动了侦查程序，而不是在侦查结束后决定是否提交法庭审判的公诉程序。法国刑事诉讼法典第 175 条规定，预审法官认定案件调查已经结束应将案件转送共和国检察官，由检察官提起公诉书，预审法官受理案件后如果未查出"充分的证据"证明可以将受审查人提交法庭审判，应当作出不起诉裁定。否则，应作出起诉裁定。③ 如果是重罪可能被上诉至"上诉法院审查起诉庭"审查。根据法国刑事诉讼法典第 211 条，审查标准也是对被审查人的控告是否有"足够的证据"，以决定是否开启审判程序。可见，法国并未具体规定检察官提起公诉的证据标准，但是开启审判程序的裁定的证据标准几乎等同于公诉证据标准。据此，法国公诉证据标准是是否有"足够的证据"或者"充分的证据"，两者标

---

① ［德］克劳思·罗科信：《刑事诉讼法》，吴丽琪译，法律出版社2003 年版，第 379 页。

② ［德］托马斯·魏根特：《德国刑事诉讼程序》，岳礼玲等译，中国政法大学出版社 2004 年版，第 131 页。

③ ［法］卡斯东·斯特法尼等：《法国刑事诉讼法精义》，罗结珍译，中国政法大学出版社 1999 年版，第 681—683 页。

准实质上是一样的，只是我国翻译形成了差异。一般认为，这个标准低于定罪的证据标准。但是，据孙长永教授的考察，实践中，"法国预审法官和上诉法院起诉庭审查决定是否交付审判时所掌握的证据标准仍然是非常严格的，真正进入审判程序的重罪案件所达到的证据标准，至少在预审法官或上诉法院起诉庭看来，实际上与有罪判决时的证据标准已经没有太大的区别。"①

　　日本立法上缺乏明确的公诉证据标准。日本法务省编写的教材中认为：检察官"在根据确实的证据，有相当大的把握可能作出有罪判决，才可以认为是有足够的犯罪嫌疑"②。根据日本学者松尾浩也的研究，日本检察实务中的起诉标准是"是否存在根据确凿的证据获得有罪判决的可能性。虽然，这还达不到法院作出有罪判决时所要求的标准。但是，在提起公诉的时候，作为检察官的认识来说，必须达到接近确信的程度。英国以'有罪的盖然性高于无罪的盖然性'为基准，俗称51%基准。如果对照这一标准的话，日本就是99%的标准了"③。日本的土本武司教授认为："检察官一旦决定起诉，就应该存有罪的'确信'而提起公诉，如未达到上述要求的起诉，被认为是一种禁忌。"④ 藤永幸治教授也认为："日本国民对'侦查彻底化'有特别期望，希望检察官能于'查明事实真相'后，准确决定起诉与否，此为追求'精密司法'之目标。因此，检察官不论起诉或不起诉，具有与法官审判相同严格之

　　① 孙长永："提起公诉的证据标准及其司法审查比较研究"，载《中国法学》2001年第4期，第136页。

　　② 日本法务省刑事局编：《日本检察讲义》，杨磊、张仁等译，中国检察出版社1990年版，第81页。

　　③ ［日］松尾浩也：《日本刑事诉讼法》，丁相顺译，金光旭校，中国人民大学出版社2005年版，第162页。

　　④ ［日］土本武司：《日本刑事诉讼法要义》，董璠舆、宋英辉译，（台湾）五南图书出版公司1997年版，第22—23页。转引自陈宏毅："从刑事诉讼程序各阶段之罪疑论检察官追诉犯罪之义务"，载（台湾）《华冈法粹》第28期，第284页。

程度。"① 可见，日本的公诉证据标准基本上等同于定罪的证明标准。我国以前对日本公诉证据标准的认识似乎并不全面，值得商榷。

（二）域外公诉证据标准的解读

以往对各国公诉证据标准的解读似乎只侧重于公诉证据标准的证明程度，而对于公诉证据标准的其他具体区别没有进行充分的解读，而这些方面对于正确理解公诉证据标准在刑事诉讼中的功能具有重要意义。

1. 从证明程度上，公诉证据标准主要表现为两个不同的标准：其一，定罪的可能性。公诉证据标准低于定罪证据标准。这是大多数国家包括英国、法国、德国和美国大部分地区法定的公诉证据标准。其二，基本上等同于定罪的标准。日本是实行该标准的主要国家。美国的一些州采取的"prima facie"标准也是如此，只不过其前提是建立在假定公诉方的证据都具有证据能力和足够的证据力的基础上。

尽管一些国家立法中规定的公诉证据标准是定罪的可能性，但是实践中却采取了基本等同于定罪的证据标准。"定罪可能性"事实上只是提起公诉的证明底线，并不意味着司法实践中所有的案件都是以此为标准起诉。实践中，不少检察官将公诉证据标准掌握为"定罪"的证据标准。1991 年在阿拉斯加的调查也表明，"实践中大多数检察官都采取了'排除合理怀疑'的证明标准作为起诉的证明标准。"② 2001 年 8 月，在美国耶鲁大学召开的中美证据法研

---

① ［日］藤永幸治："战后检察制度之形成与今后的检察形象"，载（日本）《刑法杂志》36 卷 1 号（1997 年），第 5—7 页。转引自陈宏毅："从刑事诉讼程序各阶段之罪疑论检察官追诉犯罪之义务"，载（台湾）《华冈法粹》第 28 期，第 285 页。

② Lloyd E. Ohlin and Frank J. Remington: Discretion in Criminal Justice: The Tension Between Individualization and Uniformity, State University of New York Press, Albany, 1993, 103.

讨会上，美国检察官伯恩敬回答中方学者关于公诉证据标准的询问时就称，美国检察官实际掌握的公诉证据标准与法院判决基本一致。①

2. 从是否换位思考上，公诉证据标准可分为以检察官为主体的标准与以裁判者为主体的标准。② 前者表现为法国、德国的公诉证据标准，其更强调检察官是否相信犯罪嫌疑人应否被控有罪，而不过于关注法官会不会判有罪。后者以美国和英国为代表，其证据标准不是以检察官心证为标准，而是要求检察官换位思考，考察裁判者能否给被告人定罪。只有在预测法官可能给犯罪嫌疑人定罪的情况下才提起公诉，检察官认为犯罪嫌疑人是否有罪居于次要地位。一般说来，即使对于自己十分确信的判断，在猜测他人的看法时也总会感觉到一定的不确定性。所以，两者有着细微的差别。

特别值得一提的是，英国和美国公诉证据标准中的"裁判者"不是具体的，而是一个抽象的英国式的"客观的、中立的和理性的裁判机关"或者美国式的"具有合理警觉的人"。其公诉证据标准具有一定的客观性。英国 1994 年皇家检察官守则释义备忘录中认为，"皇家检察官在考虑是否存在定罪的可能性的问题时，不应当考虑当地治安法官或陪审团可能怎么认为"，对标准的这种定义方式意味着"皇家检察官必须考虑证据的力量以及把案子提交到一个客观的、中立的和理性的裁判机关后可能出现的结果"。③ 美国法律家协会制定的关于刑事检控准则中规定："对于那些严重威胁社会公众的案件，即使检察官所在的司法管辖区的陪审团倾向于对被控犯有争议的特定犯罪行为的人宣告无罪，检察官也不得因此

---

① 龙宗智："再论提起公诉的证据标准"，载《人民检察》2002 年第 3 期，第 6 页。

② 有关分类及其评价可参见刘根菊、唐海娟："提起公诉的证据标准探讨"，载《现代法学》2003 年第 2 期，第 103—104 页。

③ Explanatory Memorandum The Code For Crown Prosecutors（1994）. 转引自王晋、刘生荣主编：《英国刑事审判与检察制度》，中国方正出版社 1999 年版，第 251 页。

而不予起诉。"① 裁判主体抽象化以后，使得是否换位思考的实质差别缩小了，反映了两大法系公诉证据标准融合的一面。

3. 从证据规则上，公诉证据标准可以分为实质标准与形式标准。前者要求考察公诉证据的证据能力和证明力，来确信是否能实现公诉证据标准。比如英国、法国、德国检察官在确定是否起诉时必须考虑证据是否具有可采性或证据能力，证明力有多大。而后者就是所谓的"证据之形式上有罪"（prima facie），在法律推定证据具有完全的证明力的基础上，"做完全有利于检察官的解释"，考察证据能否实现公诉证据标准。比如有一目击证人，在"证据之形式上有罪"的标准下足以支撑公诉证据标准，而无须考察该目击证人证言的真实性、可信性。

4. 从依据对象上，公诉证据标准可以分为以公诉时的证据为判断依据和以审判时的证据为判断依据的不同公诉证据标准。大陆法系以及日本都是以公诉时的证据作为其判断的依据。而英美国家，除"prima facie"外，以审判时的证据为公诉证据标准的判断内容，其不仅要预测现有证据在审判时可能出现的变化，考虑辩护在审判中提出的证据可能对指控产生的影响，而且要预测其可能收集到的新证据，能否支持有罪判决。这实质上是以审判时的证据作为其判断是否符合公诉证据标准的依据。

二、公诉证据标准的影响因素

（一）社会公众对公诉及无罪判决的态度

如果国家传统上职权主义色彩非常浓厚，社会公众普遍认为国家有责任尽力保障每一个无罪的人免予被追诉、审判，就必然提高公诉证据标准。同时，由于采取预期定罪可能性的公诉证据标准意味着使一部分无法定罪的案件进入审判程序，必然带来一部分无罪

---

① John S. Dzlenkowskl: Professional responsibility standards, rule & statutes (2001 - 2002 edition), west group, 2001, 1145.

判决。如果国家的社会公众对无罪判决持较为激烈的批判态度，认为将无罪的人提交审判说明国家的公诉权运作出现了失误，则该国必然要求检察机关充分介入侦查和收集证据，提高公诉证据标准，保持非常高的定罪率。这是日本公诉证据标准采取等同于定罪证据标准的重要原因。"在日本，犯罪远远不是一个公众问题，不像在美国那样。公众并不会因为检察官没有充分惩罚犯罪而受到批评。然而，如果日本的检察官起诉的案件作了无罪的判决，他们就会受到公众严厉的批评。事实上，即使是对轻微的盗窃和伤害案件作了无罪或者是部分无罪的判决，也会引起媒体和公众的愤怒，他们会斥责检察院'侦查草率'、'粗心实践'、'法西斯倾向'。这种强烈批评，帮助日本建立了'高精确'的刑事司法体制，因而很少有案件是以无罪判决终结的。"① "在日本，对确信没有明确规定，但在检察实践中一般要求证据确凿、有获得有罪判决的极大可能性，亦即能具有超过合理怀疑的证据时，方予起诉。这样做是考虑到刑罚权的行使是代表国家的问题，检察官应从公益代表人的角度出发，追求实体的真实。既然检察官本身尚无确信，提起诉讼是不妥当的。因此，从检察实践的实际状况来看，我国的无罪率自然是相当低的。"②

相反，在英美国家奉行自由主义传统，强调以个人权力限制国家权力。检察官是一方当事人，弱化了控方权力对当事人权利的保障功能。如果案件由于检察官不起诉，将受到公众的批评。而一旦法院作出无罪判决，公众只会说"被告人受到了一次公正的审判"，而不会对无罪判决进行批评。典型的案件比如辛普森杀人案。美国学者约翰逊认为，由于政治对司法的渗透，很容易使美国

---

① ［美］戴维·T. 约翰逊："日本和美国检察官的文化"，吴学斌译，载 ［意］戴维·奈尔肯：《比较刑事司法论》，张明楷等译，清华大学出版社 2004 年版，第 261 页。

② 日本法务省刑事局编：《日本检察讲义》，杨磊、张仁等译，中国检察出版社 1990 年版，第 9、10 页。

的检察官受到公众的批评。由于美国的检察官是选举产生的，要想获得选民的支持必须不断地采取严厉的刑罚。所以美国的检察官文化更倾向于对一些定罪有疑问的严重的案件追求定罪和刑罚处罚。① 正是美国公众对公诉及无罪判决的可接受性，导致了美国现存的公诉证据标准。这些因素同样影响了其他国家的公诉证据标准。

（二）对公诉权的制约程度

作为公诉条件的公诉证据标准，被赋予了制约公诉权、防止公诉权滥用的功能。这是公诉证据标准的主要功能。一般说来，公诉证据标准越高，防止公诉权滥用的功能就越强。但是防止公诉权滥用并不仅仅依赖于公诉证据标准。美国、英国、德国、法国都有公诉审查程序，公诉权是否合理行使要受到法官的审前司法审查。比如美国的大陪审团起诉和预审、英国的起诉审、德国的中间程序、法国的二级预审等。在具有公诉审查程序的国家，适当降低公诉证据标准是恰当的。因为在是否进入审判程序这个问题上，存在分权机制，法官能制约公诉权滥用。相反，如果缺乏公诉审查，检察官完全掌控了公诉权，公诉权的合理运作依赖于公诉人的自我约束，这种集权式的权力就很容易滋生腐败，提高公诉证据标准就是十分必要的。正是因为日本缺乏对公诉案件进行审查的外部机构，没有公诉审查程序，一旦检察机关决定起诉后，案件就直接进入审判，所以日本采取等同于定罪的公诉证据标准。相反，其他各国则采取了定罪可能性的公诉证据标准。

（三）刑事诉讼的中心设置

审判中心主义排斥侦查阶段在诉讼中的中心地位，要求尽量缩短侦查阶段。但是如果采取等同于定罪的公诉证据标准，必然要求

---

① ［美］戴维·T.约翰逊："日本和美国检察官的文化"，吴学斌译，载［意］戴维·奈尔肯编：《比较刑事司法论》，张明楷等译，清华大学出版社 2004 年版，第 260 页。

在侦查阶段调查案件所有的证据，查明事实真相。对侦查的要求提高后，就需要强化侦查权，可能会削弱司法权对侦查的控制，而审判也可能演变成对侦查获得证据的确认，庭审会出现走过场现象。英、美、德、法都奉行审判中心主义，低于定罪的公诉证据标准是与之相吻合的。对此平野教授认为："不能把犯罪嫌疑的存在列为公诉权的成立要件，否则必然要求法院对案件进行双重审理，即首先在开庭时审理公诉是否有效，然后再进入实体审理。这样做不仅违反了现行法严格保障的排除预断原则，而且有可能使侦查机关更加深入细致地开展侦查活动，甚至导致侦查程序的纠问化。"① 虽然教授意在于否定犯罪嫌疑，但其批评对设置较高的公诉证据标准更有效。日本已经有不少学者开始反思日本精密司法的弊端，但上述观念只是少数观点。而且，各国对审判中心主义的理解并不相同，在制度上、设计上也必然体现出差异。

审判中心主义要求法官进行审判不能先入为主，必须排除法官预断。如果公诉证据标准等同于定罪的证据标准，由于法官审前实质审查，必然导致法官产生预断。在德国，由于未能实现庭前预审法官与审判法官的分离，所以必须降低公诉证据标准。而且即使实现审前与庭审法官分离，如果案件在审前已经由一名中立的法官以庭审的标准审查后认为符合定罪的证据标准，从而同意起诉，也必然会让庭审法官更加倾向于认为被告人有罪，从而难免先入为主，无罪推定的刑事诉讼基本原则也受到损害。这时，以检察官为主体判断而不是与法官换位思考也就显得重要。这是德国公诉证据标准形成的重要原因。

（四）刑事证据制度

提起公诉时公诉证据标准的确定与预审时检察官所能收集到的证据密切有关。英美国家必须迅速起诉，提取公诉时所能收集到的

---

① 孙长永："抑制公诉权的东方经验——日本'公诉权滥用论'及其对判例的影响"，载《现代法学》1998 年第 6 期，第 122 页。

证据还不充分。大陆法系国家则相反，"决定起诉是经常在犯罪嫌疑人被确认之后几个星期而不是几天作出，起诉决定是更可能建立在彻底地侦查的基础上，已经弥补了证言的弱点和发现了新的证据。"① 我国学者孙长永教授也认为大陆法系的公诉证据标准比英美法系的高。因为"大陆法系国家的检察官通常在侦查（不含预审的侦查）结束时才提起公诉，对公诉的审查发生在长时间的侦查之后，加之审查程序中还可以收集有利于控方的证据，法官在审查时适用较为严格的证据标准具有时间上和技术上的条件；而在英美法国家，控方通常必须在逮捕嫌疑人后的数日以内提出指控，预审又必须在被逮捕的嫌疑人初次到庭后的较短时间内举行，预审时如果适用太高的证据标准，必然会影响侦查官员的积极性和侦查效率"②。由于英美国家提起公诉时收集的证据不足，决定了其无法以定罪的证据标准来判断应否起诉。其次，英美法系采取双轨制侦查，不仅检察官而且被告方也可以收集证据，而证据展示往往都在提起公诉后，判断是否符合公诉证据标准往往只能依据检察官收集的证据，由于只是单方面的证据，所以无法也不需要采取等同于定罪的证据标准。最后，英美法系不存在独立的侦查"阶段"，控诉方可以在提起公诉后不断收集证据，所以被告人能否定罪并不完全依赖于起诉时的证据标准。既然在公诉之后还可以收集证据，公诉时当然无须达到定罪的证据标准。否则在公诉之后收集证据又有什么意义？而大陆法系预审法官在预审时可以为了查明案件事实真相采取调查手段，弥补案件证据的弱点，收集新的证据。这必将在实践中提高公诉的证据标准，从而可以以较高的证据标准提起公诉。同时，日本采取"精密司法"理念，公诉建立在检察官充分介入

---

① Richard S. Frase, Comparative Criminal Justice as a Guide to American Law Reform: How Do the French Do It, How Can We Find Out, and Why Should We Care? California Law Review, May, 1990.

② 孙长永："提起公诉的证据标准及其司法审查比较研究"，载《中国法学》2001 年第 4 期，第 133 页。

侦查，全面、充分调查证据，核实证据的基础上，所以能够采取等同于定罪的证据标准起诉。这些方面解释了英美法系国家为什么采取定罪可能性的公诉证据标准，为什么以审判时的证据为判断标准，也解释了实践中为什么法国和日本可以采取等同于定罪的公诉证据标准。

（五）判决的可预测性

由于英美法系国家实行陪审团制度，其作出判决受诸多因素影响，往往很难预测。"陪审团总是遵循其个人的确信、灵感的启示、良心的声音和纯粹的直觉，而不遵循专业法律工作者所遵循的那些严格的人为准则。"① 美国前纽约上诉法院首席法官查尔斯·S. 德斯蒙德也认为："它（指陪审团）的匿名的、非个人的和无法预言的裁决很可能是武断的。它的裁决常常不是经过慎重研究后作出的结论，而仅仅是一种妥协。"② 另一方面，英美法系国家采取当事人主义，而且具有非常复杂的证据可采性规则，庭审对抗非常激烈，更加强化了判决的不可预测性。正是由于审判结果难以预测，导致英美法系国家提起公诉证据标准时以定罪的预期"可能性"为标准。③ 而大陆法系国家及日本由专业法官审判，即使有陪审员也受职业法官的深入指导、控制，且庭审对抗并不激烈，审判结果更具有可测性。所以，日本可以采取等同于定罪的标准。法国实践中等同于定罪的公诉证据标准也是基于此。

（六）公诉主体的特征

检察官在刑事诉讼中的定位将影响公诉证据标准的确立。英美

---

① ［意］恩里科·菲利：《犯罪社会学》，郭建安译，中国人民公安大学出版社2004年版，第257页。

② ［美］F. J. 克莱因：《美国联邦与州法院制度手册》，刘慈忠译，周叶谦校，法律出版社1988年版，第83页。

③ 关于裁判主体、证据规则、对抗式诉讼对刑事诉讼程序的影响，可参见［美］达马斯卡：《漂移的证据法》，李学军等译，中国政法大学出版社2003年版。

法系检察官虽然有客观公正义务，但往往流于表面，检察官更被认为是行政官员而不是司法官。同时，刑事诉讼中检察官是案件的一方当事人，而这种当事人地位是以制度为保障的，检察官受到当事人地位的角色推动，检察官胜诉的愿望显然理所当然，所以其公诉证据标准必然以裁判者为中心。而大陆法系及日本，检察官系司法官，检察官本身具有比英美法系更强的客观公正义务。德国的起诉原则就是建立在"两个相互独立的司法机构审查是否判决有罪的思想基础之上"①，如果以裁判者为主体判断公诉证据标准，显然弱化了检察官的独立地位。而且，大陆法系实行法定起诉主义，检察官负有法定起诉的责任，其公诉证据标准必然建立在"检察官"的心证基础上。所以其公诉证据标准是"检察官"认为案件定罪的可能性，而无须换位思考预测"法官"作出有罪判决的可能性。

此外，公诉证据标准还受英美国家普遍存在外行司法的影响。英美国家的证据规则非常复杂，作为法律外行的大陪审团或者专业程度不高的警察根本无法判断证据是否可采，能否确保犯罪嫌疑人被宣判有罪。所以，美国大陪审团起诉受主体特征的影响，采取了"证据之形式上有罪"（prima facie）标准，推定证据具有充分的证据能力和证明力，在此基础上判断公诉证据能否获得有罪判决。同理，英格兰和威尔士采取警察起诉时期，对起诉的要求也是"prima facie"，但是在 1985 年建立检察官公诉制度后，确立了"有罪判决的现实期待性"的公诉证据标准。

上述因素共同影响了各国公诉证据标准的建构，但某些因素可能只在特定国家产生影响，而且不同因素对不同国家的影响程度并不相同。比如，缺乏公诉权庭前司法审查程序及社会公众对无罪判决的态度，严重影响了日本的公诉证明标准。而审判中心主义、证据收集制度对英国和美国的公诉证据标准则产生较大的影响。一些因素促成了"某国"采取某种证据标准，而同样的因素在另一国

---

① ［德］托马斯·魏根特：《德国刑事诉讼程序》，岳礼玲等译，中国政法大学出版社 2004 年版，第 14 页。

家只是提供了采取类似公诉证据标准的可能性，相反，由于其他因素的介入采取了与"某国"不同的公诉证据标准。各国公诉证据标准主要是在上述因素共同的、不平衡的作用下形成的。

三、中国语境下的公诉证据标准

根据我国《刑事诉讼法》第141条的规定，我国公诉证明标准是："人民检察院认为犯罪嫌疑人的犯罪事实已经查清，证据确实、充分"。与法院定罪时遵循同样的证据程度，即"犯罪事实上清楚，证据确实、充分"。只不过我国的公诉证据标准建立在检察官的主观认识基础上，无须预测证据的变化，无须预测法官是否会对公诉案件作有罪判决。只要检察院认为案件"应当"作出有罪判决就应当起诉，这样在主观判断的基础上又具有较大的客观性。

我国对公诉证据标准的研究多集中在证明程度上。一些学者主张"分层说"，应当使我国公诉证据标准低于定罪标准。[①] 在学术界，这种观念已经取得主导地位。这种观念建立在防止放纵犯罪、审判中心主义及我国诉讼走向对抗主义的理念上，具有一定的合理性。但其缺乏对公诉证据标准的制约因素及其现实影响的严密分析。事实上，这些"大词"所具有的抽象性很难解释为什么法国、日本、美国的部分州、俄罗斯[②]在实践中采取了几乎等同于定罪的公诉证据标准。相反，我国学者龙宗智和孙长永教授主张维持现有的公诉证据标准。笔者也赞同后者。由于我国公诉检察官的专业化

---

① 详见陈卫东、刘计划："完善我国刑事证据标准若干体系的思考"，载《法律科学》2001年第3期；李学宽、汪海燕、张小玲："刑事证明标准及其层次性"，载《中国法学》2001年第5期；吴卫军："提起公诉证明标准之比较研究"，载《河南省政法管理干部学院学报》2001年第5期；王圣扬："刑事证明标准层次性论略"，载《政治与法律》2003年第5期；刘根菊、唐海娟："提起公诉的证据标准探讨"，载《现代法学》2003年第2期。

② 根据孙长永教授对俄罗斯的考察，俄罗斯在审查起诉阶段和判决阶段仍然继续使用"内心确信"的证据标准。参见孙长永：《探索正当程序——比较刑事诉讼法专论》，中国法制出版社2005年版，第298页。

以及我国的证据规则相对简单，无须采用 "prima facie" 的证据标准。本部分集中分析是否预测法官能否作有罪判决及证明程度两个问题。

首先，我国以客观事实作为刑事诉讼追求的目标。公、检、法三机关是分工负责、相互配合、相互制约的关系。公安机关在充分侦查的基础上，独立判断是否符合定罪标准，如果符合则移送检察机关审查起诉。检察机关又可以采取相应的侦查手段进一步收集证据、查明案件事实真相，如果认为符合定罪标准，再移送法院。法院审查后认定被告人是否有罪。三机关只要其中之一认为案件不符合定罪标准，则程序终止，被追诉人不被认定有罪。"法制健全起来了还会不会发生错误？错误可以减少是肯定的，会不会一件不错呢？不可能。公安机关搞第一工序，错误可能多一些，检察机关搞第二道工序，错误就会少些，法院搞第三道工序错误会更少些。公安机关是不是可以捕一个对一个，一个不错？这作为奋斗目标是可以的，事实上不可能做到。正因为公安机关可能有错误，才要有检察机关的检察起诉。检察机关起诉了，是不是就一定没有错误了呢？也不能。检察机关起诉了，法院还要审判，法院审判有几种可能，一种是要求检察机关撤销起诉，一种是判罪，也有宣告无罪的。"① 也就是说，我国的刑事诉讼是一个 "层层纠错" 的体制。这种体制要求检察机关以公诉时的证据为标准，站在客观公正的立场上判断犯罪嫌疑人是否有罪。如果认为证据足以证明犯罪嫌疑人有罪则起诉，而无须关注证据是否会发生变化，法院是否会将犯罪嫌疑人定罪。这与我国检察权作为法律监督权，检察官定位为客观

---

① 彭真：《论新中国的政法工作》，中央文献出版社 1992 年版，第 121 页。不少学者对这种体制进行了反思和批判，认为是 "流水作业" 或 "深加工"。但或许这种看法并不全面，我们应当看到这种体制是建立在更充分保障犯罪嫌疑人权利的理念上。之所以出现冤假错案，不是因为不能发现错误，而是因为受到了法外因素的干预。比如佘祥林冤案和杜培武冤案，公诉审查时检察官已经认为不符合起诉条件。如果降低证据标准，也许这些问题就不再是问题了，那么这是否更有利于保障犯罪嫌疑人权利呢？值得深思！

公正的司法官相吻合。"如果办案人员自己心中都无把握，似是而非，对犯罪嫌疑人是否有罪还拿不准，存有疑虑，这样的案件就不应起诉，因为自己都未能真诚确信，又怎能说服法庭确认被指控事实呢？在内心确信的基础上实施指控是检察人员职业道德的体现，是对法律负责也是对犯罪嫌疑人本人负责的体现，否则，就是不负责人的滥用起诉权。"① 所以，我国公诉证据标准应当以检察官自我心证为基础，无须换位思考，并且要以认定犯罪嫌疑人有罪为标准，而不是预测定罪可能性。

相反，预测法官有罪判决可能给特定犯罪公诉带来负面影响。英国的威廉玛斯（Williams）指出："被指称腐败的警官经常不会提起公诉，因为担心陪审团不会认可个别公民的陈述，特别是他们曾有针对该警官的犯罪记录。同样，应用该审查方法就意味着，由于难以令陪审团理解，难以凭借所涉及的复杂证据作出有罪判决，这些原因使得难以对复杂的诈骗犯予以起诉。了解了检察官对陪审团的这种认识而采取行动，我们可以理解，对于地位不同的人使用该审查方法会产生不同结果，可以使身居高位的被告人躲过被起诉命运。"所以，威廉玛斯认为："审查方法不应当是陪审团可能作出有罪判决，而是是否应当作出有罪判决。"② 这也从反面证明了我国现有公诉证明标准的合理性，如果我国采取定罪可能性的公诉证据标准，不可避免也会遇到上述问题。

其次，我国的公诉证据标准与我国现有的证据制度、判决可预测性、公诉主体的特征相契合。我国没有确立审判的中心地位，没有确立迅速审判原则，侦查、起诉阶段时间充裕，可以采取非常有力的措施来收集证据证明案件事实。侦查、起诉、审判在我国是独立的三个阶段。证据收集以侦查阶段为中心，在提起公诉后几乎不

---

① 龙宗智："论刑事公诉制度的几个问题"，载龙宗智：《相对合理主义》，中国政法大学出版社 2000 年版，第 305 页。

② ［英］安德鲁·桑达斯、瑞恰德·扬："起诉"，载江礼华、杨诚主编：《外国刑事诉讼制度探微》，法律出版社 2000 年版，第 141—142 页。

再进行证据的收集，能否定罪几乎完全依赖于侦查阶段收集的证据；检察官的专业化及提起公诉证据的充分性保障了是否有罪的审查判断；庭审虽然引进了当事人主义的因素，但辩护率非常低，对抗性并不强；简单的证据规则，侦查获得的证据容易得到法庭的认可；专业法官进行审判，判决的可预期性非常强。所以，我国完全可以以公诉时的证据作为判断是否起诉的标准，而且无须预测证据的变化。降低证据标准对我国意义并不大。

最后，我国民众对公诉及无罪判决的态度，也决定了我国不应当降低公诉证据标准。较低的证据标准意味着一定的应当无罪的案件进入审判阶段，逻辑上无罪判决率应当提高。而我国民众对国家权力寄以较高的期望，希望国家权力不会出现错误，侦查机关应当将案件查清楚。我国社会公众对无罪判决表现出与日本相似的排斥态度，公众要么批评司法人员水平差，司法权腐败，放纵了罪犯；要么批评国家滥用权力，冤枉了无辜。这种心态不仅在社会公众中，即使在法律工作者中也普遍盛行，所以我国制定了令国外同行惊讶的错案责任追究制。

特别重要的是，我国需要以较高的公诉证据标准来防止公诉权滥用。我国与日本一样缺乏提起公诉后对公诉权是否恰当行使进行公诉审查的公诉权滥用制约制度。检察机关一旦提起公诉，法院只作形式审查，案件直接进入审判。而提起公诉对犯罪嫌疑人来说意味着巨大的不利益，包括为审判支付的费用、审前的长期羁押、精神压力、正常生活被破坏等。所以，与日本采取等同于定罪的证据标准防止公诉权滥用相同，我国现有较高的公诉证据标准也是防止公诉权滥用最为重要的手段。因为在较低的证据标准下，一方面，为检察官滥用公诉权，办人情案、关系案、利益案提供了条件；另一方面，也弱化了检察官抵抗外部因素干预公诉权正当行使的能力，为外部因素干预公诉权正当行使提供了便利。这在我国目前现实状况下是最现实的地方性知识了，所以必须坚持现有的公诉证据标准。

同时，降低公诉证据标准必须建立在裁判主体能够独立依法裁判的基础上。司法独立在西方法治各国已经长期实践，并确立了较高的司法独立标准。所以，即使不够定罪的案件进入审判，也能在较大程度上防止冤枉无辜。但是，如果公诉人和裁判主体都缺乏应有的独立性，受到政治力量的干预，法官在审判案件时同样迫于压力，对可疑案件作有罪处理，则司法公正被破坏。而我国较高的公诉证据标准有利于从源头上防止错案的发生，保障了犯罪嫌疑人的权利。也许有学者会质疑，其既然能影响法官，同样可以影响检察官，政治权力可以干预检察官公诉权，促使其违反法定证据标准起诉，所以较高的证据标准并不能防止这类行为的发生。这种说法并不全面，因为同时干预法官和检察官必定比只干预其中之一难，而且这时两者敢于抗干预的可能性也更大。所以维持现有公诉证据标准是必要的。

可能有学者会认为，案件是否构成犯罪法定的确定主体更应当是法官而不是检察官。如果拔高案件的证据标准必将一部分案件过滤出审判，而这些案件极有可能构成犯罪。公诉权可能在一定程度上侵蚀了审判权，而且不利于打击犯罪。但是，这种观点也有值得商榷之处，因为现代刑事诉讼奉行控审分离的原则，公诉权具有限定审判权审理的案件对象和范围的功能。检察官拥有公诉裁量权已经获得各国的认可，即使检察官认为犯罪嫌疑人有罪的案件都可以作不起诉处理，况乎检察官认为还存有疑问的案件呢？所以，以维护社会秩序为由否定我国现有公诉证据标准是不恰当的。当然，我们也应当看到较高的公诉证据标准可能会带来审判中心弱化的问题，但是审判中心只是一种手段，精密司法未尝不可成为实现刑事诉讼法目的的另一种手段。

上述诸多因素决定了我国必须以检察官为视角来判断公诉证据标准，也决定了我国公诉权的证明程度必然是案件是否应当定罪，而不是预测定罪的可能性。在不改变上述制约因素的前提下，降低我国的公诉证据标准可能会弱化国家公诉权的保障功能，损害犯罪嫌疑人的权利，从而给我国刑事诉讼带来巨大的破坏。因此，笔者认为应当坚持我国现有的公诉证据标准。

第三节　被告人供述之补强规则

被告人供述的补强规则，又称为自白补强规则，是指在刑事诉讼过程中，禁止以被告人的自白作为认定其有罪的唯一依据，而要求提供其他证据予以佐证。我国《刑事诉讼法》第 46 条规定："只有被告人供述，没有其他证据的，不能认定被告人有罪和处以刑罚"。这是自白补强法则在我国的文本表述。在司法实践中，很多疑难案件的证据都是围绕被告人的供述展开，自白补强证据规则对于解决疑难案件具有重大的理论及实践意义。但我国立法上缺乏该规则的详细规定，有必要对该证据规则进一步研究。

一、被告人供述之补强规则的立法价值

补强规则最初是因为英国法院及早期的学者，特别顾虑杀人、强盗等案件，认为在这些案件中应当有其他证据，以增强或担保自白的凭信性，因此提醒裁判者，不宜单纯凭自白而定罪。这一点原本属于一项实务上的弹性原则，经过以后的逐渐发展，最终成为严格的证据法则。[①] 根据自白补强规则，即使法官基于被告人的供述认为客观事实已经查清，形成内心确信，仍不能认定被告人有罪，必须要有其他证据补强，才能定罪。可见，自白补强规则实质是对法官自由心证的一种限制。目前，自白补强法则主要存在于英美法系国家和一些受英美法影响的国家和地区，如日本和我国台湾地区等。而大多数大陆法系国家，并没有规定自白补强证据规则。其价值在于：

其一，防止诱发强制取证。在刑事案件中，如果犯罪嫌疑人、被告人如实供述，则可以全面、详尽地反映出作案的主观心态、客观手段和作案过程，重现案件事实，故受到强烈的偏爱。在法定证

---

① 李学灯：《证据法比较研究》，（台湾）五南图书出版公司 1992 年版，第 211 页。

据制度下自白成为"证据之王",仅凭被告人的供述就可以认定被告人有罪。在封建纠问式诉讼模式下,奉行"口供中心主义",甚至达到了"无供不定案"的程度。这极大地导致了刑讯逼供、骗供、诱供的发生。而如果规定被告人的供述不能单独定案,必将迫使侦查机关收集更多的供述以外的证据,而有助于防止过分地偏重口供。

其二,防止误判。一方面,犯罪嫌疑人、被告人可能基于内在、外在的压迫如刑讯逼供、诱供而作出虚假的供述。另一方面,即使是犯罪嫌疑人、被告人自愿作出的自白,也可能因为种种原因而虚假。例如,犯罪嫌疑人、被告人为了隐瞒重大犯罪而承认较轻微的罪行;为了人情或讲江湖义气,把他人的罪行揽到自己身上,等等。整体而言,被告人口供与其他证据相比,存在更大虚假的可能性。如果仅依被告人供述认定有罪,极有可能产生误判,故有必要以补强证据来补充、证实被告人供述的真实性。

二、补强的对象:特定条件下的自白

补强证据规则补强的对象是被告人自白,我国法律文本中将其表述为被告人供述。一般补强证据规则中的被告人供述具有以下特点:被告人的供述全面供述了案件的事实,具有非常强的可信性,在一些特殊案件里,甚至法官仅凭被告人的供述就能确信该案的犯罪事实。因为与补强证据相对应的被告人供述,理论上有的将之称为主体证据,主体证据足以对案件的主要事实产生一定的证明力,① 而补强证据只是对其真实性的进一步的保障,可见两者有主次之分。如果被告人的供述是不完整、不充分的,根本不足以使法官对案件产生内心确信,则不应适用自白补强证据规则。但也有一些特殊的问题需要解决。

---

① 陈浩然:《证据学原理》,华东理工大学出版社 2002 年版,第 224 页。

（一）违法阻却事由或者责任阻却事由是否需要补强

在国外，一般将补强的对象定义为自白，但自白的内涵却存在较大的争议，导致对需补强对象存在两种不同的观点。一种观点是狭义说，如著名证据法学家韦格摩尔认为，自白是指刑事被告人就被指控犯罪事实的全部或其主要部分，明白自认有罪的行为。① 英美法系国家一般采纳韦氏的见解。如果被告人承认犯罪事实的构成，但同时又主张违法阻却事由或者责任阻却事由的，应当是自认行为而非自白。另一种观点是广义说，在肯定自己犯罪事实之全部或主要部分的犯罪构成事实又主张有违法阻却事由或者责任阻却事由时，亦属自白。从我国《刑事诉讼法》第 46 条的规定来看，我国的法律文本中将被告人的辩解排除出需要补强的对象范围。我国的被告人供述是指被告人在刑事诉讼中，就与案件有关的事实向公安司法机关，由于承认自己犯有罪行和关于犯罪具体过程、情节的叙述。它不包括被告人的辩解。后者是指被告人否认自己有犯罪行为，或者虽然承认自己犯了罪，但有依法不应追究刑事责任或者有从轻、减轻或免除处罚等情况，进行申辩和解释。可见，由于被告人的辩解包含了违法阻却事由或者责任阻却事由，我国的法律文本中将被告人主张违法阻却事由或者责任阻却事由排除出需要补强的范围。

（二）庭上自白是否需要补强

英美法因采起诉认否程序，被告人在审判庭上认罪时可直接作出有罪裁决，因此需要补强证据的自白仅指审判庭外的自白而言。日本法虽受美国法的影响，但是实体真实的传统观念根深蒂固，立法上没有接受英美法上的起诉认否程序。因此，日本刑事诉讼法第 319 条第 2 款规定："不论被告人的自白是否在审判庭作出，该自

---

① 吴海威："论自白补强规则"，载《国家检察官学院学报》2003 年第 11 卷，第 76 页。

白是不利于自己的唯一证据时，不能认定被告人有罪。"① 但在我国，被告人的当庭供述与庭外供述在证明力上并没有法定的区别，而且我国实体真实的观念要更牢固。因此，我国需要补强的被告人供述也应该不管其是否在审判庭上作出。

此外，有学者认为，在侦查阶段和审查起诉阶段，被指控者被称为犯罪嫌疑人，只有当案件被移送起诉之后，被指控者才具备被告人的身份。因此，此处的被告人供述只能理解为被告人在法庭上向法官所作的有罪供述。② 也就是说，我国目前对口供补强的范围仅限于法庭上的供述，将犯罪嫌疑人、被告人在侦查阶段和审查起诉阶段的供述排除在需要补强的范围之外。其实，这是对被告人供述的一种错误理解，一旦案件进入审判阶段，证据的名称也随着被控对象名称的改变而改变，犯罪嫌疑人在侦查阶段和审查起诉阶段的供述的证据名称也由"犯罪嫌疑人供述"变成"被告人供述"。我国的补强证据规则正是站在定罪量刑这个只有审判阶段才具有的功能这个角度上说的，因此我国《刑事诉讼法》第46条的被告人供述包括了犯罪嫌疑人的供述。

三、补强证据的构成要件

补强证据必须具备一定的条件，才能实现其补强的功能。一般来说，补强证据应符合以下要求：首先，具有证据能力的证据资格。补强证据实质上也是案件的证据之一，所以无证据能力的证据不得作为补强证据，例如证人在审判外的陈述，或证人的个人意见、推测之词。其次，补强证据与被告人自白的来源不同，且具有独立的来源。最后，补强证据具有担保供述真实的能力。补强证据

---

① 孙长永："日本证据法研究"，载《外国法学研究》1995年第1期。转引自沈德咏主编：《刑事证据制度与理论》，法律出版社2002年版，第583—585页。

② 徐美君："口供补强法则的基础与构成"，载《中国法学》2003年第6期，第129页。

规则设立的目的是为查证被告人供述是否属实，因此如果补强证据来源于被告人的供述，显然无法增强被告人供述的证明力。但下列证据是否能成为补强证据值得予以特别关注：

首先，被告人是通过自己写自白书的形式进行自白的，或者是采用录音、录像的方式进行自白的，那么该自白书或记载被告人自白的讯问笔录、录音带、录像带，因其内容系自白本身，所以不能作为自白的补强证据。

其次，被告人犯罪后可能将犯罪事实告诉给其他人，警察、检察官在讯问被告人时也能从被告人处知道犯罪事实，这时如果上述人员以证人的身份出庭作证，不过是对被告人供述的重复陈述，由于其证言实质上来源于被告人，而不具有担保被告人口供真实性的能力，因此不能成为补强证据。

其三，对于共犯供述能否成为补强证据，存在争议。笔者认为共犯的供述与被告人的供述系不同的主体作出，都是由于自己亲历案件而知道案情，共犯被告人的供述不是来源于被告人，具有独立性，可成为补强证据。日本判例认为，没有经过共同审理的共犯人自白不需要补强证据，即使是接受共同审理的共犯人（共同被告人），从共犯人与被告人的关系来看，他也是被告人本人以外的人，他作出的涉及共犯人或共同被告人犯罪事实的供述，有独立、完全的证明力。①

其四，在侦查之前，被告人的日记、笔记、备忘录能否作为补强证据。有学者认为，此等日记、笔记、备忘录是被告人供述的书面形式，属于广义自白的一种，因此不能作为自白的补强证据。也有学者认为，日记、笔记、备忘录是在侦查之前、特别可置信的情况下制作的，可以例外地承认其具有补强证据能力。② 笔者认为后

---

① ［日］田口守一：《刑事诉讼法》，刘迪等译，法律出版社 2000 年版，第 260 页。

② 吴海威："论自白补强规则"，载《国家检察官学院学报》2003 年第 11 卷，第 76 页。

一种学说较为可采。但如果被告人在供述过程中借助翻看日记或文件而作出供述，那么这些日记和文件就被认为缺乏独立性而不具备佐证的能力。

其五，当庭的被告人的供述能否作为补强证据。日本判例指出，被告人在法庭上的供述可以作为法庭外自白的补强证据。① 但正如我国台湾地区 44 年台上字第 1301 号判决所言：刑事诉讼法上所谓被告之自白与事实相符，指自白以外另有其他适当之证据足以证明与事实相符而言。被告先后自白出于一致，只足为自白有无瑕疵之标准，不足为与事实相符之证明。原判决以上诉人在侦查及审判中先后自白一致，断为与世上相符，而将诉讼卷内与此有关之证据概未述叙，显系理由不备。② 据此，笔者认为，法庭上的供述也是出自被告人本人，不应成为补强证据。

最后，被告人的行为（逃跑、毁灭证据、拒绝检查等），除了应当认为是供述的以外，有补强证据的能力。③

四、补强范围——对一案例的分析

案情：2001 年 3 月 8 日晚 10 时左右，被告人周某看完电视回家，因不满其妻子刘某开门较慢，与刘某发生争吵，并殴打刘某，后经被告人的母亲付某劝开。20 余分钟后，被告人发现其妻子外出未回，便出去寻找。不久，在离家较远的黄土岗铁路立交桥找到刘某。被告人周某力劝刘某回家，刘某不肯，并一直往前走。周某非常生气。行至铁路林场附近时，被告人突然将刘某推倒，左手抓住刘某的前胸衣服，右手用拳头反复击打刘某的头部，直至被害人

---

① ［日］田口守一：《刑事诉讼法》，刘迪等译，法律出版社 2000 年版，第 255 页。

② 蔡墩铭、朱石炎：《刑事诉讼法》，（台湾）五南图书出版公司 1981 年版，第 108—109 页。

③ ［日］田口守一：《刑事诉讼法》，刘迪等译，法律出版社 2000 年版，第 255 页。

重伤死亡。被告人为防止他人发现，将被害人刘某拖至几米远的草丛中。回家后，被告人将家门虚掩，伪造被害人刘某离家出走的假象。2001 年 3 月 20 日上午被害人的尸体被人发现，该案案发。

该案中，辩方并没有举出证据，法院判决书认定的证据都是公诉方举出的证据，具体如下：

（1）被告人在公安机关连续 4 次所作的供述，对上述犯罪事实供认不讳。本案的犯罪事实主要根据被告人的供述认定。①

（2）现场勘查笔录，证明尸体位于黄土岗铁路林场附近的草丛中。尸体头朝北，脚朝南，呈仰卧式，在尸体的南面有一排毛草倒伏，方向由南向北，在公路北面路基下 2 米处有一处毛草倒伏，在该毛草倒伏的东南面 1 米处有一只左脚穿的皮底布鞋。

（3）现场摄影，现场平面示意图，印证了现场勘查笔录。

（4）尸体检验笔录，证实死者刘某衣着正常，衣扣完整，上衣左侧、左袖、左裤腿前外侧附有泥沙；右裤袋内有 150 元钱，左裤袋内有 20 元钱。

（5）省公安厅尸体检验报告，证实死者刘某因头、颈部受外力作用大脑缺血缺氧致死；头部损伤系钝器打击所致，拳击可以形成。

（6）市公安局法医陈某出具的《关于死者刘某死亡时间的推断》，证实刘某的死亡时间在检验前的 10 天左右，即在 2001 年 3 月 10 日前后。

（7）省公安厅物证检验报告，证实死者刘某胃组织中未检出毒鼠强和常见的有机磷农药。

（8）被告人的母亲付某的证言，证实 2001 年 3 月 8 日晚被告人和刘某发生争吵，次日起床发现家门未关；被告人周某与被害人刘某平时夫妻关系一般。另外，付某还证实，从现场提取的一双皮

---

① 但被告人在起诉阶段、庭审时皆翻供。翻供的理由是：公安机关刑讯逼供，所以其编造了上述供述。法院经查证后，未认定公安机关有刑讯逼供行为。

底布鞋是被害人刘某的。

（9）被告人周某的嫂嫂袁某证实，2001 年 3 月 8 日晚被告人看电视约 10 点才离开。

（10）被害人刘某的父亲刘某某、母亲余某的证言，证实 2001 年 2 月 9 日起被告人先后 3 次到家里找刘某；被告人周某和刘某关系不和，被害人刘某曾因遭到被告人的殴打而回娘家。

判决书认为，被告人周某曾连续 4 次对伤害刘某的事实供认不讳，且其所供认的伤害时间、地点、方式、现场特征和现场勘查笔录、现场摄影、被害人损伤特征等均能相互印证，基本证据确实、充分，认定被告人犯故意伤害罪。

在我国，要成功地指控被告人，公诉机关必须承担举证责任，证明被告人符合犯罪构成的四个要件，包括：犯罪主体，即被告人实施了犯罪行为，也就是对被告人与犯罪行为实施人的同一认定，且被告人具有承担刑事诉讼责任的能力；犯罪的主观方面，即被告人是故意还是过失，有些犯罪还要证明被告人的犯罪目的、犯罪动机；犯罪的客观方面，包括犯罪的行为、危害结果、犯罪的时间、地点、方法（或手段）等；犯罪的客体，即犯罪所危害的社会关系。在被告人完整的供述中基本上可以具备上述各要件，也正因为这样，可以基于被告人的供述而形成内心确信。但根据补强证据规则，必须对被告人的供述进行补强。那么是否上述所有犯罪构成都必须要有补强证据来予以补强呢？这就是补强的范围问题。而犯罪的客体，涉及的是抽象的社会关系，内化于犯罪中，无须用证据来特别证明，首先排除出补强的范围。

（一）犯罪的客观方面如何补强

在美国，针对案件是否有罪体而对补强的范围作了不同的要求。犯罪的主要事实的含义就是"罪体"，由拉丁文转化而来。美国关于何为罪体有三种观点：第一种观点认为，罪体是犯罪行为造成的客观损害，如杀人罪中的尸体、放火罪被烧毁的房屋等。第二种观点认为，罪体除包括犯罪行为所造成的结果事实以外，还包括该结果是由犯罪行为所产生的。第三种观点认为，除犯罪行为、结果外，犯罪行为人与被告的同一性，亦应在此概念中。在美国，以第二种观点为通说。① 有罪体的案件是指那些有明确损失或伤害的案件，并且这些损失和伤害是由刑事诉讼罪犯而并非是无辜者或者有正当理由的人所造成。美国最高法院认为，对涉及有明确罪体的罪行的供认，只要存在罪体的证据，就达到了佐证的目的。也就是说，对有明确罪体的案件，被告人的供认加上能够证明罪体存在的证据，就可以判定被告人有罪。而在诸如逃税罪等没有明确罪体的罪行中，美国最高法院认为，"为了表明罪行已发生，佐证证据必须将被指控者牵连到罪行之中。"② 即要证明被告人与犯罪行为人的同一性。

　　日本对于补强的范围存在着不同的意见。学说上有罪体说和实质说的对立。罪体说是通说，它认为，应参照英美法，有关案件的罪体必须有补强证据的证明。实质说却认为，补强的证据只要能够保证自白的事实具有真实性即可，不必像罪体说那样在形式上限定范围，主张推认的事实达到合理的程度即可，但是必须在调查其他证据之后才能请求调查自白。不过，实质说主张被告人的同一性和主观要素不需要补强，此观点和通说基本一致。③ 归纳起来，在日本刑事诉讼中，有关补强证据的规则包括：第一，犯罪事实的认定必须有补强证据，而非犯罪事实，如前科、没收、追征事由等无须补强；第二，对于犯罪构成客观要件事实的认定，必须具备补强证据；第三，在犯罪事实中，被告人与犯罪人同一的认定不需要补强证据；第四，犯罪构成要件中的主观要素，如故意、过失的认定也

---

① 吴海威："论自白补强规则"，载《国家检察官学院学报》2003年第11卷，第75页。

② 徐美君："口供补强法则的基础与构成"，载《中国法学》2003年第6期，第129页。

③ [日]田口守一：《刑事诉讼法》，刘迪等译，法律出版社2000年版，第254页。

不需要补强证据；第五，对于非犯罪构成的事实，即犯罪阻却事由不存在的认定，也不需要补强证据。①

以本案为例，罪体说要求证明有被害人刘某的尸体，同时还要证明被害人的尸体是由犯罪行为导致，并且要有补强证据证明犯罪的行为、危害结果、犯罪的时间、地点、方法（或手段）等客观要件。这种证明要求对本案来说几乎是不可能的。因为本案的补强证据中，现场勘查笔录补强了犯罪的地点；尸体的死亡时间鉴定补强了犯罪的时间；尸体检验笔录补强了犯罪的结果；但犯罪的行为和犯罪的方法并没有补强证据予以补强证明。如被告人的作案方式，被告人供述用拳头打击被害人就没有补强证据，尸体鉴定只是说拳头可形成这种伤害，并没有说伤害就是拳头打击形成，甚至没有说拳头打击形成的可能性比较大。而实质说认为不必限定补强的内容，本案的客观方面的所有方面并不都具备补强证据，这不影响定罪，因为有现场勘验、尸体检验笔录、尸体检验报告等其他证据，能够和被告人供述相吻合，这些事实能形成合理的推论来证明被告人供述的真实性。

可见，实质说认为只需补强犯罪构成要件的一部分证据。实质说的内在证明机制是通过确认部分犯罪事实的真实来推断全部犯罪事实的真实性，这在实践上具有可行性。但从理论上讲，有以偏概全之嫌，在实践中也较可能导致冤、假、错案。而另一方面，形式说（即罪体说）过分强调自白之犯罪的客观构成要件都需要有独立的证据予以证明，往往使犯罪事实的认定变得极为困难，甚至会导致根本无法认定，有过分机械、僵化之嫌，在司法实践中也容易导致放纵罪犯的后果。② 从本案来说，法官的做法显然不符合罪体说，这从该案补强证据的补强内容中得到证明。法官只是想通过更

---

①　[日] 石井正一：《日本实用刑事证据法》，陈浩然译，（台湾）五南图书出版公司 2000 年版，第 310—311 页。

②　石英、田国宝："论自白"，载《法商研究》2002 年第 2 期，第 116—117 页。

多的补强证据来证明犯罪的部分客观要件，从而确保被告人供述的真实性，并且注意了只有犯罪行为人才能掌握的专门性知识的引入。笔者认为，我国应采取实质说，因为罪体说的补强范围过宽，不具有可行性。而实质说源于实践的需要，日本、我国台湾地区在诉讼实务上都采日本的实质说，如 1984 年台上字第五六三八号判例认为："被告之自白固不得作为认定犯罪之唯一根据，而需以补强证据证明其确与事实相符，然兹所谓之补强证据，并非以证明犯罪构成要件之全部为必要，倘其得以佐证自白之犯罪非属虚构，能保障自白事实之真实性，即以充分。"① 在我国这样一个证据生成机制极其匮乏的社会，不应设置过宽的补强范围，采取实质说是务实的、可取的。但是，为了防止以偏概全，导致误判，必须确保补强的合理范围，要求补强证据达到较广的程度，以扩大推断的基础。而且，专门性知识的引入显得倍加重要。

（二）被告人与犯罪行为人的同一性补强中的关键：专门性知识的引入

在美国，对有罪体的案件，被告人与犯罪行为人的同一性不需要补强证据的做法遭到了美国国内一些人的反对。反对者认为，最高法院的规定过于宽松，对被告人的保护不利。新泽西州最高法院在 State v. Lucas 一案中认为："在罪行没有发生和罪行已经发生但不是被指控者所为这两者之间，宣告无罪者有罪似乎没有区别……确实，由于精神的疾病或缺陷而供述犯罪，供认的错误可能性就更大，此时有足够的证据符合罪体的两个要件，但是却没有关于罪犯的证据。危险不在于这种人承认了非刑事诉讼罪行的发生，而是承认了由其他人实施的罪行。"②在日本，一些人主张如果自白的疑点侧重于犯人似乎不是被告人时，在犯罪行为人和被告人的同一性认

---

① 许哲嘉："析论自白之补强规则"，载（台湾）《刑事诉讼法杂志》第 39 卷，第 86 页。

② State v Lucas 152A 2d50（1959）60. 转引自徐美君："口供补强法则的基础与构成"，载《中国法学》2003 年第 6 期，第 129 页。

定以前需要补强证据。庭山英雄教授根据罪行轻重作了区别对待，认为对于一般犯罪而言，如果要求对被告人与犯罪人的同一性要求补强证据，势必给侦查、审判实务带来很大困难，但对于重大犯罪来讲，关于同一性是否有补强证据，往往是决定被告人是否有罪的关键，因此主张在法定刑为死刑、无期徒刑的犯罪案件中，对于被告人与犯罪人的同一性应有补强证据。①

从上述来看，美国、日本被告人与犯罪行为人的同一性不需要补强的做法正受到挑战和质疑。因为对公诉机关和法院作出判决而言，犯罪行为是否发生一般来说是显而易见的，这只不过是侦查立案的基本要求，如果仅将此作为补强证据的范围，则显得过于简单。法庭庭审实质上不是解决是否有罪案发生，而主要是围绕被告人是否是犯罪行为实施人，该行为是否构成犯罪而展开的。对被告人来说，罪案是否发生无关紧要，自己是否是犯罪行为人才至关重要。被告人与犯罪行为人的同一性认定的证明要求，是对被告人人权保障的最为重要之所在。因此，无论是出于保障被告人人权，还是出于防止误判的目的，被告人与犯罪行为人的同一性都应当有补强证据证明。

于是，新泽西州出台了一项改良的补强规则。该规则要求"有独立的证据证明增强或支持供认的事实和情形，并能证明供认的可靠性，再加上损失或伤害的独立证明"②，方能达到佐证的要求。据此，供述可以被被告人在作出供认的过程中提及的事实得到佐证，但是这些事实只有罪行的实施者本人因为参与犯罪而知晓。如果被告人从其他渠道（比如警察）获得犯罪事实的情况，并不

---

①　孙长永："日本证据法研究"，载《外国法学研究》1995 年第 1 期。转引自沈德咏主编：《刑事证据制度与理论》，法律出版社 2002 年版，第 584 页。

②　State v Lucas 152A 2d50（1959）See also State v Ordog 212A 2d370（1965）. 转引自徐美君："口供补强法则的基础与构成"，载《中国法学》2003 年第 6 期，第 129 页。

能构成佐证。这就引入了专门性知识。因为在现实生活中，每一个犯罪案件都必然具有自身的特殊之处。这些特殊之处决定了犯罪过程的大量细节只有犯罪人才可能知晓，这些细节性知识有时即使是调查人员也不可能完全清楚。这就为被告人提供了不为他人所知的专门性知识。

在被告人与犯罪行为人的同一性认定上，美国新泽西州所确立的专门性知识原则，假设只有犯罪实施者才了解的一些事实可以被用来完成佐证目的，是很值得借鉴的。实际上，在我国实践中，审查起诉和法院在确认被告人是否参与犯罪事实时早已采用该方法。① 本案中，正是凭借这种专门性知识得以定案的。判决书强调被告人"所供认的伤害时间、地点、方式、现场特征和现场勘查笔录、现场摄影、被害人损伤特征等均能相互印证"，同时，在死亡的时间上，被害人的尸体在被害人失踪后第 12 天被发现，先有被告人供述而后在补充侦查阶段才作的死亡时间鉴定，而此前并无其他人知晓被害人是什么时间死亡，死亡时间鉴定与被告人供述的作案时间相互印证；在死亡地点上，被告人供述事后没有到过犯罪现场，也没有听说过现场，却能说出现场的特征；而且被告人关于其拖动了被害人尸体的供述又与现场勘查相吻合，其供述中还提到其拖动尸体后，被害人脸朝上仰卧，脚对着铁路，这些都与勘查结果相互印证；被害人是如何被人致死的，是刀伤、枪伤、钝器伤还是锐器伤，是不是中毒而亡，被告人的供述中没有提到其他的死亡原因，而是直接、肯定地说是被其用拳头打死的，与尸体鉴定结论吻合。而事实上这一些都是只有犯罪行为实施者才能知晓的信息，属于由于被告人实施了犯罪行为而掌握的专门知识。运用这些专门性知识进行定案无疑具有根本的可信性，而且能使人确信被告人就是犯罪行为人。

但是，要注意的是，被告人可能到过犯罪现场；或者听他人说起过现场的有关情况；或者讯问时，讯问人告诉了被告人现场的有

---

① 但值得注意的是，在我国其以一种办案经验的方式存在，内化于法官形成心证的过程中，所以本案并未见判决书对此进行充分的分析说理。

关情况及其他检验、鉴定情况；甚至指供，在这种情况下，被告人专门性知识的来源受到污染，而不足以实现被告人与犯罪行为人的同一认定。因此，排除上述情形是十分关键的。本案中，在提审及法庭上讯问被告人时，公诉人通过讯问被告人是否到过犯罪现场，是否听别人说过犯罪现场的情形，是否受到公安机关的指供，是否通过其他渠道获知了案件的有关情况等，排除了被告人从其他途径获得该专门知识的可能性。据此，被告人与犯罪行为人实现了同一性认定。但必须强调，以被告人的供述为中心的印证模式极有可能诱发侦查机关通过各种手段获取被告人供述，检察官对此必须高度警惕，慎重查证，切不可盲目轻信口供，并以此作为同一性认定的关键。

（三）犯罪主观方面不需要补强

从上述介绍来看，美国和日本对犯罪主观方面并不要求补强证据。这是因为犯罪的主观方面以被告人的内心状态为探讨对象，实际案件中除自白之外无其他证据存在是很普遍的，所以在证明犯罪主观方面，如果过分强调补强证据的必要性，就有过分苛求的嫌疑。日本最高裁判所也持这种观点。[①] 实践中，对于犯罪嫌疑人是故意还是过失，以及主观上的认识因素、意志因素、犯罪目的、犯罪动机，确实往往只有被告人的供述，并无补强证据能加以证明。如果都强求补强证据，无疑将使大量的案件无法定案，这对任何一个有序的国家和社会，都是无法接受的。

我国也应当采纳犯罪的主观方面不需要补强证据的做法。在本案中，从尸体检验的结果来看，并不能证明被告人殴打被害人是想伤害被害人还是想杀害被害人，而且也无法确定被告人是用什么凶器打击被害人，打击的次数、力度。所以，从客观结果上无法判

---

① 参见日本最高裁判所昭和二十四年 7 月 19 日判决刑集第 3 卷第 8 号，第 1248 页；日本最高裁判所昭和二十六年 1 月 31 日判决刑集第 5 卷第 1 号，第 129 页。转引自田国宝、石英："与自白有关的几个基本理论问题的法学思考"，载何家弘主编：《证据学论坛》（第 5 卷），中国检察出版社 2002 年版，第 437 页。

断、证明、推知其是直接故意还是间接故意，是故意伤害还是故意杀人。另一方面，由于如果是一拳打击导致被害人倒地撞在钝器上致死则是过失，实践中出现过这种案例，所以从客观结果上也无法判断、证明、推知其是故意还是过失。该案之所以认定被告人故意伤害致死的主观方面，完全是依据被告人的供述来认定的，并无补强证据补强，其依据是被告人供述用拳头连续打击被害人。这说明实务中我国一些法官在审理案件时，被告人的这些主观要件的认定并不一定需要补强证据。但是，该案中主观要件只依赖被告人的供述定案，并不意味着提倡所有的案件都只需要获得被告人的供述然后认定犯罪的主观方面，更不意味着检控机关无须积极地调取其他证据补强证明被告人的供述，证明犯罪的主观方面。只不过补强证据不作为一个强制性的要求，只有在无法获得其他证据补强证明犯罪的主观方面时，才根据被告人的供述认定犯罪的主观方面。

虽然犯罪的主观方面无须补强，但仍需要积极收集任何证明犯罪主观方面的补强证据。笔者感觉到，我国法官十分注意对被告人是否有作案动机的查明。在一个来自司法实践的投毒案件的经验总结中，就主张犯罪动机要有补强证据。① 这是因为，我国传统上对犯罪发生的认识中，认为犯罪动机是被告人实施犯罪的根本动因，是确认被告人是否就是犯罪行为人的重要参考因素。而且，犯罪动机的证据也经常能够被发现。就本案而言，被告人的作案动机是可以通过调查找到补强证据的。本案中，被告人发泄心中对其妻子的不满，是其犯罪动机。通过被告人母亲付某、嫂子袁某、证人刘某某、余某的证言证实被告人与被害人关系不和，当晚被告人确实看电视到 10 点多，发生争吵、殴打，从而印证被告人所供述的案件的起因，补强了被告人的动机。因此，仍应尽量收集能证明被告人主观方面特别是犯罪动机的补强证据，在无法收集这些补强证据时才依被告人的供述认定犯罪事实。

---

① 戴长林、王志华："刑事证据理论在投毒杀人案件中的应用研究"，载《中国法学》1999 年第 6 期，第 129 页。

在司法实践中，本案是一个疑难的案件，该案的审查起诉、审理和判决都使法官、检察官感到十分为难。其主要原因就是本案的证据都是围绕被告人的供述展开，而被告人又以公安机关刑讯逼供为理由翻供，如果被告人的供述有假，毫无疑问将导致一个冤案。所以建立一个被告人供述自愿性的保障及证明取证合法的证据生成机制，是补强证据规则得以充分实现其功能的重要前提和有力保障。另一方面，自白补强证据规则对于解决疑难案件具有重大的理论及实践意义，但该案的庭审及判决，检察官、律师、法官没有用一个"补强"的字眼，也没有有意识地使用自白补强证据规则，表明我国司法实践中对该证据规则尚处于经验的层面，也反映了对该证据规则的立法及理论研究过于肤浅，尚不够深入。笔者热切地希望该规则能够引起更多的关注，以解决司法实践中的难题。

五、补强的程度

补强证据应当达到什么程度，在理论上和司法实践中主要有两种主张：一种主张是，要求补强证据大体上能独立证明犯罪事实的存在，这是较高的要求；另一种主张是，要求补强证据达到与供述一致，并能保证有罪供认的真实性，这是低限度要求。[①] 我国民间所出中国证据法草案建议稿第 233 条第 3 款中认为，补强证据应当达到能够独立地证明犯罪事实是被告人所实施的程度。[②] 但笔者不同意此种意见，应当规定补强证据与被告人供述结合起来应当达到证明犯罪事实是被告人所实施的程度。

采用上述观点是想通过提高补强证据补强的程度，使公安、司法人员去积极收集其他能够证明被告人有罪的证据而偏重自白，保障被告人权利。但是如果要求除了被告人的供述以外的其他证据能

---

① 徐静村主编：《刑事诉讼法学（修订本）》（上），法律出版社 1999 年版，第 188 页。

② 毕玉谦、郑旭、刘善春：《中国证据法草案建议稿及论证》，法律出版社 2001 年版，第 841 页。

够独立证明犯罪事实的存在，口供的存在就没有价值，就不需要口供的证明力了，这实际上是排除了被告人自愿作出的口供的证明力，这种做法导致了"口供虚无主义"，从限制被告人口供的证明力走向了排除被告人口供的证明力，这与证据的基本理论是相悖的。此外，它与我们设立补强证据规则的初衷背道而驰。设立补强证据规则的前提是单凭被告人口供已经能达到心证，补强证据只处于补充的地位而不是单独定案的主要地位。再者，它有违现代自由心证的理念。自由心证要求赋予法官自由地、理性地综合判断所有证据，而不是限制单独考虑某一个证据或某几个证据。最后，它过高地设定了证明的标准。因为在我国大多数案件都是由被告人供述予以定案的，仅凭间接证据定案是非常少的，也是非常危险的，因为它涉及推定及证据锁链这些难以掌握的证明手段。

第四节　共犯被告人供述一致定案能力分析

共同犯罪中涉及几个共犯被告人，假定司法机关在共同犯罪案件中用甲被告人的供述证明的共犯乙被告人是否犯罪，为了便于区分，笔者将乙的供述称为被告人供述，甲的供述称为共犯被告人供述。本部分探讨的是共犯被告人供述，是指共同犯罪案件中被告人向司法机关所作出的，在承认自己罪行的同时，又证明同案审理的其他被告人参与该共同犯罪的陈述。共犯被告人供述按案件的审理程序可分为同案审理的共犯被告人供述、非同案审理的共犯被告人供述以及不追究刑事诉讼责任的共同作案人的供述。本部分只讨论同案审理且有证明对象被告人本人供述的情形，因为它是共犯供述一致能否定案问题的最难点，举重以明轻，所以笔者选择这个情形作为切入点。共犯被告人之间的供述相互印证而无其他证据，能否定案？我国相关的法律和司法解释未作出明确规定，司法实践中的做法也不尽一致，不仅影响被告人的实体性权利，而且与适用法律的一致性相悖，有损法律的尊严和权威。该问题的研究对完善我国刑事诉讼证据立法有所裨益。

一、对传统观点的质疑

我国《刑事诉讼法》第 46 条规定，只有被告人供述，没有其他证据，不能认定被告人有罪和处以刑罚。在这一被告人供述补强规则中，被告人供述是否包括共犯供述；共犯供述是否属于"其他证据"；共犯供述互相证实，能否作为定案的依据，是目前法学界与司法实践中争论的焦点。我国法学界关于共犯供述定案问题主要有三种观点。（1）肯定说。认为共同被告人的供述可以互相印证，在供述一致的情况下，可据以定案。（2）否定说。认为共同被告人的供述仍然是"被告人供述"，同样具有真实性和虚伪性并存的特点，应受《刑事诉讼法》第 46 条的制约，适用证据补强规则。（3）折中说。认为共同被告人供述一致，在符合一定条件的情况下，可以认定被告人有罪和处以刑罚。这些条件是：经过种种艰苦努力仍无法取得其他证据；共同被告人之间无串供可能；排除了以指供、诱供、刑讯逼供等非法手段获取供述的情况等。① 笔者认为，折中说在本质上是一种肯定说。因为我们要讨论的前提是只有共犯被告人供述且互相印证的情形下定案的可能性而不是必然性，是已经形成对被告人的有罪的内心确信的情形下能否定案。如果审判庭仍不能对被告人实施指控犯罪事实形成确定无疑的有罪的内心确信，那么即使共犯供述一致也不能定案，这并无争议。折中说所列举的定案条件不过是说明形成被告人有罪的内心确信的条件罢了。否定说是当前主流的观点。但笔者持肯定说，否定说在论证中存在很多误区，下面笔者予以阐明。

1. 否定论者认为，《刑事诉讼法》第 46 条所述为"只有被告人供述"的，需有其他证据才能定案，而共犯供述显系被告人供述，根据三段论法律推理，即使共犯供述一致，仍是仅有被告人供述，故需其他证据补强。但其忽略了所有争议的焦点正是对大前提

---

① 参见陈光中主编：《刑事诉讼法学（新编）》，中国政法大学出版社 1997 年版，第 177 页。

中"只有被告人供述"的立法含义中是否包含共犯被告人供述，还是单指被告人本人的供述。我们要做的是对法条的立法含义作出界定、论证，而不是单从该法条的字面意义简单片面理解。否定论者在论证上存在简单、片面的逻辑错误。

2. 否定论者认为，共同被告人与案件有直接的利害关系，被告人口供为逃避罪责、减轻处罚而有假有真，共犯被告人之间既想互相掩饰，以免扯出自己，又会转嫁罪责，互相推诿甚至诬陷、捏造，口供的可信性程度不高。而且由于被告人和证人虚伪陈述的法律责任不同，证人故意提供虚假证明，要承担伪证罪的刑事诉讼责任，但不能根据刑法追究被告人的伪证罪。因此，基于共犯被告人之间的供述印证而定案，有冤枉无辜的危险。① 这种观点是十分片面的。首先，作为整体层面上被告人供述的可信性程度要低于证人证言，但在个案中却未必，仍应具体问题具体分析，与证人证言相反的被告人的供述被采用在司法实践中并非少见。其次，我们要探讨的问题有一个前提，那就是被告人的供述相互印证，相互吻合，推诿、转嫁、诬陷、捏造是不可能使供述吻合的。出现吻合的情形有三种可能，其一侦查机关指供，其二被告人串供，其三被告人作了真实的供述。被告人为了逃避罪责而串供是基于被告人知道自己构成了更为严重的罪行，依其供述定罪不存在冤枉无辜的危险，相反不定罪则可能放纵罪犯。如果是侦查机关指供，那是证据的证明能力问题，即是否可采为证据，而本部分所探讨能否定案的问题显属证明力的层面，两者分属不同的领域，不能混同，正如我们同样要面对侦查机关对证人"指证"的问题，但一般依证人的证言可定案却无甚异议。最后，至于认为被告人绝对不能被追究伪证责任的观点值得商榷，被告人应当不被强迫自证其罪，但不意味着被告人可以随意诬陷他人，如果其随意指证诬陷他人，也可以追究其刑事诉讼责任。

---

① 胡常龙、汪海燕："论共犯口供的性质及其证明力"，载《人民司法》2001 年第 6 期，第 22 页。

3. 否定论者认为，共同犯罪案件中被告人之间的供述相互印证，而无其他证据的，定案会造成侦查机关强调被告人口供的获取忽略其他证据的收集，极易引发诱供、逼供、骗供等非法取证现象，不仅使公民的人身权利无法得到有效的保护，而且案件的实体真实也很难得到保障。这是司法理论与实践中普遍存在的一种因噎废食的思想。某些人总是喜欢从一个极端走向另一个极端，基于此，司法实践中甚至推行过"零口供"。我们要思考的是应如何通过规范侦查机关的取证程序来确保被告人的权利，防止诱供、逼供、骗供、指供，而不是限制被告人供述的使用。正如我们不能因为确定被告人供述的证明力会带来刑讯逼供等非法取证现象而采取"零口供"，为防止诱供、逼供、骗供等现象而否定相互印证的被告人供述定案的价值，同样是不正确的。即使在以保障被告人权利而著称的美国，同样可以仅凭被告人的有罪答辩而对被告人予以定罪。美国采取的方法是，强化侦查阶段犯罪嫌疑人的权利，规范侦查机关的取证程序，如沉默权的设置、权利告知程序、获得律师帮助权、律师在场权，以及确立非法证据排除规则等，很值得我国借鉴。

另外，否定论者在论证时引用了许多国外的立法例，似乎各国都规定共犯供述一致不能定案，其中许多是论者的误解或错误的来源，笔者将在后面的论述中予以阐述。可见否定论者所依据的理由是简单、片面的，在论证的方式上存在问题，其得出的结论自然很难成立。

二、处理该问题的域外视点

对共犯被告人供述一致能否定罪的问题，并不是我国特有的问题，各国对此问题的规定虽然略有差异，但总的说来，对此问题大都持肯定态度。

在英美当事人主义刑事诉讼中，由于重视诉讼当事人的意愿和自决权利，如果被告人在庭上法官面前自愿作出有罪供述，法官可径行作出有罪判决，不要求提供其他证据予以补强。只有对审判庭外的自白，其信用性较低，因而须有补强证据担保其真实性。同时，共同被告人的供述用于指控被告人时，其性质为证人证言，只能在庭上作出，在庭外作出时应适用传闻排除规则，不具有证据能力。以英国法为例，其补强证据规则又称为佐证规则。1994 年法颁布以前，在普通法上，强制性的佐证提醒适用于：代表控方作证的被告人同伙的证言、性犯罪中的原告证言。佐证提醒，是指法官要提醒陪审团，根据未确认的某些控方证据而判定被告人有罪具有很大的危险，但如果他们确定这样的证据是可信的，仍可判决被告人有罪。而 1994 年法的第 32 条取消了佐证提醒的强制性要求，但法官仍有决定在个案中自由裁量是否作出佐证提醒。在著名的 R v. Makanjuola 一案中，Taylor 法官表达了一个权威的意见，在证人的可靠性受到怀疑的时候，法官应当明智地建议陪审团在采用此类证词之前，再寻找一些"支持性证据"，支持性证据通常由被告人本人提供，例如其在庭外所作的供述或其在作证过程中的自认。① 可见，英国是站在共犯被告人供述的角度来规范该问题的，共犯被告人的供述可以单独作为定案的依据，同时某些情形下，被告人本人的庭外供述或作证过程中的自认可作为"支持性证据"，而使共犯被告人的供述得到补强进而定案。

大陆法基于自由心证主义诉讼理念并不区分其证据的种类如何，均属于裁判官自由裁量的范围，对其证明价值的大小，由裁判官本着其自由心证而为合理判断，在法国刑事诉讼法典与德、日刑事诉讼法典中并未有补强证据规则的有关规定。但根据大陆证据法的一般原则，对于共同犯罪的共同被告人，其中的一人的自白可以使用另一个人的供述加以补强。② 由此可见，在共犯供述一致的情况下，只要形成被告人犯罪的自由心证就可以定案。

---

① 齐树洁主编：《英国证据法》，厦门大学出版社 2002 年版，第 262—376 页。

② 陈浩然：《证据学原理》，华东理工大学出版社 2002 年版，第 338 页。

在日本，理论上可以说，共犯人的自白是唯一证据时，可以认定被告人有罪。判例把共犯人的自白作为本人自白的补强证据，有两名以上共犯人的自白当然可以认定被告人有罪。①

在我国台湾地区，被告人已经自白，而共同被告或共犯亦有自白，则共同被告之自白可否视为被告自白补强证据，存在争议。认为自白具有独立之意义者对此采积极说，以为各共同被告人自白得以互相作为补强证据；认为无补强证据之自白不具有独立意义者对此采消极说，以为各共同被告之自白不得互相作为补强证据，因此，仍须调查其他必要之证据。我国台湾地区学者陈朴生持积极说，谓如被告已经自白，以共同被告或共犯之自白，作为补强证据者，则非法之所禁，但实例采消极说。②

三、共犯被告人供述一致应当定罪

以往的肯定论者多以共犯被告人供述是证人证言而非被告人供述入手进行论证，似乎如果把共犯被告人的供述视为证人证言，则证人证言显然可以对被告人本人的供述进行补强，其为一种补强证据，进而可以定案。但由于将被告人供述理解成证人证言，在我国目前具有不可突破的理论及实践障碍，该学说陷入困境。其实，可以从另一个角度思考，即我国《刑事诉讼法》第 46 条规定是否包括共犯被告人供述，共犯被告人供述是否符合补强证据规则中对补强证据的要求，进而确定共犯被告人供述一致能否定案。笔者认为：

（一）我国《刑事诉讼法》第 46 条规定不包括共犯被告人供述

1. 我国《刑事诉讼法》第 46 条规定的实际是被告人供述补强

---

① ［日］田口守一：《刑事诉讼法》，刘迪等译，法律出版社 2000 年版，第 260 页。

② 蔡墩铭、朱石炎：《刑事诉讼法》，（台湾）五南图书出版公司 1981 年版，第 106 页。

法则，也称自白补强法则。自白补强法则一般指的是对被告人本人自白的补强，其源于对法定证据制度下强制性自白的强烈质疑。法定证据制度认为，只要有被告人关于自己犯罪的自白，那么无论是否存在其他证据都可以直接定案，导致刑讯逼供的泛滥。所以法国大革命后确立自白补强法则，针对的也是证明对象被告人本人的自白，而不是共犯的自白。以日本立法为证，日本刑事诉讼法第319条第2款规定："不论被告人的自白是否在审判庭作出，该自白是不利于自己的唯一证据时，不能认定被告人有罪。"被告人自白是指刑事诉讼被告人对自己实施的犯罪行为和刑事诉讼责任的承认和告白，共犯被告人供述用于指控其他共犯被告人显然不是站在对自己实施的犯罪行为和刑事诉讼责任的承认和告白意义上讲的，所以我国《刑事诉讼法》第46条"被告人供述"的含义是被告人本人的自白，不包括共犯被告人的供述。

2. 补强证据规则中，证据的单一性决定"被告人供述"仅指被告人本人的自白，是孤证不能定案原则的体现。我国台湾地区刑事诉讼法第156条第2款规定，被告人之自白不得作为有罪判决的唯一证据，仍应调查其他证据，以察其是否与事实相符。从日本刑事诉讼法第319条第2款和上述我国台湾地区的自白补强证据规则的内容来看，都规定自白是不利于自己的"唯一证据"时，不能认定被告人有罪，强调证据的单一性。其实正是由于这种证据的单一性，无法与其他证据相互印证，查清该证据真实与否，而其本身又是自白证据，存在较大虚假的可能性，因而才须证据补强，增加其证明力。而如果同时有被告人供述和共犯被告人的供述，其证据虽然不具备单一性的特点，证据之间可通过相互印证，互相补强，查清其真实性，而无须在此之外另需其他的补强证据。

3. 笔者认为，我国《刑事诉讼法》第46条是建立在单一的证明对象的基础上的。我国台湾地区学者陈朴生指出："共同被告系属处于同一诉讼程序，共同受审理之关系。是共同被告虽在诉讼上之同一程序中同时为被告，但其诉讼客体仍属各别，即分别为刑罚权之对象，其案件并不同一。故共犯被告，对其被诉案件，不特其立证及证据之调查，各自独立实施，即证据之价值，亦应分别判断。"① 也就是说，诉讼证据的审查应以某一单一的被告人为被证明对象展开。该条出现的"被告人"字眼，所表达的含义都一样，即都是认定对象被告人本人。

可见，我国《刑事诉讼法》第 46 条规定的含义是仅有被告人本人的供述，没有其他证据，不能认定被告人有罪和处以刑罚。即有学者认为的，在一个刑事诉讼案件中，如果证明被告人实施了指控的犯罪行为的唯一证据是其本人的供述，则不能认定该被告人有罪和处以刑罚。② 当然，笔者并不主张，只有共犯被告人的供述，就可以定案，但它不是本法条要解决的问题，而应通过其他的方式加以规制。

（二）共犯被告人的供述符合证据补强规则对补强证据的要求

补强证据规则，是指为了保护被告人的权利，防止案件事实的误认，对某些证明力显然薄弱的证据，要求有其他证据得以证实才可以作为定案根据的规则。其中，"其他证据"即补强证据。被告人的供述有补强证据后就能定案。那么，共犯被告人供述是否符合补强证据的要求呢？一般认为，补强证据应符合以下特征：具有证明能力的证据资格，且具有担保供述真实的能力，而且被告人自白的补强证据规则要求补强证据与被告人自白的来源不同。

1. 共犯被告人的供述具有担保被告人供述真实的能力。在现实生活中，每一个犯罪案件都必然具有自身的特殊之处。这些特殊之处决定了犯罪过程的大量细节只有犯罪人才可能知晓，这些细节性知识即使是调查人员也不可能完全清楚。这就为共犯之间的供述一致性提供了基础，也为共犯被告人对被告人供述补强提供了可能，从而有了定案的可能性。而且我国法律明确规定，公诉人可直

---

① 陈朴生：《刑事证据法》，（台湾）三民书局 1979 年版，第 521 页。

② 刘善春、毕玉谦、郑旭：《诉讼证据规则》，中国法制出版社 2001 年版，第 328 页。

接，其他被告人的辩护人及法定代理人或者诉讼代理人可经审判长同意，向共犯被告人发问以查证其供述的真实性，共犯被告人有如实回答的义务，合议庭认为必要时，可以传唤共同被告人同时到庭对质。这就进一步强化了对共犯被告人供述真实性的审查判断，提高了担保被告人供述真实的能力。

2. 共犯被告人供述与被告人本人供述的来源不同，有独立的来源。共犯被告人供述与被告人供述系不同的主体作出，都是由于自己亲历案件而知道案情。共犯被告人的供述不是来源于被告人，具有独立性。日本判例认为，没有经过共同审理的共犯人自白不需要补强证据，即使是接受共同审理的共犯人（共同被告人），从其与被告人的关系来看，他也是被告人本人以外的人，他作出的涉及共犯人或共同被告人犯罪事实的供述，有独立、完全的证明力。①

本部分探讨的问题显然是建立在被告人供述包括共犯被告人的供述具有证明能力的基础上的，只对供述的证明力进行研究。

从上述分析来看，共犯被告人的供述符合证据补强规则对补强证据的要求，可以成为被告人自白的补强证据。共犯被告人的供述属于《刑事诉讼法》第 46 条所说的其他证据。

（三）共犯被告人供述一致能够定罪已为司法实践所采用

我国司法实践中已经存在着许多以共犯供述一致而定案或相类似情形的司法活动，主要有：（1）同案已决共犯的供述、作不起诉处理的共犯的供述在庭上作为证言出示，结合被告人的供述定案。由于共犯的供述转化为证人证言，当证人证言与被告人供述相互吻合，足以认定被告人罪行时，显然司法实践中都会而且也应当对被告人作出有罪判决。（2）在一些具有牵连关系的案件里，如受贿案件中，行贿人行贿和受贿人受贿两者相互证明，行贿人与受贿人也存在着利害关系，与共犯的情形完全相同。由于受贿案件的

---

① ［日］田口守一：《刑事诉讼法》，刘迪等译，法律出版社 2000 年版，第 260 页。

隐蔽性，司法实践中大量存在着仅凭行贿人与受贿人供述相互吻合就予以定罪的情形。

上述第一种情形，其实质都是依据共犯供述一致予以定案，只不过由于程序分离，共犯供述转化为证人证言。第二种情形也与本部分所探讨的同一诉讼程序中共犯被告人供述一致予以定案情形的本质相同。如果共犯被告人供述相互印证不能定案，显然是要鼓励公诉机关进行分案起诉的技术处理罢了，那么《刑事诉讼法》第46条又有什么实际意义呢？所以，同一诉讼程序中共犯被告人供述一致能够定案才能保持法律实施的统一性。其实，即使是仅凭同案共犯被告人供述相互印证而予以定案在司法实践中也并非绝无仅有。

（四）共犯被告人供述一致能够定罪符合司法效率的价值取向

从价值层面上讲，我国确立共犯被告人供述相互印证能予以定案的原则，有利于节约司法资源，有利于诉讼的经济性，有利于更加强有力地打击犯罪。司法资源紧张是各国普遍存在的问题，当事人主义国家通过被告人认罪直接量刑的程序大大节约了司法资源。而被告人供述一致比仅有被告人的有罪答辩具有更大的证明力，在我国这样一个经济较为落后的国家实在无必要过分提高案件的证明标准，这样才能节约诉讼资源，更有效地打击犯罪。

我国《刑事诉讼法》第46条规定的含义是仅有被告人本人的供述，没有其他证据，不能认定被告人有罪和处以刑罚。共犯被告人供述作为该条所说的"其他证据"，符合补强证据的要求，从而在共犯被告人供述一致的情形下能够定案。而且，共犯被告人供述一致能够定案是各国立法之通例，也已为司法实践所运用，我国应明确确立该规则。

第五节　电子证据的收集

随着电子信息技术的飞速发展、计算机的普及，电子证据

（Electronic Evidence）逐渐进入各国诉讼领域。我国的《互联网信息服务管理办法》、《互联网电子公告服务管理规定》等行政法规、部门规章及诉讼法的有关法律中虽然有对电子证据的规定，这些规定在一定程度上为计算机软件保护案件中电子证据的收集问题提供了法律依据，但其对我国的电子证据收集程序制度规定得还过于简单，无法操作。而且，电子证据不同于传统证据，在收集方面具有许多独特性。在有关电子证据的案件中，电子证据的收集成为诉讼上的"瓶颈"。因此，对电子证据收集程序的研究已成为当务之急。

一、电子证据的内涵及特点

电子证据是以电子数据形式表现出来的证据。所谓电子数据形式，是指由介质、磁性物、光学设备、计算机内存或类似设备生成、发送、接收、存储的任一信息的存在形式。证据的不同特性往往决定着不同的取证方法。不同于传统的证据，电子证据有以下特殊的品质，对电子证据的收集产生非常大的影响。

（一）高科技性

电子证据的形成、保存和运输需要计算机或类似装置的信息处理器，须借助计算机技术、光学技术、网络技术等高科技手段。离开了高科技含量的技术设备，电子证据无法保存和传输。而不懂电子技术的个人在电子证据面前可能"寸步难行"。因此，电子证据的收集和审查判断，往往需要光电子、计算机专家凭借其专业方面的科学技术知识进行。

（二）隐蔽性

一方面，电子证据本身不可直接读取，其以一系列电、磁或光信号形式存在于各种高科技的存贮介质中，如计算机信息存储于RAM、ROM、磁盘、磁带、光盘中，若将此类信息符号转化成相对应的外在直观符号，其表现出来的只是由"0"和"1"两个数字组成的一系列二进制编码，这种表现形式根本无法通过直观的阅读掌握其具体内容。另一方面，涉及侵权、犯罪的电子证据往往通过加密的形式储存起来或者隐匿在其他文件中而难以发现，这给证据的收集带来极大的困难。

（三）易被删除、更改性

破坏电子证据可以在极短的时间里完成，比如一个删除命令就可迅速将文件清除。而且，日益普及的网络环境为行为人远程操纵计算机、破坏电子证据提供了更便利的机会。不仅如此，计算机操作人员的差错或供电系统、通信网路的故障等环境和技术方面的原因，都可能使电子证据变更或灭失，证据的收集人员对相关高科技知识的掌握成为关键。此外，电子证据易受病毒攻击，对电子证据的收集和保存也提出了更高的要求。

同时，电子证据中一些二进制编码的数字信号是非连续的，因此若有故意或差错对电子证据进行删节、剪接、窃听、截收，从技术上讲是无法查清的。电子证据在生成、存储、传送与接收、收集等诸环节都可能被改变，且被破坏后往往不留痕迹。因此，影响电子证据真实性的因素很多，判断电子证据的真实性往往就成为认定电子证据的关键。

（四）表现形式多样性

电子证据可以表现为具有文字内容意义的文档，也可表现为侵权、犯罪留下来的痕迹，还可以是证人通过电子技术所作的证言等。特别是多媒体技术的出现，使电子证据在屏幕上出现了丰富多样的表现方式，综合了文本、图形、图像、动画音频及视频等多种媒体信息，图、文、声并茂，不限于单一的文字、图像或声音等方式。

（五）传递准确性

传统证据的传递往往会导致证据所蕴涵信息的减少甚至灭失，特别是证人证言，可能"一传十"、"十传百"而面目全非，所以确立了传闻排除规则。但电子证据不同，只要运行正常，不仅在转移后其原处证据信息不会减少，而且传递来的电子证据失真的可能性几乎没有，其实质上是电子证据信息完全的、精确的复制。这冲击了传统证据的原件理论，导致了取证方式的变化。

二、电子证据的收集程序及其特殊问题

电子证据的取证程序一般为：取证时，首先要获知所需收集的证据的保存位置。由专门的技术人员找到证据时，取证人员应当通过显示器观察和确认该文件的形成时间。然后由技术人员打开文件，由取证人员确认该文件系所要收集的证据后，采用相应的方式予以提取固定。在查找证据过程中，如遇文件找不到或打不开等问题，应及时通知电子证据专家予以协助。常用的提取电子证据的方式有打印和拷贝两种。通常情况下，应当采用打印方式，只有在文件较多不方便现场打印的情况下，才可以单独使用拷贝方式。无论采取哪种取证方式，在收集证据后，应当现场制作取证笔录。取证笔录主要记载电子证据的收集情况。但电子证据的取证涉及一些特殊的问题。

（一）取证主体的特殊性——电子技术专家的介入

一般来说，不同种类证据的特点决定着该证据对取证主体的不同要求。但应当明确取证主体与证据的收集主体是不同的两个概念。证据的不同特点可能导致取证主体的不同，但证据的收集主体是由刑事诉讼法规定的有取证权的主体，其是预先规定的，不会因证据的不同而有所改变。与传统证据相比，电子证据的证据收集主体并没有改变，仍是当事人、法院或侦查机关。但由于电子证据涉及高科技，在证据的收集过程也具有较大的技术要求，这与传统的证据收集方法存在较大的区别，要一个不懂电脑操作的工作人员将电脑中的一份文档资料打印出来都是十分困难的；同时，由于电子证据的不稳定性和易删改性，为收集者作假和随意变更提供了可能，因此对于电子证据的取证主体应当严格限定，在电子证据的收集过程中应注意发挥电子技术专家的作用。在安徽，首先出现了网

络警察，他们负责处理"欺诈、挪用公款、色情等犯罪案件"，但这只限于刑事诉讼领域电子证据的收集。笔者认为，在民事诉讼领域应由法定的证据收集主体委托电子技术专家进行电子证据的收集，这样才能强化电子证据的真实、可靠性，同时可以邀请公证人员对电子证据的收集过程进行公正。

一个需要注意的问题是，由于电子系统的保密性、高容量性，即使是电子专家也可能很难找到所需要的电子证据，这就自然产生了寻求电子证据持有人帮助的需求，有的就要求其亲自操作。但是又由于电子证据的极易灭失、更改性，电子证据持有人对电子证据的收集是否存有敌意并不容易判断，而一旦由于其存有敌意而将电子证据删除、更改，则电子证据很难重新获得。因此，笔者认为在取证过程中不能要求电子证据的持有人自行操作电子系统。当然，能十分明确知道电子证据持有人与电子证据收集没有利害关系、不具有敌意的除外。

（二）电子证据收集对象中的特殊问题

1. 原件问题

我国《民事诉讼法》第68条规定："书证应当提交原件。物证应当提交原物。提交原件或者原物确有困难的，可以提交复制品、照片、副本、节录本。"可见，我国对证据规定了原件、原物优先规则，复印件的证据能力是受到限制的。这就要求在证据收集中应首先收集原件，在特殊情形下才可以收集复制品、照片、副本、节录本。

传统的"原件"特别强调文件载体的原始性，是指信息首次固定其上的媒介物。这是因为传统载体形式的文件信息内容固着于载体上，具有与载体形式上的不可分性。载体的原始性能确保证据内容的真实性，提交原件作证具有较高的可信度。然而，电子证据的信息内容与载体的关系并不十分紧密，电子文件的信息内容可以存储于计算机的 CPU、内部存储器、外部存储器等多种存贮介质上，而且原始信息是二进制编码，无法直接被人识读，只有通过计算机屏幕或是打印机等方式输出才能被人识读，而这种电子文件的输出形式显然不是传统的"原件"。因此，如果在诉讼中只承认按照传统的原件概念才能作为证据，没有其他材料可以印证的复制件、对方当事人又不予承认的就不能作为证据，这样，就会使大量的电子证据丧失其存在的价值，电子证据就会失去效力，某些只能由电子证据证明的纠纷案件就不能解决。

而各国都在努力探索电子文件在原件问题上的解决之道，很值得我国在立法时加以借鉴。从国际上和国外有关法律法规看，典型的做法有以下三种：①

(1) 对"原件"的扩大解释。如《美国联邦证据规则》第1001 条 (3) 规定："原件。文字或录音的'原件'即该文字或录音材料本身，或者由制作人或签发人使其具有与原件同样效力的副本、复本；照相的'原件'包括底片或任何由底片冲印的胶片；如果数据储存在电脑或类似设备中，任何从电脑中打印或输出的能准确反映有关数据的可读物，均为'原件'。"

(2) 功能等同法。如联合国国际贸易法委员会 1996 年颁布的《电子商务示范法》第 8 条规定，他们根据原件的功能是对信息的认证以维护其真实可信度，规定只要能证明电子文件的信息内容自首次以最终形式生成，不管是直接输入计算机的，还是最初是书面文件而后才输入计算机的，该信息保持了完整性，且要求信息展示时就可以展示给别人看，就满足了"原件"的要求。

(3) 置换"原件"法。如加拿大《1998 年统一电子证据法》第 4 条第 (1) 款规定："（在任何法律程序中），如果最佳证据规则可适用于某一电子记录，则通过证明如下电子记录系统——其中记录或存储有数据的那一电子记录系统、或者借助其数据得以记录或存储的那一电子系统——的完整性，最佳证据规则即告满足"。该法用电子记录系统的完整性来代替最佳证据规则中的"原件"

---

① 王绍侠："电子文件产生证据效力的困难及其对管理的启示"，载《档案学研究》2003 年第 3 期，第 55 页。

要求，只要能满足系统完整性的条件即可。此外，在加拿大这一规定也适用于有关纸质文件的电子图像，不仅不要求必须提供纸质文件原件，而且也不要求电子图像可采的前提是该原件已被销毁。

鉴于我国法院具有较大的司法解释权，因此笔者认为应借鉴美国的立法内容对原件作扩充解释，科学界定电子证据收集中的原件。

2. 相关证据的收集

由于电子证据的特征决定了其容易被删改，同时电子系统的不正常运作也可能影响电子证据的客观、真实性，因此，在对电子证据的审查过程中常常要对其真实性进行证明，这对作为提供证据主体的证据收集者来说是十分困难的。目前，在这个领域常采取推定的方法，因此在收集电子证据的同时，还需要收集推定证明电子证据真实性的有关证据。

在加拿大，其《1998 年统一电子证据法》第 5 条"完整性推定"规定了对己方、对方和第三方储存的电子证据的真实性的判断标准。对己方储存的电子证据，一般情况应提供计算机系统处于正常状态的证据；从对方当事人处获得的电子记录被推定具有可靠性，因为假如它是不真实的，则另一方当事人有机会表明其不可靠并驳斥该推定，因为此人比任何其他人更了解自己的记录保存系统。因为第三人与案件当事人没有利害关系，所以推定第三人在日常工作中独立的电子记录具有真实性。联合国国际贸易法委员会的《电子签名统一规则（草案）》（1999）第 5 条"完整性的推定"规定：若使用了能保证数据电文没有变化的安全程序或电子签名，一般情况下，可以推定该电子证据是真的。[①]

笔者认为，我国对电子证据法的真实性也可通过对电子证据所依赖的系统的完整性来推定。主要包括：（1）通过认定某一电子证据所依赖的计算机系统具有可靠性，而推定该电子证据具有可靠

---

① 刘立霞、岳悍惟："民事诉讼中判断电子证据真实性的标准"，载《山东公安专科学校学报》2003 年第 3 期，第 27 页。

性；（2）通过认定某一电子证据是由对其不利的一方当事人保存或提供的，而推定该电子证据具有可靠性；（3）通过某一电子证据是在正常的业务活动中生成并保管的，而推定该电子证据具有可靠性等。这部分内容也体现在我国《电子商务法（示范法）》第一次正式稿第 13 条电子证据的确实性中。而且，我国《电子商务法（示范法）》第一次正式稿第 7 条规定，在任何民事诉讼中，具有下述条件之一的电子证据应予排除：……（三）经鉴定遭到过修改、攻击的电子证据；（四）对于计算机生成的电子证据，有证据表明在生成该证据之际计算系统处于不正常状态的。①

因此，在提取电子证据时，不但要提取电子信息的本身，还要提取附属信息证据与系统环境运行状况的证据，附属信息证据与系统环境证据在证明电子证据的真实性方面是必不可少的。对提取的电子证据，提取人应将提取的时间、地点、过程、方法及提取人姓名录入电子证据中或制成笔录。对于被提取人应制作取证笔录查明其与双方当事人的关系，并由其对电子证据的生成情况、生成后系统是否工作正常及电子证据是否受过修改、攻击进行确认。最后还要由证据提取人、被提取人对提取的电子证据与原始电子证据作比对，以确定两者无异并注明。

（三）取证方式的多样化

由于电子证据具有外在表现形式多样化及证据分类多样化的特点，其取证方式也表现为多样的特点。主要的方式有：（1）打印。对电子证据在文字内容上有证明意义的情况下，可以采取直接将有关内容打印在纸张上的方式进行取证。（2）拷贝。这是将计算机文件拷贝到软盘、活动硬盘或光盘中的方式。取证人员应当检验拷贝的原盘和目标盘病毒等。（3）拍照、摄像。（4）制作勘验检查笔录。提取人应将被取证证据名称、时间、地点、方式、过程、内

---

① 参见何家弘：《电子证据法研究》，法律出版社 2002 年版，第 125 页。

容、被提取人等在取证中的全部情况制作成笔录。（5）查封、扣押。（6）制作言词笔录。这主要适用于与电子证据有关的证明电子证据真实性、完整推定的有关证据，包括查明被提取人与双方当事人的关系，并由其对电子证据的生成情况、生成后系统是否工作正常及电子证据是否受过修改、攻击进行确认等。①

　　但我国刑事诉讼中电子证据的搜查、扣押存在问题。比如，在收集电子证据中，有时由于技术原因并不能迅速确定所要收集的电子证据，但侦查机关有理由怀疑该电子证据藏于计算机中，这时候侦查机关是否只能找到、扣押该电子证据而不能扣押计算机呢？2001年11月8日欧洲委员会部长委员会通过的《网络犯罪公约》第19条第3款对计算机数据扣押措施的规定对我们具有重要的启示作用。该款规定："各缔约方应调整必要的国内法或者规定，授权有关机关扣押或者采取相似的安全措施，保护第1、2款规定的计算机数据（即要收集的计算机数据——笔者注）。这些措施应包括以下权力：（a）扣押或者使用相似的安全措施保护计算机系统或其一部分，或者它的数据存储媒体；（b）制作或者获取这些计算机数据的备份；（c）保护相关的存储的计算机数据的完整性；（d）使其不可访问或者将其从可访问的计算机系统中移走。"② 可见，在特定的情形下，如电子数据信息量太大，无法在短时间内找到该电子证据，应赋予侦查机关扣押保存电子证据存储媒体的权力，但要注意将对被扣押人的影响减少到最小，并注意保护被扣押的商业秘密、隐私权。同时，应当设置一定级别的机关对该项权力进行审批。也可规定，侦查机关扣押电子证据或其载体时，应经县级以上侦查机关负责人批准。

---

① 参见邓宇琼："网络犯罪证据的提取和固定"，载《中国人民公安大学学报》2002年第3期，第121—122页。
② 皮勇："网络犯罪公约中的证据调查制度与我国相关刑事程序法比较"，载《中国法学》2003年第4期，第153页。

（四）计算机软件保护的新举措——电子证据的公证收集

电子证据由于具有易更改、删除的特点，决定了其作为证据保存及证明其存在的难度，对电子证据的保全和固定显得尤其重要。目前，对公证收集证据上，较多采用的是传统的公正收集证据的方法，实践中的运作很不规范，引起了较大的争议。争议最大的是公证员何时亮出身份，实际的做法有两种：一是从公证工作的开始就表明身份。此做法的最大障碍是，由于公正收集证据并不具有强制性，当被调取证据人是侵权人时，其会极力阻挠证据收集，甚至会销毁证据。二是获取调查结果后，告知被调查人公证员的身份，直接出示公证书。此做法的最大问题是，在法庭上侵权人将以公证不公开、程序不合法否认该证据的效力。但事实上，证据的收集者采用公证的证据固定方法，往往在调取证据时采取秘密的方法，有的甚至采取诱惑取证的方法，否则就不如直接申请法院证据保全。然而公证的公开性是公证的基本原则，公证公开显然是指公证过程的公开而不是单指公证结果的公开，这就产生了一个悖论。因此，笔者认为，站在程序公正的角度，此类公证收集电子证据的方法是不能解决证据的真实性难题的。传统的公证手段还不能在技术层面拥有如此神通。因此，公证收集只能在公证工作的一开始就表明公证员的身份，进入公证程序。

其实，还有更新颖的保全电子证据的手段——网络公证（Cyber Notary Authority），它是指由特定的网络公证机构，利用计算机和互联网技术，对互联网上的电子身份、电子交易行、数据文件等提供增强的认证和证明以及证据保全等的公证行为。这种公证方法中，公证人员不和申请人见面，而是借助网络平台，从网上接受并审查当事人的委托，开展背靠背式的公证工作。学者杭逸夫评价说，"传统公证是公证的现在，网络公证是公证的未来"。

（五）网络服务提供者的电子证据生成、保存和提供义务

强制网络服务提供者记录和保存信息主要体现在行政法规和部门规章中。《互联网信息服务管理办法》第 14 条规定："从事新

闻、出版以及电子公告等服务项目的互联网信息服务提供者，应当记录提供的信息内容及其发布时间、互联网地址或者域名；互联网接入服务提供者应当记录上网用户的上网时间、用户账号、互联网地址或者域名、主叫电话号码等信息。互联网信息服务提供者和互联网接入服务提供者的记录备份应当保存 60 日，并在国家有关机关依法查询时，予以提供。"《互联网上网服务营业场所管理条例》第 23 条规定："互联网上网服务营业场所经营单位应当对上网消费者的身份证等有效证件进行核对、登记，并记录有关上网信息。登记内容和记录备份保存时间不得少于 60 日，并在文化行政部门、公安机关依法查询时予以提供。登记内容和记录备份在保存期内不得修改或者删除。"《互联网电子公告服务管理规定》第 14 条规定："电子公告服务提供者应当记录在电子公告服务系统中发布的信息内容及其发布时间、互联网地址或者域名。记录备份应当保存 60 日，并在国家有关机关查询时，予以提供。"第 15 条规定："互联网接入服务提供者应当记录上网用户的上网时间、用户账号、互联网地址或者域名、主叫电话号码等信息，记录备份应当保存 60 日，并在国家有关机关查询时，予以提供。"

电子证据的生成和保存对涉及计算机软件保护的诉讼具有重要的意义。这些关于强制网络服务提供者记录和保存信息的规定，能够为电子证据的收集提供重要帮助。而且网络中介服务者还应具有协助调查的义务，即网络中介服务者负有协助权利人或有关机关收集数据电文作为证据的义务。合同双方当事人一般是网络中介服务者的注册用户，通常情况下，网络中介服务者的服务器中存储着其注册用户的个人情况资料以及一段时间内的读写记录等内容。当电子合同发生纠纷的时候，网络中介服务者往往比其他人掌握着更多的有关电子合同的证据信息。因此，要求网络中介服务者履行协助调查义务是合理的，也是可行的。但目前许多网络中介服务者并不能很好地履行这一义务，因为他们一般并不要求其注册用户提供真实的身份资料，而且对于读写记录的储存也不规范。因此，为网络中介服务者设定协助调查义务，不但有利于查清电子合同纠纷的事实，而且也有利于促使网络中介服务的完善。

电子证据作为一个新生事物，对我国的诉讼制度产生着越来越大的冲击，回避是不能解决问题的。因此，必须加大研究和立法力度，更科学地规制电子证据的收集程序。同时，电子证据涉及各个方面的问题，如电子证据的诉讼类别定位、对相关人隐私权、商业秘密的保护等，是一项系统工程，必须靠各个方面的良性互动，电子证据的收集程序是其中最为重要的问题之一，但绝非唯一重要的问题。

参考文献

译著译文

1. 〔美〕孟罗·斯密:《欧陆法律发达史》,妖梅镇译,中国政法大学出版社 1999 年版。

2. 〔德〕施密特:《德国刑事诉讼法概论》,转引自陈瑞华:《刑事审判原理论》,北京大学出版社 1997 年版。

3. 〔美〕弗洛伊德·菲尼:"美国刑事诉讼的新发展",胡铭译,载陈光中主编:《21 世纪域外刑事诉讼立法最新发展》,中国政法大学出版社 2004 年版。

4. 〔美〕琼·雅各比:《美国检察官研究》,周叶谦等译,中国检察出版社 1990 年版。

5. 〔德〕克劳思·罗科信:《刑事诉讼法》,吴丽琪译,法律出版社 2003 年版。

6. 〔英〕詹妮·麦克埃文:《现代证据法与对抗式程序》,蔡巍译,法律出版社 2006 年版。

7. 日本法务省刑事诉讼局编:《日本检察讲义》,杨磊、张仁等译,中国检察出版社 1990 年版。

8. 〔日〕松尾浩也:《日本刑事诉讼法》,丁相顺译,金光旭校,中国人民大学出版社 2005 年版。

9. 〔日〕土本武司:《日本刑事诉讼法要义》,董璠舆、宋英辉译,(台湾）五南图书出版公司 1997 年版。

10. ［意］戴维·奈尔肯编：《比较刑事司法论》，张明楷等译，清华大学出版社 2004 年版。

11. ［意］恩里科·菲利：《犯罪社会学》，郭建安译，中国人民公安大学出版社 2004 年版。

12. ［美］达马斯卡：《漂移的证据法》，李学军等译，中国政法大学出版社 2003 年版。

13. ［英］安德鲁·桑达斯、瑞恰德·扬："起诉"，载江礼华、杨诚主编：《外国刑事诉讼制度探微》，法律出版社 2000 年版。

14. ［日］石井正一：《日本实用刑事证据法》，陈浩然译，（台湾）五南图书出版公司 2000 年版。

15. ［德］拉德布鲁赫：《法学导论》，米健等译，中国大百科全书出版社 2003 年版。

16. ［斯］卜思天·M. 儒攀基奇：《刑法——刑罚理念批判》，何慧新等译，中国政法大学出版社 2004 年版。

17. ［英］麦高伟等主编：《英国刑事诉讼程序》，何家弘校，法律出版社 2003 年版。

18. ［日］大木雅夫：《比较法》，范愉译，法律出版社 1999 年版。

19. ［美］梅利曼：《大陆法系》，顾培东等译，法律出版社 2004 年版。

20. ［德］托马斯·魏根特：《德国刑事诉讼程序》，岳礼玲等译，中国政法大学出版社 2004 年版。

21. ［美］达马斯卡：《司法和国家权力下的多种面孔》，郑戈译，中国政法大学出版社 2004 年版。

22. ［美］吉尔兹："地方性知识：事实与法律的比较透视"，邓正来译，载梁治平主编：《法律的文化解释》（增订本），生活·读书·新知三联书店 1998 年版。

23. ［美］艾伦·德肖薇茨：《最好的辩护》，唐交东译，法律出版社 1994 年版。

24. ［美］伟恩·R. 拉费弗等：《刑事诉讼法》，卞建林、沙丽金等译，中国政法大学出版社 2005 年版。

25. ［英］柏克：《法国革命论》，商务印书馆 1998 年版。

26. ［美］乔恩·R. 华尔兹：《刑事证据大全》，何家弘等译，中国人民公安大学出版社 1993 年版。

27. ［英］克莱尔·奥维、罗宾·怀特：《欧洲人权法原则与判例》，何志鹏、孙璐译，北京大学出版社 2006 年版。

28. ［美］爱伦·豪切斯泰勒·斯黛丽、南希·弗兰克：《美国刑事法院诉讼程序》，陈卫东、徐美君译，中国人民大学出版社 2002 年版。

29. ［英］T. R. S. 艾伦：《法律、自由与正义——英国宪法的法律基础》，成协中、江菁译，法律出版社 2006 年版。

30. ［德］汉斯·约阿希姆·施奈德：《国际范围内的被害人》，许章润等译，中国人民公安大学出版社 1992 年版。

31. ［美］博西格诺：《法律之门》，邓子滨译，华夏出版社 2002 年版。

32. ［英］约翰·斯普莱克、岳礼玲选编：《英国刑事诉讼法（选编）》，中国政法大学刑事诉讼法律研究中心组织编译，中国政法大学出版社 2001 年版。

33. ［法］皮埃尔·勒鲁：《论平等》，王允道译，商务印书馆 1988 年版。

34. ［日］西原春夫主编：《日本刑事法的形成与特色》，李海东等译，法律出版社、（日本）成文堂 1997 年联合出版。

35. ［日］伊藤荣树：《日本检察厅法逐条解释》，徐益初等译，中国检察出版社 1990 年版。

36. ［英］斯迪沃特·菲尔德等："检察官、预审法官及其对警察调查的控制"，载江礼华、杨诚主编：《外国刑事诉讼制度探微》，法律出版社 2000 年版。

37. ［意］马可·法里布："意大利刑事司法制度改革：理论与实践的悖反"，龙宗智译，载陈光中、江伟主编：《诉讼法论丛》（第 2 卷），法律出版社 1998 年版。

38. ［德］汉斯-耶尔格·阿尔布莱希特："刑事诉讼中的变通政策以及检察官在法庭审理开始前的作用"，赵阳译，赵又芳校，载陈光中、江伟主编：《诉讼法论丛》（第 3 卷），法律出版社 1999 年版。

39. ［美］麦克威尔："并非为了输出：辩诉交易与对抗制审判"，载陈光中主编：《诉讼法学新探》，中国法制出版社 2000 年版。

40. ［德］约阿希姆·赫尔曼："德国刑事诉讼程序中的协商"，王世洲译，载《环球法律评论》2001 年冬季号。

41. ［美］道格拉斯·D. 盖德拉兹："我们一定要'封杀'辩诉交易

吗？——批评辩诉交易的核心问题"，方金刚、许身健译，载《湖南师范大学社会科学学报》2004年第3期。

42.《美国联邦刑事诉讼规则和证据规则》，卞建林译，中国政法大学出版社1998年版。

43.《德国刑事诉讼法典》，李昌珂译，中国政法大学出版社1995年版。

44.《法国刑事诉讼法典》，罗洁珍译，中国政法大学出版社2006年版。

45.《意大利刑事诉讼法典》，黄风译，中国政法大学出版社1994年版。

46.《日本刑事诉讼法典》，宋英辉译，中国政法大学出版社2000年版。

中文著作

1. 江平主编：《中华人民共和国法律诠释》，中国检察出版社1997年版。

2. 陈光中、徐静村主编：《刑事诉讼法》，中国政法大学出版社2007年修订二版。

3. 中国人民大学侦查系刑侦教研室：《中外刑事侦查概论》，中国政法大学出版社1999年版。

4. 陈光中主编：《辩诉交易在中国》，中国检察出版社2003年版。

5. 陈卫东主编：《模范刑事诉讼法典》，中国人民大学出版社2005年版。

6. 徐静村：《中国刑事诉讼法（第二修正案）学者拟制稿及立法理由》，法律出版社2005年版。

7. 陈瑞华：《刑事审判原理论》，北京大学出版社1997年版。

8. 汪建成、黄伟明：《欧盟成员国刑事诉讼概论》，中国人民大学出版社2000年版。

9. 陈朴生：《刑事证据法》，（台湾）三民书局1979年版。

10. 蔡墩铭：《刑事诉讼法论》，（台湾）五南图书出版有限公司2002年版。

11. 夏勤：《刑事诉讼法释疑》（第6版），任超、黄敏勘校，中国方正出版社2005年版。

12. 汪海燕：《刑事诉讼模式的演进》，中国人民公安大学出版社2004年版。

13. 陈卫东主编：《刑事诉讼法实施问题调查报告》，中国方正出版社2001年版。

14. 左卫民等：《中国刑事诉讼运行机制实证研究》，法律出版社2007年版。

15. 林俊益：《程序正义与诉讼经济——刑事诉讼法专题研究》，（台湾）月旦出版社 2000 年版。

16. 王晋、刘生荣主编：《英国刑事审判与检察制度》，中国方正出版社 1999 年版。

17. 陈光中等主编：《诉讼法理论与实践——司法理念与三大诉讼法修改（2006 年卷）》，北京大学出版社 2006 年版。

18. 陈光中：《中华人民共和国刑事诉讼法再修改专家建议稿与论证》，中国法制出版社 2006 年版。

19. 徐静村主编：《刑事诉讼法学（修订本）》（上），法律出版社 1999 年版。

20. 毕玉谦、郑旭、刘善春：《中国证据法草案建议稿及论证》，法律出版社 2001 年版。

21. 陈光中主编：《刑事诉讼法学（新编）》，中国政法大学出版社 1997 年版。

22. 蔡墩铭、朱石炎：《刑事诉讼法》，（台湾）五南图书出版公司 1981 年版。

23. 何家弘：《电子证据法研究》，法律出版社 2002 年版。

24. 张军、姜伟、田文昌：《刑事诉讼控辩审三人谈》，法律出版社 2001 年版。

25. 刘善春、毕玉谦、郑旭：《诉讼证据规则》，中国法制出版社 2001 年版。

26. 陈浩然：《证据学原理》，华东理工大学出版社 2002 年版。

27. 孙长永：《探索正当程序——比较刑事诉讼法专论》，中国法制出版社 2005 年版。

28. 彭真：《论新中国的政法工作》，中央文献出版社 1992 年版。

29. 龙宗智：《相对合理主义》，中国政法大学出版社 2000 年版。

30. 李学灯：《证据法比较研究》，（台湾）五南图书出版公司 1992 年版。

31. 邓子滨：《刑事法中的推定》，中国人民公安大学出版社 2003 年版。

32. 王兆鹏：《美国刑事诉讼法》，北京大学出版社 2005 年版。

33. 杨诚、单民：《中外刑事公诉制度》，法律出版社 2000 年版。

34. 左卫民等：《简易刑事程序研究》，法律出版社 2005 年版。

35. 程味秋：《外国刑事诉讼法概论》，中国政法大学出版社 1994 年版。

36. 王以真主编：《外国刑事诉讼法》，中国政法大学出版社 2000 年版。

37. 高一飞：《刑事简易程序》，中国方正出版社 2002 年版。

38. 杨建华：《大陆民事诉讼法比价与评析》，（台湾）三民书局 1994 年版。

39. 杨正万：《辩诉交易问题研究》，贵州人民出版社 2002 年版。

40. 陈光中主编：《诉讼法学新探》，中国法制出版社 2000 年版。

41. 何兵：《现代社会的纠纷解决》，法律出版社 2003 年版。

42. 左卫民：《在权利话语与权力技术之间——中国司法的新思考》，法律出版社 2002 年版。

43. 刘立宪、谢鹏程：《海外司法改革的走向》，中国方正出版社 2000 年版。

44. 张成敏：《案史：西方经典与逻辑》，中国检察出版社 2002 年版。

45. 陈健民主编：《检察院组织法比较研究》，中国检察出版社 1999 年版。

46. 陈瑞华：《程序性制裁理论》，中国法制出版社 2005 年版。

47. 陈光中：《刑事诉讼法实施问题研究》，中国法制出版社 2000 年版。

48. 王工：《中国律师涉案实录》，群众出版社 2001 年版。

49. 王磊：《选择宪法》，北京大学出版社 2003 年版。

50. 徐静村：《21 世纪中国刑事程序改革研究》，法律出版社 2003 年版。

51. 林钰雄：《刑事诉讼法》（上），中国人民大学出版社 2005 年版。

52. 孙长永：《沉默权制度研究》，法律出版社 2001 年版。

53. 赵秉志：《澳门刑法典、澳门刑事诉讼法典》，中国人民大学出版社 1999 年版。

54. 王进喜：《刑事证人证言论》，中国人民公安大学出版社 2002 年版。

55. 周勇：《少数人权利的法理——民族、宗教和语言上的少数人群体及其成员权利的国际司法保护》，中国社会科学文献出版社 2002 年版。

56. 朱朝亮等：《刑事诉讼之运作》，（台湾）五南图书出版公司 1997 年版。

57. 周长军：《刑事裁量论——在划一性与个别化之间》，中国人民公安大学出版社 2006 年版。

58. 姜伟、钱舫、徐鹤喃：《公诉权制度教程》，法律出版社 2002 年版。

59. 张千帆：《西方宪政体系（上册·美国宪法）》，中国政法大学出版社 2000 年版。

60. 张智辉、杨诚主编：《检察官作用与准则比较研究》，中国检察出版社 2002 年版。

61. 邱小平：《法律的平等保护——美国宪法第十四修正案第一款研究》，北京大学出版社 2005 年版。

62. 李学军主编：《美国刑事诉讼规则》，中国检察出版社 2003 年版。

63. 孙长永：《侦查程序与人权》，中国方正出版社 2000 年版。

64. 李义冠：《美国刑事审判制度》，法律出版社 1999 年版。

65. 陈永生：《侦查程序原理论》，中国人民公安大学出版社 2003 年版。

66. 孙谦：《逮捕论》，法律出版社 2001 年版。

中文论文

1. 孙长永："日本证据法研究"，载《外国法学研究》1995 年第 1 期。

2. 岳礼玲、陈瑞华："刑事程序公正的国际标准与修正后的刑事诉讼法（上）"，载《政法论坛（中国政法大学学报）》1997 年第 3 期。

3. 吴海威："论自白补强规则"，载《国家检察官学院学报》2003 年第 11 卷。

4. 陈卫东、刘计划："完善我国刑事证据标准若干体系的思考"，载《法律科学》2001 年第 3 期。

5. 李学宽、汪海燕、张小玲："刑事证明标准及其层次性"，载《中国法学》2001 年第 5 期。

6. 吴卫军："提起公诉证明标准之比较研究"，载《河南省政法管理干部学院学报》2001 年第 5 期。

7. 王圣扬："刑事证明标准层次性论略"，载《政治与法律》2003 年第 5 期。

8. 刘根菊、唐海娟："提起公诉的证据标准探讨"，载《现代法学》2003 年第 2 期。

9. 孙长永："抑制公诉权的东方经验——日本'公诉权滥用论'及其对判例的影响"，载《现代法学》1998 年第 6 期。

10. 龙宗智、衡静："直觉在证据判断中的作用"，载何家弘主编：《证据学论坛》（第 2 卷），中国检察出版社 2001 年版。

11. 樊崇义、锁正杰等："刑事证据前沿问题研究（续）"，载何家弘主编：《证据学论坛》（第 2 卷），中国检察出版社 2001 年版。

12. 柯葛壮："我国大陆与港澳台地区刑事简易程序比较研究",载陈光中、江伟主编:《诉讼法论丛》(第 2 卷),法律出版社 1998 年版。

13. 程味秋："意大利刑事诉讼法简介",载《意大利刑事诉讼法典》,黄风译,中国政法大学出版社 1994 年版。

14. 陈宏毅："从刑事诉讼程序各阶段之罪疑论检察官追诉犯罪之义务",载(台湾)《华冈法粹》第 28 期。

15. 龙宗智："再论提起公诉的证据标准",载《人民检察》2002 年第 3 期。

16. 龙宗智："赃款的去向与诉讼证明——巨额财产来源不明罪的证明方法",载陈兴良主编:《刑事法判解》(第 1 卷),法律出版社 1997 年版。

17. 刘瑞榕、刘方权："刑事诉讼程序启动研究",载《中国刑事法杂志》2002 年第 1 期。

18. 孙长永："提起公诉的证据标准及其司法审查比较研究",载《中国法学》2001 年第 4 期。

19. 唐亮："中国审前羁押的实证分析",载《法学》2001 年第 7 期。

20. 田国宝、石英："与自白有关的几个基本理论问题的法学思考",载何家弘主编:《证据学论坛》(第 5 卷),中国检察出版社 2002 年版。

21. 张毅："《打击跨国有组织犯罪公约》和《反腐败公约》与我国刑事诉讼制度改革",载陈光中主编:《21 世纪域外刑事诉讼立法最新发展》,中国政法大学出版社 2004 年版。

22. 刘立霞、岳悍惟："民事诉讼中判断电子证据真实性的标准",载《山东公安专科学校学报》2003 年第 3 期。

23. 邓宇琼："网络犯罪证据的提取和固定",载《中国人民公安大学学报》2002 年第 3 期。

24. 胡常龙、汪海燕："论共犯口供的性质及其证明力",载《人民司法》2001 年第 6 期。

25. 石英、田国宝："论自白",载《法商研究》2002 年第 2 期。

26. 徐美君："口供补强法则的基础与构成",载《中国法学》2003 年第 6 期。

27. 戴长林、王志华："刑事证据理论在投毒杀人案件中的应用研究",载《中国法学》1999 年第 6 期。

28. 王兆鹏："起诉审查——与美国相关制度之比较",载(台湾)《月旦法学》2002 年第 9 卷。

29. 肖念华："我国公诉审查制度之现状及其重构"，载《政法论丛》1998 年第 3 期。

30. 姚莉、卞建林："公诉审查制度研究"，载《政法论坛（中国政法大学学报）》1998 年第 3 期。

31. 侯晓焱、刘秀仿："关于刑事拘留期限延长的实证分析——兼谈刑事诉讼法第六十九条的适用与完善"，载《人民检察》2005 年第 11 期（下）。

32. 陈正云、苗春瑞："'保护伞'职务犯罪剖析"，载《人民检察》2001 年第 9 期。

33. 龙宗智："论依法独立行使检察权"，载《中国刑事法杂志》2002 年第 1 期。

34. 陈瑞华："审前羁押的法律控制——比较法角度的分析"，载《政法论坛（中国政法大学学报）》2001 年第 4 期。

35. 林钰雄："检察体系改革研讨会发言记录"，载（台湾）《月旦法学》1998 年总第 39 期。

36. 林钰雄："论检察官之监督与制衡——兼论检察一体之目的"，载（台湾）《政大法学评论》第 59 期。

37. 谢小剑："公诉审查略式程序研究——简略我国审查起诉程序的思考"，载《法学论坛》2005 年第 2 期。

38. 瓮怡洁："论公诉案件的诉讼分流"，载《国家检察官学院学报》2002 年第 5 期。

39. 郭延军："地方'一把手'应认真看待公民宪法权利——评秦中飞编发短信被拘案的起落"，载《法学》2006 年第 11 期。

40. 柯葛壮："刑事简易程序的改革和完善"，载《上海社会科学院学术季刊》1999 年第 2 期。

41. 於恒强、张品泽："试论刑事审判简易程序选择权"，载《政法论坛（中国政法大学学报）》1999 年第 3 期。

42. 孙业群："做一个刑辩律师究竟有多难——律师参与刑事诉讼活动有关问题的思考"，载《中国律师》2003 年第 4 期。

43. 万毅："侦查终结程序改革研究"，载《政法学刊》2003 年第 3 期。

44. 石少侠："论我国检察权的性质——定位于法律监督权的检察权"，载《法制与社会发展》2005 年第 3 期。

45. 陈光中、汪海燕："论刑事诉讼中的'中立'原则——兼谈刑事诉讼制度的改革"，载《中国法学》2002 年第 3 期。

46. 孙长永："当事人主义刑事诉讼中的法庭调查程序评析"，载《政治与法律》2003 年 3 月。

47. 王琼、邵云伟等："法律援助的政策规范与运作制度研究"，载《中国司法》2005 年第 1 期。

48. 司法部法律援助中心："关于全国法律援助工作的调查与研究"，载《中国司法》2005 年第 2 期。

49. 孙孝福、兰耀军："德国的选择辩护人制度及其借鉴"，载《法学评论》2004 年第 6 期。

50. 蒋建峰："法律援助办案质量控制思考"，载《中国司法》2005 年第 7 期。

51. 宋英辉、许身健："恢复性司法程序之思考"，载《现代法学》2004 年第 3 期。

52. 王国枢、项振华："中外刑事诉讼简易程序及比较"，载《中国法学》1999 年第 3 期。

53. 皮勇："网络犯罪公约中的证据调查制度与我国相关刑事程序法比较"，载《中国法学》2003 年第 4 期。

54. 吴宏耀："我国刑事公诉制度的定位与改革——以公诉权与审判权的关系为切入点"，载《法商研究》2004 年第 5 期。

55. 陈卫东、郝银钟："侦、检一体化模式研究——兼论我国刑事司法体制改革的必要性"，载《法学研究》1999 年第 1 期。

56. 张旭、李峰："论刑事诉讼中的'选择性起诉'"，载《法学评论》2006 年第 4 期。

57. 谢鹏程："论检察官独立与检察一体"，载《法学杂志》2003 年第 3 期。

58. 王新清、卢文海："论刑事缺席审判"，载《中国司法》2006 年第 3 期。

59. 张小玲："问题与误读：刑事缺席审判制度质疑"，载《政法论坛（中国政法大学学报）》2006 年第 3 期。

60. 龙宗智："印证与自由心证——我国刑事诉讼证明模式"，载《法学研究》2004 年第 2 期。

61. 贺平凡："论刑事诉讼中的数量认定规则"，载《法学》2003 年第 2 期。

62. 欧卫安、汪筱文："我国刑事缺席审判制度构建思考"，载《人民检察》2004 年第 9 期。

63. 熊秋红：“解读公正审判权——从刑事司法角度的考察”，载《法学研究》2001 年第 6 期。

64. 万毅：“刑事缺席判决制度引论”，载《当代法学》2004 年第 1 期。

65. 黄海龙、张建忠：“《关于依法快速办理轻微刑事案件的意见》解读”，载《人民检察》2007 年第 7 期。

英文文献

1. Ellen S. Podgor, Department of Justice Guidelines: Balancing "Discretionary Justice", 13 Cornell J. L. & Pub. Pol'y 167, (2004).

2. Morrison v. Olsen, 487 U. S. 654, 728, (1988).

3. Angela J. Davis, Prosecution and Race: The Power and Privilege of Discretion, 67 Fordham L. Rev. 13, (1998).

4. Kristin E. Kruse, Proving Discriminatory Intent in Selective Prosecution Challenges – An Alternative Approach To United States v. Armstrong, 58 SMU L. Rev. 1523, (2005).

5. Oyler v. Boles, 368 U. S. 448, (1962).

6. Marc Michael, United States V. Armstrong: Selective Prosecution – A Futile and Its Arduous Standard of Discovery, 47 Cath. U. L. Rev. 675, (1998).

7. Wade v. United States, 504 U. S. 181, (1992).

8. United States v. Armstrong, 517 U. S. 456, (1996).

9. Gerald F. Uelmen, Motions Fyi: Selective Prosecution, Armed Career Criminal Act, Change of Venue, 27 Champion 34, (2004).

10. Mark D. West, Prosecution Review Commissions: Japan's Answer to The Problem of Prosecutorial Discretion, 92 Colum. L. Rev. 684, (1992).

11. Yoav Sapir, Pursuing New Visions of Justice: Neither Intent Nor Impact: A Critique of the Racially Based Selective Prosecution Jurisprudence and a Reform Proposal, 19 Harv. BlackLetter J. 127, (2003).

12. Wayte v. United States, 470 U. S. 598, 607, (1985).

13. United States v. Palmer, 3 F. 3d 300, 305, (9th Cir. 1993).

14. Steven Alan Reiss, Prosecutorial Intent in Constitutional Criminal Proce-

dure, 135 U. Pa. L. Rev. 1365, 1373 – 74, (1987).

15. Robert Heller, Comment, Selective Prosecution and the Federalization of Criminal Law: The Need for Meaningful Judicial Review of Prosecutorial Discretion, 145 U. Pa. L. Rev. 1309, 1343, (1997).

16. Givelber, The Application of Equal Principles to Selective Enforcement of the Criminal Law, U. Ill. L. F. 88, 106, (1973).

17. Mirjan Damaska, Evidentiary Barriers to Conviction and Two Models of Criminal Procedure: A Comparative Study , 121 University of Pennsylvania Law Review 506, at 528 – 529, (1973).

18. United States v. Goodwin, 102 S. Ct. 2485, (1982).

19. Notes, Breathing new life into prosecutorial vindictiveness doctrine, Harvard Law Review, Vol. 114, No. 7 (May, 2001), p. 2075.

20. Thad H. Westbrook: At Least Treat Us Like Criminals!: South Carolina Responds to Victims' Pleas for Equal Rights, South Carolina Law Review, Spring, 1998.

21. Heinz & Kerstetter: Pre – Trial Settlement Conference: Evaluation of a Reform in Plea Bargaining, 13 LAW & SOC'Y REV. 349, (1979).

22. Joel Cohen: Should Prosecutors Obey the Wishes Of Crime Victims in Negotiating Pleas, New York Law Journal, April 30, 1991.

23. Staff Writer: Wilson Signs Bill Requiring DA's To Notify Victims Of Plea Bargains, Metropolitan News Company Metropolitan News Enterprise (Los Angeles, California), August 15, 1995.

24. Cerisse Anderson: Victim's Assent Ruled Key in Plea Bargain, New York Law Journal, July 18, 1991.

25. Alshuler: Plea Bargaining and Its History, law & society , Vol. 13. No 2 , 213, (1979).

26. Donald G. Gifford: Meaningful Reform of Plea Bargaining: The Control of Prosecutorial Discretion, 1983 U. Ill. L. Rev. 37, 1983.

27. David A. Stardweather: The Retributive Theory of "Just Deserts" and Victim Participation in Plea Bargaining, Indiana Law Journal, Summer, 1992.

28. William G. Doerner, Steven P. Lab: Victimology, Anderson Publishing Co. 1998.

29. A. Heinz & W. Kerstetter: Victim Participation in Plea Bargaining: A Field Study, in Plea Bargaining, 1980.

30. Jeff Brown: Book Review: Politics and Plea Bargaining: Victims' Rights in California, 1994 University of California, Hastings College of Law Hastings Law Journal, March, 1994.

31. Nicola Boari, On the Efficiency of Penal Systems: Several Lessons From the Italian, International Review of Law and Economics, Match, 1997.

32. Luca Marafioti, The New Italian of Criminal Procedure: The Clash between an Adversarial System and an Inquisitorial Foundation, papers of Beijing international symposium on criminal procedure in 1994.

33. Stephen P. Freccero: An Introduction to the new Italian criminal Procedure, American Journal of Criminal Law, Spring, 1994.

34. Richard S. Frase, Comparative Criminal Justice as a Guide to American Law Reform: How Do the French Do It, How Can We Find Out, and Why Should We Care? California Law Review, May, 1990.

35. Elisabetta Grande: Italian Criminal Justice: Borrowing and Resistance, American Journal of Comparative Law, spring, 2000.

36. Lloyd E. Ohlin and Frank J. Remington: Discretion in Criminal Justice: The Tension Between Individualization and Uniformity, State University of New York Press, Albany, 1993.

37. John S. Dzlenkowskl: Professional responsibility standards, rule & statutes (2001 – 2002 edition), west group, 2001.

后　记

炎炎酷暑后的南昌，秋风徐徐，送来阵阵凉爽，四处散发出果实成熟的气息。我的第二本专著即将面世了，能够由中国检察出版社出版，甚感喜悦和欣慰！

写作是异常艰辛的，应当说，本书凝集着我数年的心血。广泛地阅读、观察，发现问题，大量地收集资料，冥思静想寻找切入点，长期地伏案写作……然而当文章变成铅字，那种从内心激荡出的喜悦，却足以令人欣慰。当然，这离不开伯乐的慧眼。

在此，感谢许多未曾相识的编辑多年来的默默支持。

感谢导师左卫民先生，书中许多观点得益于老师的教导和讨论。

感谢中国检察出版社的安斌副总编、张佳立编辑、江西省人民检察院的肖主任和江西财经大学法学院对出版本书的大力支持。

感谢妻子周元辰女士，其从事司法工作生成的实践理性，为书稿的修改提供了独特的视角。

感谢书中的文字，她们陪伴我度过了人生的一段重要历程，带给我许多的快乐与愁绪，实现了我的一些人生憧憬，也构建了我未来新的起点。

尽管本书研究的对象是边缘化的刑事程序，但是书中的研究方法基本上仍属传统类型。近年来常常思考研究方法的转型问题，希望未来能带给读者不同类型的新作品，但研究方法的转型并非一日之功。遂于此给自己一些压力吧，人总是在压力中不断前行。

　　一切尽在路上……

谢小剑